Klaus Wieland

Regionale Krisenentwicklung in den Wirtschaftsräumen Hamburg und Ruhrgebiet, traditionelle Überwindungsstrategien und alternative Lösungsansätze

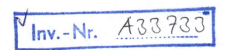

PETER LANG

Frankfurt am Main · Bern · New York · Paris

CIP-Titelaufnahme der Deutschen Bibliothek

Wieland, Klaus:

Regionale Krisenentwicklung in den Wirtschaftsräumen
Hamburg und Ruhrgebiet, traditionelle Überwindungsstrategien
und alternative Lösungsansätze / Klaus Wieland. - Frankfurt am
Main ; Bern ; New York ; Paris : Lang, 1990
    (Europäische Hochschulschriften : Reihe 5, Volks- und
    Betriebswirtschaft ; Bd. 1062)
    Zugl.: Hamburg, Univ., Diss., 1989
    ISBN 3-631-42438-8

NE: Europäische Hochschulschriften / 05

Gedruckt mit Unterstützung
der Universität Hamburg

D 18
ISSN 0531-7339
ISBN 3-631-42438-8

© Verlag Peter Lang GmbH, Frankfurt am Main 1990
Alle Rechte vorbehalten.

Printed in Germany 1 2 3 4 5 6 7

Vorwort

"Regionale Krisenentwicklung in den Wirtschaftsräumen Hamburg und Ruhrgebiet, traditionelle Überwindungsstrategien und alternative Lösungsansätze" ist der Versuch, die krisenhafte Entwicklung in zwei unterschiedlich strukturierten, altindustrialisierten Ballungsgebieten unter Berücksichtigung von regionalwirtschaftlichen Theorien und regionalpolitischen Konzeptionen so zu verbinden, daß ein adäquater Erklärungsrahmen räumlicher Strukturen in hochverdichteten Industrieregionen geliefert werden kann. Ausgehend von den seit einigen Jahren zu beobachtenden umfassenderen Erklärungsansätzen regionalwirtschaftlicher Strukturen und Strukturveränderungen im englischen und anglo-amerikanischen Sprachraum, wird in der Arbeit eine detaillierte - auf umfangreichem statistischen Material aufbauende - Analyse der ökonomischen Situation in den Untersuchungsregionen Hamburg und Ruhrgebiet vorgelegt. Darüberhinaus werden im Rahmen verschiedener möglicher Revitalisierungsstrategien für diese altindustrialisierten Regionen die unterschiedlichen Interessen und Vorstellungen über die zukünftige Nutzung und Gestaltung diskutiert.

Die vorliegende Arbeit ist als Dissertation zwischen 1985 und 1988 entstanden. Während der überwiegenden Zeit erhielt ich durch das Begabtenförderungswerk der Evangelischen Kirche ein Promotionsstipendium. Der Abschluß im Frühjahr 1989 wäre ohne diese große Unterstützung sowie der Hilfe vieler Beteiligter in dieser Form nicht möglich gewesen. Besonders danken möchte ich Herrn Prof. Dr. Helmut Nuhn als Betreuer dieser Arbeit und Herrn Prof. Dr. Hans-Otto Spielmann als Zweitgutachter. Darüberhinaus gilt mein Dank insbesondere Herrn Dr. Jürgen Oßenbrügge der mir vor allem durch Diskussion und inhaltliche Kritik sehr geholfen hat, Herrn Peter Eck, der maßgeblich an der Erstellung des druckreifen Manuskriptes beteiligt war, sowie vielen Freunden und Mitarbeitern der Wirtschaftsgeographischen Abteilung.

Inhalt Seite

Verzeichnis der Tabellen

Einleitung: Fragestellungen, Ziele und Aufbau der Arbeit

Die räumlichen Strukturen der Bundesrepublik erfahren in den letzten Jahren einen spürbaren Umwertungsprozeß, der insbesondere in altindustrialisierten Ballungsgebieten deutlich wird. Hier wurde dieser Prozeß durch die ersten tiefgreifenden wirtschaftlichen Krisen seit dem Zweiten Weltkrieg in den 70er Jahren ausgelöst und dauert an. Faktoren, die jahrzehntelang für Wachstum und wirtschaftliches Wohlergehen dieser Gebiete kennzeichnend waren und in ihnen die wirtschaftlichen Standortvorteile bildeten, entwickelten sich in der Zeit konjktureller Rückläufigkeit plötzlich zu Negativmerkmalen. Gerade jene Industrieregionen, in denen Produkte erzeugt wurden, die am 'Ende ihres Produktzyklus' stehen und in hohem Maße in den Weltmarkt eingebunden sind, verloren überdurchschnittlich stark an Bedeutung. Dieser ökonomische Bedeutungsverlust mit seinen über die Region hinaus wirksamen Konsequenzen hat praktisch alle Entscheidungsträger auf den Plan gerufen, um in theoretischer oder praktischer Arbeit die Zusammenhänge dieses räumlichen Umbruchs zu erfassen und den Prozeß zu steuern.

In der vorliegenden Arbeit werden die regionalwirksamen ökonomischen Veränderungen des zurückliegenden Jahrzehnts in zwei altindustialisierten Wirtschaftsregionen nachgezeichnet. Es wird versucht, Antworten auf die Fragen zu geben, wie die gegenwärtige Krise dieser Regionen einzuordnen und zu bewältigen sei.

Zentraler Ansatzpunkt hierbei ist die Verknüpfung aktueller regionaler Krisenphänomene in altindustrialisierten Ballungsgebieten mit den Charakteristika der gegenwärtigen ökonomischen und gesellschaftlichen Umbruchphase. Den Hintergrund bilden dabei Fragen nach den Ursachen und Auswirkungen regionalwirtschaftlicher Krisenprozesse.

Unter einer regionalwissenschaftlichen Aufgabenstellung haben die Regionen Ruhrgebiet und Hamburg aufgrund ihrer ökonomischen Bedeutung gesamtwirtschaftliche und -gesellschaftliche Relevanz. In den genannten Regionen sind zunächst in jenen Industriezweigen, die die Regionalwirtschaft vorherrschend bestimmen, die epochalen Strukturkrisen ausgelöst worden. Für Hamburg war das besonders die Werftindustrie und der damit verbundene Maschinenbau; im Ruhrgebiet betraf das die gesamte Montanindustrie. Die Einbrüche in diesen dominierenden Bereichen haben aber weit darüber hinaus spürbare Auswirkungen.

Indikatoren für die Meßbarkeit dieser Auswirkungen zu entwickeln ist notwendig, um den ökonomischen Prozeß in den Untersuchungsgebieten in einen Zusammenhang zu den räumlichen Umbruchstrukturen in der Bundesrepublik Deutschland zu stellen und um die Diskussion über mögliche Zukunftstendenzen und Revitalisierungsstrategien führen zu können.

Den Schwerpunkt unter dieser Aufgabenstellung bilden neben der Aufarbeitung theoretischer Ansätze über regionalwirtschaftliche Umbruchprozesse die Überprüfung und Analyse der verschiedenen Wege zur Revitalisierung dieser altindustrialisierten Regionen. Dazu gehört auch die kritische Beurteilung des Zusammenhangs zwischen strukturellen Krisen, staatlicher Regional- und Wirtschaftspolitik und deren Auswirkungen auf die Regionalentwicklung.

Eine zentrale These für die Studie zwischen den Regionen Hamburg und Ruhrgebiet lautet, daß sich die Ballungsgebiete in einem Krisenprozeß befinden, der in vielen seiner Merkmale vergleichbar ist. Bei den hier in den Mittelpunkt gerückten Ballungsgebieten handelt es sich um alte Industriegebiete, die bis in die jüngste Vergangenheit noch hohe Anteile an solchen Wirtschaftsstrukturen aufwiesen, die international an Konkurrenzfähigkeit verlieren. Unter diesen Bedingungen des abnehmenden wirtschaftlichen Wachstums und sektoraler Krisenentwicklung verschärft sich die ökonomische und soziale Polarisierung. Darüber hinaus treten qualitativ neue Krisenerscheinungen auf. Auffälligstes Merkmal ist die zunehmende Polarisierung innerhalb relativ homogener Wirtschafts- und Sozialräume.

Hohen Stellenwert nimmt die Beantwortung der Frage ein, wie sich die Krise der für die Regionalwirtschaft wichtigen Industriezweige regional und interregional in zwei unterschiedlich strukturierten Regionen darstellt, und welche Konsequenzen damit auch für die Teilräume der Verdichtungsgebiete verbunden sind. Es geht um die Aufdeckung der Faktoren, die Krisenerscheinungen in hochentwickelten, verdichteten Industrieregionen verursachen und beeinflussen. Besonderes Interesse gilt hierbei der Frage, ob in den Regionen Hamburg und Ruhrgebiet die gleichen bzw. ähnliche Faktoren wirksam werden.

Trotz der umfangreichen Literatur zur allgemeinen ökonomischen Krisentheorie besteht auf dem Gebiet der Erklärung des Niedergangs ehemals hochentwickelter Industrieregionen ein erhebliches Theoriedefizit. Es hat zwar auf wissenschaftlicher Ebene

eine verstärkte Diskussion krisenhafter Prozesse in altindustrialisierten Ballungsgebieten stattgefunden, jedoch ist die theoretische Einordnung jener empirisch festgestellten Phänomene regionalen Niedergangs in den meisten Fällen vernachlässigt
worden. Bisher veröffentlichte geographische Arbeiten behandeln in diesem Zusammenhang schwerpunktmäßig Standortprobleme von Industriebranchen und den Wandel
der Standortfaktoren sowie der regionalen Arbeitsteilung.

Für die hier gestellte Aufgabe war es deshalb wichtig, eine umfassendere Theorie-
und Ursachenanalyse zur Erklärung regionalstruktureller Umbrüche in altindustrialisierten Ballungsgebieten zu entwickeln und einer empirischen Untersuchung der
Regionen voranzustellen. Zunächst wird in einem theoretischen Teil das gesamte
Spektrum der Theorien und Erklärungsansätze regional ungleichgewichtiger Raumentwicklung behandelt und systematisiert. Besondere Berücksichtigung finden dabei
die Theorieansätze regionaler Krisen, in denen die Raumentwicklung in der Markt-
wirtschaft systemkritisch betrachtet wird. In diesem Kontext wird überprüft, ob die
regionalkrisenhaften Entwicklungen Varianten der Krisen der heutigen marktwirtschaftlichen Produktionsweise darstellen. Insbesondere geht es bei der theoretischen
Grundlegung der Arbeit um die Frage, ob die Einbeziehung der räumlichen Dimension
als eigenständiger Kategorie in der politischen Ökonomie eine Berechtigung hat. Zu
klären ist, ob räumliche Distributions- und Interaktionsstrukturen einen erklärenden
Gehalt bei der Analyse ökonomischer Strukturen haben oder ob diese Herangehens-
weise die strukturierenden Merkmale marktwirtschaftlicher Produktion verdeckt.

Eine besondere Herausforderung dabei besteht in der Aufgabe, eine krisenhafte regionale Entwicklung (auch nach Berücksichtigung verschiedener Theorieansätze) auf
seine prägenden Merkmale hin zu untersuchen. Bei der Bestimmung dieser Merkmale
müssen die spezifischen regionalen Komponenten des Strukturwandels bestimmt werden. Erklärungsmuster sind dafür aufzustellen, warum sich die Regionalwirtschaft
der Untersuchungsgebiete schlechter entwickelt als in Vergleichsregionen. Darüber
hinaus wird analysiert, inwieweit die regionalwirtschaftliche Struktur die allgemeinen, auch durch überregionale Abhängigkeiten gegebenen Strukturen einer Wirtschaftsregion überlagert.

Bei den in dieser Arbeit in den Mittelpunkt gerückten Regionen ist keineswegs eine
ausschließlich ungünstige Sektoralstruktur gegeben, also keine überdurchschnittliche
Präsenz von Sektoren, die gesamtwirtschaftlich an Bedeutung verloren haben. Es ist

zu überprüfen, ob in den Regionen Hamburg und dem Ruhrgebiet ähnliche Wirtschaftsstrukturen vorhanden sind, die auf vergleichbare raumwirtschaftliche Entwicklungen hinweisen. Vor diesem Hintergrund werden Untersuchungen über die Entwicklung von Wirtschaft und Arbeitsmarkt in den Untersuchungsregionen vorgenommen. Sie beinhalten neben detaillierten Analysen über die Beschäftigungs- und Arbeitsmarktentwicklung auch weiterreichende Erklärungsansätze über Aggregate der 'Volkswirtschaftlichen Gesamtrechnung'. Darüber hinaus wurden Erhebungen über räumlich und sektoral differenzierte Wachstumsraten der Produktivität sowie der Investitionstätigkeit herangezogen. Sie können als Faktoren in der negativen wirtschaftlichen Entwicklung dieser altindustrialisierten Regionen identifiziert werden.

Ein weiterer Schwerpunkt der Arbeit liegt - über die kritische Bewertung der Strukturkrise hinausgehend - in der Beurteilung der auf die Regionalkrise reagierenden Landespolitik. Es werden deshalb die verschiedenen regionalpolitischen Strategien kritisch auf ihre Ziele hin überprüft. Dabei ist zu bewerten, ob auch die jeweilige staatliche Regionalpolitik der vergangenen zwei Jahrzehnte für den Verlauf und die Intensität der regionalen Krisenentwicklungen verantwortlich zu machen ist, denn die Forderung eines aktiven Strukturwandels stellt sich in den Untersuchungsregionen seit langem. Es wird überprüft, ob in den vergangenen, wirtschaftlich sehr viel günstigeren Perioden diese Aufgabe von den Entscheidungsträgern aus Politik und Wirtschaft vernachlässigt wurde und sich die Politik der staatlich subventionierten Bestandserhaltung nicht als zentrales Hemmnis einer rechtzeitigen Umstrukturierung und Zukunftsorientierung der Regionen erwiesen hat.

Nach der kritischen Beurteilung traditioneller Revitalisierungsstrategien wird eine programmatische Richtung vorgestellt, die sich bei allen verschiedenen Akzentuierungen dadurch auszeichnet, daß deren Verwirklichung zu einschneidenden Veränderungen der bisherigen Struktur- und Regionalpolitik führt. Ausgehend von der Einschätzung, daß die marktwirtschaftlichen Sanierungsstrategien häufig zu kurz greifen, weil sie wirtschaftliches Wachstum voraussetzen, wo Schrumpfungsprozesse schon stattfinden, wird hier die in letzter Zeit immer wichtiger werdende Debatte um eine Regionalpolitik vorgestellt und analysiert und aus den aktuellen regionalpolitischen Problemstellungen eine Reform thematisiert.

Insbesondere werden Ansätze über den grundlegenden Umbau der regionalen Wirtschaftsstruktur auf ihre Relevanz für die wirtschaftliche Zukunft altindustrialisierter

Ballungsgebiete überprüft. An diese Überlegungen anknüpfend werden auch radikale Utopien regionalen Wirtschaftens, die auf die Veränderung der derzeitigen Wirtschafts- und Politikformen setzen und eine weitgehende regionale Selbstbestimmung und dezentrale Planung fordern, kritisch beleuchtet. Bei diesen Ansätzen gilt es zu berücksichtigen, daß in hochverdichteten, weltmarktintegrierten Regionen Autarkieüberlegungen ein weitgehendes Umdenken und die Aufgabe traditioneller Sichtweisen verlangt.

Aus diesen Vorüberlegungen heraus ergibt sich der Aufbau der Arbeit. Zunächst wird die Problemstellung eingegrenzt und ihre Erscheinungsformen untersucht, wobei der Kontext der regionalen Krisenentwicklung in Hamburg und dem Ruhrgebiet innerhalb der gegenwärtigen ökonomischen Umbruchsprozesse in der Bundesrepublik Deutschland illustriert wird. Aufgrund des allgemein zu beklagenden Theoriedefizits in den meisten regionalökonomischen Arbeiten zu altindustrialisierten Ballungsgebieten und um eine genauere Vorstellung von dem Terminus der 'regionalen Krise' zu erhalten, wird eine Systematisierung der Theorien und Erklärungsansätze regional ungleichgewichtiger Raumentwicklung vorgenommen. Nach der Betrachtung der marktwirtschaftlichen und der kritischen regionalökonomischen Ansätze wird eine vorläufige Theorie regionaler Krisen erarbeitet.

Die verantwortlichen Faktoren für die regionalwirtschatlichen Krisenprozesse in den Untersuchungsregionen werden anschließend untersucht. Als Indikatoren räumlicher Strukturen und Disparitäten dienen hier in erster Linie beschäftigungs- und arbeitsmarktpolitische Strukturmerkmale. Um das Problempotential in diesen Regionen detailliert zu analysieren und zu differenzierten Aussagen in Bezug auf die Entwicklung der Wirtschaftsbereiche, der Beschäftigungsentwicklung sowie der Aggregate der 'Volkswirtschaftlichen Gesamtrechnung' zu gelangen, wird auf der Grundlage kreisscharfer Abgrenzung in den Regionen Hamburg und Ruhrgebiet gearbeitet.

Nach den dargestellten und kritisch beurteilten Auswirkungen sektoraler Krisenerscheinungen auf die Wirtschaftsregionen werden jene Faktoren beleuchtet, die neben den Krisenbranchen selbst für die Situation verantwortlich zu machen sind. Als traditionell-marktwirtschaftlich werden hier solche Revitalisierungsstrategien auf ihren Gehalt analysiert die (um ökonomisch tragfähige Wirtschaftsbranchen zu erzielen) sowohl eine Standortbereinigung nach marktwirtschaftlichen Ordnungsgesichtspunkten als auch eine mittelständisch orientierte Technologieförderung propagieren.

Schließlich läßt die Beschäftigung mit dem Strukturwandel altindustrialisierter Ballungsgebiete auch Veränderungen im regionalpolitischen Denken klarer hervortreten. An den verschiedenen Konzepten läßt sich ablesen, daß die bisherige Richtung industrieller Orientierung und technischen Infrastrukturausbaus aufgegeben wird. Andererseits bestehen bei den alternativen Konzepten erhebliche Unterschiede. Sie reichen von einer 'sozial und ökologisch verträglichen Erneuerung' der Region bis zu 'Utopien regionalen Wirtschaftens' unter weitreichender Veränderung bisheriger ökonomischer und gesellschaftlicher Strukturen.

Gemäß dem Anspruch dieser Arbeit erfolgt im Schlußkapitel eine Gesamtbeurteilung des gestellten Problems und der zukünftigen Perspektiven regionalwirtschaftlicher Entwicklung altindustrialisierter Ballungsgebiete.

I. **Regionale Krisenentwicklung in der Bundesrepublik Deutschland am Beispiel der Polarisierung altindustrialisierter Ballungsräume und ihre regionalwirtschaftlichen Erklärungsansätze**

1. **Regionale Ungleichzeitigkeit der wirtschaftlichen Entwicklung und die Polarisierung der Raumstrukturen durch regional wirksame Komponenten der weltweiten Restrukturierungskrise**

Die Struktur räumlicher Disparitäten in der Bundesrepublik Deutschland hat sich geändert. Der traditionelle Unterschied zwischen Stadt und Land wird von einer neuen Form räumlicher Ungleichheit zwischen schrumpfenden und prosperierenden Agglomerationen überlagert. Während früher eine Dichotomie zwischen ländlichen Entleerungsgebieten und wachsenden städtischen Regionen bestand, differenzieren sich nun die Verdichtungsgebiete in weiterhin wachsende und stagnierende bzw. schrumpfende Regionen. Der ehemals relativ homogene Entwicklungstyp 'städtische Agglomeration' polarisiert sich in zwei unterschiedliche Typen mit divergierenden Perspektiven. Der seit dem Ende des Zweiten Weltkrieges die großräumigen Veränderungen beherrschende Konzentrationsprozeß hat sich umgekehrt[1]. Zuerst setzte ab Mitte der 60er Jahre eine selektive Suburbanisierung mit den mittlerweile hinlänglich bekannten negativen Auswirkungen auf die kommunalen Finanzen sowie die Siedlungs- und Sozialstruktur der Verdichtungsräume ein[2]. Dabei handelt es sich um den sehr komplexen und sich sowohl auf den ökonomischen Bereich als auch auf die Lebensbedingungen auswirkenden Prozeß der Erosion und Schrumpfung städtischer Existenz. In diesem Zusammenhang ist einerseits die Randwanderung von Industrie und Gewerbe sowie der finanzstarken privaten Haushalte, der beruflich Erfolgreichen und Qualifizierten zu nennen und andererseits die damit verbundene erhebliche Abnahme städtischer Arbeitsplätze, der Verbleib der geringer Qualifizierten mit niedrigen Einkommen und von Arbeitslosigkeit stärker bedrohten Bevölkerungsgruppen[3]. Zu vermuten ist, daß sich die Tendenz zur ökonomischen und sozialstrukturellen Polarisierung zwischen Großstädten und ihrem Umland fortsetzen und verstärken wird.

---

[1] vgl. HÄUSSERMANN; SIEBEL (1986, 1355).

[2] vgl. STIENS (1984, 146).

[3] vgl. HELLWEG (1978, 12).

Später, im Zuge der Wirtschaftskrise der 70er Jahre und den einsetzenden tiefgreifenden Strukturveränderungen, wurden nahezu alle Großstädte in den westlichen, industrialisierten Gesellschaften verstärkt mit dem Problem der Arbeitslosigkeit konfrontiert.

> "Spätestens jetzt zeigte sich eine deutliche Polarisierung in der Entwicklung der städtischen Agglomerationen, da sich ökonomische Stagnation und Strukturwandel offensichtlich in sehr unterschiedlicher Weise auf die Wirtschafts- und Arbeitsmarktentwicklung der verschiedenen Großstädte auswirkten."
> (Läpple 1986, 909)

Bei dieser Entwicklung handelte es sich nicht um ein konjunkturelles und damit mittelfristig zu lösendes Problem ökonomischer Stagnation, welches in der Bundesrepublik Deutschland vor allem die traditionellen Industriezentren im Ruhrgebiet und in Norddeutschland betraf. Es ist nach LÄPPLE (1986) zu einem neuen Phänomen in der Raumentwicklung gekommen, nämlich der Tendenz zu einer Polarisierung des städtischen Systems im Rahmen der nationalen Siedlungsstruktur.

Diese - in Art und Ausmaß völlig neue Tendenz der Regionalentwicklung - ist integraler Bestandteil einer interregional ungleichmäßig verlaufenden krisenhaften Umbruchphase der Kapitalverwertung und kann nicht allein auf der Basis regionsbezogener, quantitativ empirischer Analysen hinreichend erklärt werden. In ähnlicher Weise ordnet MASSEY (1978) diese neue Tendenz der Regionalentwicklung als das Resultat gesamtwirtschaftlicher Brüche ein:

> "In fact, the reasons have changed over time, but the recent dramatic decline has resulted from pressures ... for rationalisation and restructuring which derive from the crises of the economy as a whole." (MASSEY 1978, 241)

Zwar wurden ihrer Meinung nach die Probleme bestimmter Regionen in der Vergangenheit oftmals auf einen Mangel an sogenanntem Unternehmergeist oder auf schlechtes Wirtschaftsklima zurückgeführt, doch seien dieses eher negative Auswirkungen als Ursachen der allgemein rezessiven Wirtschaftsentwicklung.

> "By this means, regional problems are conceptualised, not as problems experienced by regions, but as problems for which, somehow, those regions are to blame... They are, rather, the outcome of the changing relationship between the requirements of private production for profit and the spatial surface." (MASSEY 1978, 241)

Aus diesem Grund sollen zunächst einige wichtige Aspekte der Wirtschaftskrise und der gegenwärtigen Restrukturierungsprozesse dargelegt werden, auch unter der Maßgabe, daß sie über die rein räumliche Dimension dieses Problems hinausgehen.

1.1 Weltwirtschaftskrise, Umbruchphase des BRD-Kapitals und die Polarisierung der Ballungsräume

Aufgrund der ökonomischen Entwicklung des letzten Jahrzehnts in den hochentwickelten kapitalistischen Ländern besteht Einigkeit darüber, daß sich die kapitalistische Weltwirtschaft in einer sich krisenhaft zuspitzenden De- bzw. Reindustrialisierungsphase befindet. Deren Auswirkungen auf die Gestaltung der zukünftigen Raumstrukturen interessieren in diesem Zusammenhang besonders[4].

Komponenten der auf der Basis einer hochgradigen Internationalisierung der Produktions-, Markt- und Finanzkapitalbeziehungen beruhenden krisenhaften Relokation metropolitaner und peripherer Produktionsstandorte sind nach KRUMMACHER[5] vor allem:

- von Ausnahmen abgesehen niedriges gesamtwirtschaftliches Wachstum, schrumpfender Welthandel, zunehmender Protektionismus, hohe Auslandsverschuldung der Dritten Welt, insgesamt weitere ökonomische Machtverschiebung zugunsten der hochentwickelten Industrieländer;
- auch innerhalb der Industriestaaten Neufestlegung metropolitaner und peripherer Produktionsstandorte bei weiterer Internationalisierung der Produktion;
- Kapitalabzug und Kapitalvernichtung in zahlreichen traditionellen Produktionsbereichen;
- hohe Profit- und Wachstumsraten in den Anlagesphären der neuen Produktions-, Informations- und Kommunikationstechnologien.

Die in den Industrieländern stattfindende intensive Reorganisation der Produktions- und Verteilungsprozesse, d.h. die einerseits stattfindende Kapitalvernichtung, Kapitalabzug und 'Restemodernisierung' in traditionellen und altindustriellen Produktionsbe-

---

[4] vgl. ALTVATER (1982, 121); HIRSCH (1985, 161); LÄPPLE (1986, 916); MANDEL (1983); WALLERSTEIN (1979).

[5] vgl. KRUMMACHER et al. (1985, 22).

reichen sowie die andererseits stattfindende Kapitalexpansion mit der Entwicklung neuer Anlagesphären, führt zur Neubewertung von Produktionsstandorten und damit zum Aufbrechen alter und neuer regionaler Entwicklungsunterschiede. Ein wesentliches Kernelement dieses neuen Restrukturierungsprozesses ist die Durchdringung der Volkswirtschaft mit neuen Schlüsseltechnologien, was sozusagen als 'Normalität kapitalistischer Regionalentwicklung' begriffen werden kann. ALTVATER sieht in der Krisen- und Stagnationsphase der 70er und 80er Jahre einen Bruch des Entwicklungsmodells der Nachkriegszeit[1] und schließt sich damit der 'Theorie der langen Wellen'[2] an. Er postuliert mit der Einführung der neuen Basistechnologien eine tiefgreifende ökonomische und nicht zuletzt gesellschaftliche Transformation.

Vor dem Hintergrund dieser spätestens seit Mitte der 70er Jahre einsetzenden Restrukturierung der Kapitalbasis, mit der eine beschleunigte Auseinanderentwicklung der Wirtschafts- und Raumstrukturen sowie der Lebens- und Arbeitsbedingungen einhergeht, lassen sich verschiedene raumwirksame Industrialisierungstypen unterscheiden. Sie orientieren sich wesentlich an Kriterien der ökonomisch-technologischen Reorganisation des Kapitals, dem Grad der Weltmarktintegration, der internationalen Konkurrenzfähigkeit, der Technologieintensität, dem Diversifikationsgrad und der Anpassungsflexibilität der bestehenden Produktionsstrukturen.

Dieser wirtschaftliche Umbruch stellt den in dieser Arbeit schwerpunktmäßig thematisierten Prozeß der Deindustrialisierung oder Peripherisierung dar. Gemeint ist damit der Prozeß der forcierten Destruktion, Kapitalabzug und gleichzeitigen Durchrationalisierung der regionalen Wirtschaftsstruktur mit vorherrschender Abkopplungs- und Schrumpfungstendenz. In dieser Folge kommt es zwar nicht zu einem Zusammenbruch der gesamten Region, wohl aber zu einem langfristigen regionalen Bedeutungsschwund und Niedergang[3].

Ein Grund für diese Entwicklung wird von ALTVATER in der für bestimmte Akkumulationszyklen jeweils maßgeblichen Integration der Regionen in den 'globalen Werte-

---

[1] vgl. ALTVATER (1983, 80ff); ALTVATER (1987, 20); LÄPPLE (1987, 912).

[2] vgl. WALLERSTEIN (1982).

[3] vgl. KRUMMACHER et al. (1985, 28).

kreislauf' gesehen[1]. Dabei geht es einerseits um die Verwertung des Raumes und zum anderen um die Verwertung im Raum; zwei Seiten eines Prozesses, der als räumliche Inwertsetzung bezeichnet werden kann[2]. Auch MASSEY beschreibt den Deindustrialisierungsprozeß als Resultat einer früher wirksamen und heute aufgrund von veränderten Standortbewertungen neuen regionalen Arbeitsteilung[3].

> "Spatial reorganisation ... is an important aspect of industrial reorganisation and 'regions' are a product of such prozess. ... Here industrial change has broken down a pre-existing coherence and homogenity". (MASSEY 1978, 235)

MASSEY sieht die 'räumliche Reorganisation der Kapitalbasis' als einen Prozeß an, welcher mit den Theorien der Entwicklung kapitalistischer Gesellschaften schlüssig verknüpft werden kann. Sie beschreibt diesen historischen Prozeß als eine Serie von neuen Zyklen der Investition, wobei jeder Zyklus eine neue spezifische Form der regionalen Arbeitsteilung hervorbringt.

> "Moreover, at any given historical moment a whole number of different spatial divisions of labour may be beeing envolved". (MASSEY 1978, 235)

Mit der Einführung des Terminus 'Spatial Division of Labour' macht MASSEY einen wichtigen Schritt in Richtung einer Überwindung traditioneller regionalökonomischer Erklärungsansätze, in denen regionale Strukturen lediglich als das Ergebnis der Bewegung privaten Kapitals angesehen werden.

Den zweiten wichtigen Punkt beschreibt LÄPPLE als den Prozeß der 'Reindustrialisierung', der gerade in sogenannten alten Industrieregionen stattfindet und mit dem Schlagwort der 'Durchrationalisierung der regionalen Wirtschaftsstruktur' umschrieben werden kann[4]. Er sieht hierin eine Reaktion regionaler Kapitale auf eine sich verschlechternde internationale Wettbewerbsposition, die sich in verminderter Produktion, Beschäftigung und nicht zuletzt in Kapitalflucht äußert.

> "Therefore, there was mounting economic pressure within the industry for significant reorganisation and restructuring of production in order to overcome this barrier to future profitable expansion." (HOLMES 1983, 259f)

---

[1] vgl. ALTVATER (1987).

[2] vgl. ALTVATER (1987, 104f).

[3] vgl. MASSEY (1983, 28).

[4] vgl. LÄPPLE (1987).

Zentrales Kennzeichen dieses Industrialisierungstyps, der sich gerade in den hier untersuchten Regionen durchgesetzt hat, ist vor allem der Einsatz neuer Technologien und Unternehmensstrategien bei gleichzeitiger Wiederbesinnung auf die produktive Basis der nationalen Ökonomien[1]. Aktuelle Beispiele für diese Form der Strukturkrisenbewältigung lassen sich sowohl anhand der Stahlindustrie des Ruhrgebietes als auch anhand der Werftindustrie Norddeutschlands anführen. Bei diesen Industrien werden Standortbereinigungen, Produktspezialisierungen und die Reduktion der Produktionstiefe von Stammbetrieben zum Grundpostulat des Branchenerhalts erklärt.

Diese mit den Begriffen De- bzw. Reindustrialisierung angedeuteten komplexen Restrukturierungstendenzen sind einerseits sicherlich Ursache und wesentliche Voraussetzung für die selektive Polarisierung der Raummuster, andererseits spielen gerade diese unterschiedlichen Raumstrukturen eine entscheidende Rolle bei der Durchsetzung neuer regionaler Arbeitsteilungen.

MASSEY ist der Ansicht, daß die Wirtschaftsstrukturen einer Region das komplexe Resultat von Rollen und Reihenfolgen innerhalb der internationalen Arbeitsteilung sind.[2] Dauerhafte und optimale Standortstrukturen sind bei Berücksichtigung der dem kapitalistischen Produktionsprozess immanenten Ent-wicklungstendenzen nicht möglich. Insbesondere führen die oben beschriebenen grundlegenden Umbruchphasen bzw. langen Wellen der Akkumulation zur Reduzierung technologischer und ökonomischer Standortzwänge[3]. WEBBER (1986) beschreibt das raumprägende Element der verschiedenen Phasen der Kapitalakkumulation wie folgt:

> "Just as accumulation proceeds in phases separated by periodic depressions (Aglietta 1979), each phase is characterized by quite distinct forces and relations of production. In each phase the basis for accumulation is laid in high profits from new processes or new production relations, established in new regions, so each phase establishes its own distinct geography of production." (WEBBER 1986, 200)

Jede Phase der Akkumulation ist nach Webber an bestimmten Orten lokalisiert, so daß zu bestimmten Zeiten nicht nur ähnliche Industriekomplexe entstehen, sondern auch bestimmte Sozial- und Reproduktionsstrukturen. Mit anderen Worten, jede Region ist durch die Entwicklungslogik der Phase bestimmt worden, in der ihr ökono-

---

[1] vgl. HIRSCH (1985, 166); LÄPPLE (1987, 917).

[2] vgl. MASSEY (1978, 235).

[3] vgl. MANDEL (1983)

mischer Aufschwung stattfand. Eine neue Phase der Akkumulation hat ihre neue Logik, die wiederum eine neue Geographie hervorruft. Alte Regionen werden nach WALKER[1] als Produktionseinheit obsolet. Dieses kann zum einen durch den Abzug als auch durch die Entwertung des fixen Kapitals begleitet sein, zum anderen durch die Verminderung der Reallöhne.

Die Territorialstruktur wird dabei determiniert durch die räumlichen Bewegungs- und Wachstumsprozesse, bei denen die individuellen Kapitale jeweils an die Anlageorte wandern, die ihnen aufgrund der jeweils verfügbaren Bedingungen der Produktion für den Produktionsprozeß die besten Verwertungsmöglichkeiten bieten.[2]

> "... this geography is ... conditioned by the characteristics of regions as determined during the early history of accumulation, in the context of new types of commodity and new relations and forces of production."
> (WEBBER 1982,7)

Diese Entwicklungsprozesse verlaufen nicht linear, sondern setzen sich spontan und ohne politische Planung durch. Sie werden in erster Linie durch die inneren Bewegungsgesetze der Produktionsweise vor allem über die Form zyklischer Krisen durchgesetzt. Die räumliche Verteilung und Umstrukturierung der Produktion erfolgt letztlich über die aus der Kapitalakkumulation resultierenden Krisenprozesse. WEBBER (1982) beschreibt diesen Umstrukturierungsprozeß nicht im Sinne eines langsamen regionalen Wachstums oder Ausgleichs als Antwort auf die Veränderung der Faktorausstattung oder die der Mobilität von Kapital oder Arbeit wie traditionelle Regionalökonomen. Er sieht diesen Prozeß so, daß die jeweils dominante Phase der Akkumulation die existierenden räumlichen Muster industrieller Produktion in ihrem Sinne modifiziert[3].

Letztlich darf die Herausbildung und Restrukturierung räumlicher Muster nicht allein auf die Analyse des kapitalistischen Verwertungsprozesses reduziert werden, in den die territorialen Strukturen noch als materiell-räumliches Resultat des Verwertungstriebes der einzelnen Kapitale aufgefaßt werden. Eine derartige Erklärung räumlicher Entwicklungsprozesse wie sie in vielen traditionellen regionalwissenschaftlichen Ar-

---

[1] vgl. WALKER (1978).

[2] vgl. LÄPPLE (1978, 29f)

[3] vgl. WEBBER (1982, 7).

beiten gewählt wird[1], bleibt letztlich stark einer einzelwirtschaftlichen Orientierung verhaftet[2]. Hierauf bezieht sich auch die weiter unten noch ausführlicher aufzugreifende Kritik von BÖMER/SCHRÖTER (1974) an der Auffassung, daß räumlich ungleichgewichtige Entwicklung lediglich als unerwünschtes Phänomen des bisher 'unübertroffenen Koordinationssystems Preismechanismus' gesehen wird. In diesen Ansätzen wird die Herausbildung der räumlichen Struktur der Wirtschaft aus den sogenannten raumdifferenzierenden Faktoren[3] erklärt und "... die Neigung zu zunehmender räumlicher Konzentration häufig in Verbindung mit unternehmens- und kapitalmäßiger Konzentration gesehen." (LAUSCHMANN 1973, 117)

Die Kritik bezieht sich insbesondere darauf, daß eine solche unspezifische Verknüpfung von 'Entwicklungsgesetzmäßigkeiten' wie der räumlichen sowie der Unternehmens- und Kapitalkonzentration die logische Konsequenz einer Betrachtungsweise sei, die keine Ableitung ihrer Sätze aus allgemeinen Entwicklungsgesetzmäßigkeiten kennt.[4]

Im folgenden soll auf das hier im Mittelpunkt stehende Problem des Verfalls ökonomischer Kerngebiete eingegangen werden, welches - wie aufgezeigt werden konnte - auch aus den Gesetzen der Kapitalakkumulation erklärt werden kann, also auf der Grundlage derselben Gesetzmäßigkeiten, die zur Herausbildung eben dieser räumlichen Konzentration geführt haben.

---

[1] vgl. Arbeiten von DONCKELS (1981); ECKEY (1978); KANISS (1981); KOLL (1979); LAUSCHMANN (1973); KLÖPPEL (1973).

[2] vgl. LÄPPLE (1978, 30).

[3] z.B. externe und interne Ersparnisse sowie Bodenrente und Transportkosten

[4] vgl. BÖMER; SCHRÖTER (1974, 42)

1.2 Die Krise altindustrialisierter Ballungsräume als Folge der zunehmenden Destabilisierung der regionalen Wirtschaftsstruktur

Auf der Suche nach neuen Wachstumspotentialen städtischer Agglomerationen ist insbesondere dem Typ des altindustrialisierten Ballungsgebiets vornehmlich aus politischen Gründen besondere Aufmerksamkeit geschenkt worden[1]. Die Regionalpolitik wurde mit einer neuen Form der regionalen Konzentration von Strukturproblemen konfrontiert, jedoch ist es bis heute noch nicht möglich gewesen, die in diesem Raumtyp ablaufenden Entwicklungen auf eine schlüssige theoretische Basis zu stellen. Bevor im folgenden auf das Theoriedefizit und die unterschiedlichen Ansätze zur Erklärung der Ungleichmäßigkeit der regionalen wirtschaftlichen Entwicklung und auf den Verlauf und die unterschiedliche Intensität regionaler (städtischer) Krisen eingegangen wird, muß der Untersuchungsgegenstand zunächst beleuchtet werden.

Mit der Definition des altindustrialisierten Ballungsgebiets als Raumtyp ist schon ein kennzeichnendes Charakteristikum vorgestellt. Die Bezeichnung 'alt' bestimmt die Tatsache, daß die ökonomische Basis dieser Region unter Umständen bis ins letzte Jahrhundert zurückgeht (Kohle, Stahl, Schiffbau oder Maschinenbau), deren Prosperitätsphase zurückliegt und nun durch oben beschriebene Gründe in die Krise gekommen ist.

Ob aufgrund dieses Merkmals allerdings von einem speziellen Typ von Problemregion gesprochen werden kann, bleibt diskussionswürdig, denn auch in anderen Regionen findet man viele der weiterhin anzuführenden typischen Merkmale, wie:
- hohe Konzentration weniger Industrienbranchen,
- geringe Anzahl großer (multinationaler) Firmen,
- überdurchschnittliches Lohnniveau,
- geringe Anzahl qualifizierter Dienstleistungsbranchen,
sowie in Ergänzung zu diesen rein ökonomischen Indikatoren die folgenden sozialen Merkmale:
- relativ geringe Mobilitätsbereitschaft der Beschäftigten,
- starke Statusorientierung innnerhalb der Arbeiterschaft,
- hoher gewerkschaftlicher Organisierungsgrad, etc.[2]

---

[1] vgl. HAMPE (1985, 42).

[2] vgl. SCHAFFER (1981, 26ff).

Ein weiterer Grund für die Schwierigkeit, den spezifischen Charakter von altindustrialisierten Ballungsgebieten zu erfassen, liegt vor allem auch darin, daß traditionelle Theorien regionalen Wachstums nicht in der Lage sind, den 'turning point' in der Entwicklung dieser Regionen zu bestimmen. Regionale Wachstumstheorien, wie etwa die Export-Basis-Theorie oder die Theorie der zirkulär-kumulativen Verursachung haben dem Problem des ökonomischen Verfalls ehemals hochentwickelter Industriegebiete bisher nur geringe Aufmerksamkeit gewidmet und nur randlich auf die negativen Auswirkungen der Regionalentwicklung eingegangen. STEINER wendet jedoch ein, daß diese theoretische Schwäche kein Spezifikum regionalökonomischer Ansätze ist. Nahezu keine ökonomische Theorie befaßt sich explizit mit dem Problem des Aufstiegs und Niedergangs von Ökonomien[1].

Unter Berücksichtigung dieses Defizites soll hier versucht werden, neben einer Auseinandersetzung mit den Theorien regionalen Strukturwandels insbesondere den Niedergang altindustrialisierter Ballungsgebiete auf einer umfassenden theoretischen Ebene zu erklären. Regional- bzw. stadtentwicklungspolitisch ist neben der globalen Perspektive der Basissektoren vor allem die sektorale Entwicklung der jeweils ansässigen Wirtschaftsbranchen von Bedeutung. Festgestellt wurde schon, daß altindustrialisierte Ballungsgebiete dominiert werden durch eine Industriestruktur, die nur wenige sogenannte Wachstumsindustrien[2] repräsentiert. Sie sind häufig monostrukturiert und beherrscht von den oben beschrieben Branchen. Aufgrund des Mißverhältnisses von Produktionsentwicklung einerseits und Nachfragerückgang andererseits bzw. aufgrund der Diskrepanz zwischen Kapitalwachstum und Arbeitsplatzentwicklung können von

---

[1] vgl. STEINER (1985, 388).

[2] Der Begriff 'Wachstumsindustrie' ist in der Definition problematisch und inhaltlich diffus. Zunächst ist die Frage, wie "Wachstum" definiert wird: Umsatzwachstum, Profitwachstum, Beschäftigungsentwicklung, Produktivitätszunahme...? Geht man nach der Zahl der Beschäftigten, gibt es heute fast nur noch "Schrumpfungsindustrien" unterschiedlicher Intensität. Des weiteren ist es wichtig, den Wachstumsbegriff qualitativ zu bestimmen. Dieses gilt für jeden Betrieb, in dessen betriebswirtschaftlicher Kostenkalkulation keine "externen Effekte" bzw. "social costs" auftauchen. Weitere Variablen sind die weltmarktpolitischen oder technologischen Veränderungen, die eine Wachstumsbranche von gestern zu einer "Schrumpfungsbranche" von heute werden lassen. Wesentlich sind auch die regionalen Standortunterschiede: Im Saarland war die Stahlindustrie bereits eine äußerst gefährdete "Schrumpfungsbranche", als sie im Duisburger Raum noch schwarze Zahlen schrieb. Bezogen auf den Bundesdurchschnitt gelten heute vor allem folgende Industriegruppen als Wachstumsindustrien (gemessen an der Veränderung der Anteile der einzelnen Gruppen am Gesamtumsatz der Industrie): Kunststoffverarbeitung, Mineralölverarbeitung, Elektrotechnik, Chemie und Straßenfahrzeugbau.

der Präsenz sogenannter Wachstumsindustrien keine unmittelbaren Rückschlüsse auf die Beschäftigungssituation in einer Region gezogen werden. Dennoch sind die sektoralen Entwicklungsbedingungen ansässiger Wirtschaftsbranchen nach wie vor wichtige Determinanten regionaler Krisenentwicklung. Dieses auch aus dem Grunde, weil die beschäftigungspolitische Auffälligkeit bei Konjunktureinbrüchen in Räumen mit einer großen Präsenz von 'Schrumpfungsindustrien'[1] besonders hoch ist und weil sich die sektorale und die regionale Krisenentwicklung in einer wechselseitigen Abhängigkeit mit sich eigendynamisch verschärfender Tendenz befindet. Zum anderen, weil beschäftigungspolitische Kompensationsstrategien (Ansiedlung neuer Betriebe, Tertiärisierung) in strukturgefährdeten Räumen gegenwärtig praktisch aussichtslos geworden sind.

Unbestritten ist hingegen, daß die Struktur der Wirtschaft das regionale Wachstum beeinflußt; es bleibt allerdings zu bestimmen, welche Wirtschaftsstrukturen als problematisch angesehen werden müssen. Dabei lassen sich einige Aspekte anführen, die die Problemgruppe näher zu definieren helfen. Zum einen gibt es in den sogenannten Schrumpfungsbranchen ein immer größer werdendes Mißverhältnis zwischen dem Produktivitätsfortschritt[2] einerseits und einer zu geringen Nachfrageentwicklung; selbst in Boomzeiten könnten durch hohen Kapazitätsüberhang erhebliche Produktionssteigerungen bewältigt werden. Problematische Wirtschaftssektoren zeichnen sich vor allem auch dadurch aus, daß Rationalisierungs- statt Erweiterungsinvestitionen getätigt werden. Dadurch ergibt sich auch im Boom kein Rückgang der Arbeitslosigkeit.

Obwohl Strukturanalysen immer wieder gemacht wurden, konnte bisher allerdings die Frage nicht beantwortet werden,

> "... which is the essential determinant of structure and the direction of causal relationship - does growth in-fluence structure or structure influence growth." (STEINER 1985, 389)

---

[1] Die kritischen Einwände gegen den Begriff "Wachstumsindustrien" gelten entsprechend auch für sein Gegenteil: den Begriff der "Schrumpfungsindustrie". Vor allem muß betont werden, daß eine an der Entwicklung des Gesamtumsatzes oder der Produktivität gemessene Qualifizierung als "Schrumpfungsindustrie" keineswegs unmittelbar einen erhöhten Arbeitsplatzabbau zu bedeuten braucht; die expansive Beschäftigungsentwicklung des tertiären Sektors bis in die 70er Jahre war gerade eine Folge der unterdurchschnittlichen Produktivitätsentwicklung in diesem Sektor.

[2] Anhand des empirischen Materials (vgl. Teil II der Arbeit) konnten in beiden Untersuchungsregionen ungewöhnlich hohe Produktivitätssteigerungen in fast allen Bereichen der In-dustrie nachgewiesen werden. Sie haben wesentlich mit dazu beigetragen, daß sich der Bedarf an zusätzlichen Arbeitskräften in Grenzen hielt.

Viele Untersuchungen zeigen einen starken strukturellen Einfluß als Parameter für niedergehende Regionen, wenngleich in den hier untersuchten Ballungsgebieten der strukturelle Einfluß schwächer als erwartet ausfiel. Die negative Strukturkomponente kann ein Punkt sein, der regionales Wachstum beeinflußt, dennoch kann er nicht als maßgeblicher Faktor regionaler Krisenentwicklung angesehen werden. Andere Faktoren können z.B. niedrige Produktivität, zu hohes Lohnniveau etc. sein. Des weiteren haben vergleichende Untersuchungen der Regionen Pittsburgh und New York gezeigt[1], daß Strukturanteile als Parameter ebenso wie diverse andere ökonomische Größen allein keine befriedigenden Aussagen ergeben. Eine vertiefte Analyse hat neben diesen Größen auch andere Faktoren, wie lokales Unternehmertum, Verfügbarkeit von Kapital, Qualifikation und Kosten der zur Verfügung stehenden Arbeitskräfte sowie nicht zuletzt Umweltfaktoren zu berücksichtigen. Der strukturelle Ansatz innerhalb der Regionalanalyse ist mit Sicherheit nicht falsch, es ist jedoch die Frage, wie hoch sein Erklärungsgehalt ist[2].

Selbstverständlich variiert der Erklärungsgehalt der strukturellen Komponente mit der Aggregationsebene; auf der nationalen Ebene etwa ist sie zu vernachlässigen, während sie in kleineren Gebietseinheiten - und insbesondere in Regionen mit Strukturproblemen - eine größere Rolle spielt. STEINER for-muliert den Einfluß der Strukturkomponente treffend wie folgt:

> "Thus the structural composition points to further connections: a given industrial structure has an influence on supply side elements of a region, and it can prevent favourable economic conditions". (STEINER (1985, 390))

Eine von der Frage der Struktur abweichende Argumentationslinie wird in der Export-Basis-Theorie verwendet, in der Regionalentwicklung abhängig gemacht wird von der überregionalen Nachfrage nach Gütern. Die Export-Basis wird zum Motor für regionales Wachstum, demnach ist auch deren Krise die Ursache regionalen ökonomischen Niederganges. Kritik wird an diesem Modell insofern angemeldet, als mit der umsatzexpansiven Entwicklung sogenannter exportorientierter Wirtschaftssektoren in einer Region keineswegs eine entsprechende Verbesserung der Beschäftigungssituation verbunden sein muß; wenn überhaupt, sind die indirekten bzw. die induzierten Wir-

---

[1] vgl. CHINITZ (1961).

[2] vgl. STEINER (1985, 389).

kungen dieser Industrie von Bedeutung[1]. Dieses gilt für den produktiven Sektor, denn der tertiäre Sektor ist strukturell eng mit dem produktiven Bereich verknüpft. Schließlich ist die Präsenz solcher Industrien auch deshalb bedeutsam, weil das raumwirksame Investitionsverhalten von Bund und Ländern - entgegen allen normativ pragmatischen Beteuerungen - nicht auf eine Aufhebung der regionalen Disparitäten hinausläuft, sondern klar das Ziel der Stärkung bereits vorhandener Wachstumsimpulse verfolgt.

Darüber hinaus gibt es einige weitere Gründe, warum die Produkt-Zyklus-Theorie im Hinblick auf die Erklärung der Entwicklung altindustrialisierter Ballungsgebiete von Bedeutung ist. Sie werden im folgenden Abschnitt angesprochen. Des weiteren wird die Produkt-Zyklus-Theorie, die den Lebenszyklus eines Produktes und seiner Märkte zum zentralen Erklärungsmoment regionalen Wachstums macht, in vielen angebotsorientierten Arbeiten benutzt, um auf die Tatsache hinzuweisen, daß der kontinuierliche Prozeß in der Entwicklung neuer Produkte und der Überwindung alter Produkte unterbrochen ist.

> "The point to be made therefore is, that Old Industrial Areas are at the end of a regional 'life cycle', a stage of development, which is marked by inflexibilities on the supply side and a lack of innovative ability." (STEINER 1985, 396)

Jede dieser Theorien betont unterschiedliche Aspekte für die nachlassende wirtschaftliche Dynamik altindustrialisierter Ballungsgebiete. Im folgenden wird auf die verschiedenen, bis jetzt nur kurz dargestellten Erklärungsansätze detaillierter eingegangen, um zu einer umfassenden Theorie des regionalen Strukturwandels zu gelangen, die gleichzeitig die Stagnation bzw. den Niedergang altindustrialisierter Ballungsgebiete erklären kann.

---

[1] vgl. HELLWEG (1978, 13)

2. Systematisierung der Theorien und Erklärungsansätze regional ungleichgewichtiger Raumentwicklung

2.1 Zur Klärung des Begriffs 'Regionalkrise' im Spektrum theoretischer Ansätze zur Struktur- und Regionalpolitik

Auf der Suche nach Theorien und Erklärungsansätzen über die Entstehung von Regionalkrisen bewegt man sich im Spektrum theoretischer Ansätze zur Struktur- bzw. Regionalforschung. Dabei handelt es sich um ein sehr breites Untersuchungsfeld, in dem es weder eine umfassende Theorie des sektoralen oder regionalen Strukturwandels gibt, noch eine schlüssige Regionalkrisentheorie. Sowohl in traditionellen volkswirtschaftlichen Arbeiten als auch in kritischen Ansätzen wird dieses Mangel festgestellt. KOLL bemängelt, daß es immer noch keine geschlossene Theorie des regionalen Strukturwandels gibt. Vielmehr seien erst einzelne Elemente vorhanden, wobei Erklärungsansätze der üblichen makroökonomischen Theorie mit speziell für die Besonderheiten des regionalen Wachstums entwickelten Modellvorstellungen verbunden werden müßten[1]. HOLLAND stellt fest, daß sich neoklassische und traditionelle Ökonomen bisher aus verschiedenen Gründen nicht mit der regionalen Verteilung ökonomischer Aktivitäten befaßt haben. Lediglich in einem Punkt stellt er fest, daß Kapital und Arbeit in die Regionen migrieren, die die höchsten Profite bzw. Löhne gewährleisten. Die Einführung der Kategorie 'Raum' war in den klassischen und neoklassischen Theorien lediglich eine zu vernachlässigende Größe. Das 'Wo' der ökonomischen Aktivität wurde unter preistheoretische Kategorien subsumiert. Regionale Fragen wurden dabei nicht explizit berücksichtigt[2]. Man ist also auf die Zusammenfassung von Untersuchungen einzelner Faktoren angewiesen[3]. Eine intensive Auseinandersetzung über den Anlaß und die Struktur von Regionalkrisen bezieht sich in der traditionellen Regionalökonomie, wie oben bereits erwähnt, auf die Untersuchung dieser Faktoren. Sie sollen im folgenden dargestellt und kommentiert werden.

Obwohl das Problem der Krisenanfälligkeit altindustrialisierter Ballungsgebiete seit langem zu beobachten ist, hat sich die Regionalwissenschaft bisher vorwiegend den

---

[1] vgl. KOLL (1979, 4).

[2] vgl. HOLLAND (1976, 1).

[3] vgl. ECKEY (1983, 63).

Entwicklungsproblemen strukturschwacher Räume gewidmet[1]. Deutlich wurde in den letzten Jahren allerdings, daß in Zeiten des verlangsamten wirtschaftlichen Wachstums Schwächen der Regionalstruktur schnell zu einer erheblichen Verschlechterung der relativen Position führen.

Eine Theorie regionaler Krisenentwicklung hat (bezogen auf diese Problemstellung) einen Erklärungsbeitrag dafür zu leisten, warum sich die Ungleichmäßigkeit der wirtschaftlichen Entwicklung auch im unterschiedlichen Verlauf und in der unterschiedlichen Intensität regionaler und städtischer Krisen widerspiegelt. Von regionalen Krisen kann man vor allem dann sprechen, wenn der nicht planmäßige Strukturwandel der Wirtschaft - der letztlich für die regionale Entwicklung ausschlaggebend ist- sich zum Nachteil für die Agglomeration auswirkt, so daß Erscheinungen zu konstatieren sind, wie konzentriert auftretende Verlagerung von Kapital aufgrund fehlender Reinvestitionen (Kapitalexport), dauerhaft hohe Arbeitslosigkeit, damit einhergehende erzwungene Mobilität der Arbeitskräfte sowie eine in vielen Beziehungen ständige Überbeanspruchung der nätürlichen Ressourcen einer Region[2]. Eine Festlegung dessen, was als regionale Krise angesehen werden kann, ist deshalb wichtig, weil die Erklärung des ökonomischen Verfalls hochentwickelter Industriegebiete durch die traditionelle Wirtschaftswissenschaft und Wirtschaftsgeographie, die mehr preistheoretisch orientierte Analysen (Kosten-Nutzen-Analysen) vorlegen, nur randlich auf diese negativen Auswirkungen der Regionalentwicklung eingehen. Sie konzentrieren sich vielmehr auf Ansätze zur Erklärung regionaler Wirtschaftsstrukturen, leisten aber keine so umfassende Erklärung regionalwirtschaftlichen Niederganges.

KANISS (1981) schreibt Anfang der 80er Jahre zu dem Problem "stagnating growth and decline in many of the worlds metropolitan areas":

> "The point is that before we begin to 'cure' decline, we must gain a better understanding of the desease of which it is a symptom - or of whether it is a desease at all. ... Unfortunately, however, an adequate theory of decline has yet to be developed in regional science - for the simple reason that the problem of metropolitan stagnation and decline itself did not exist, or at least was not recognized, until during the last few years." (KANISS 1981, 77)

---

[1] vgl. HANSMEYER (1982, 12).

[2] vgl. BÖMER; SCHRÖTER (1974, 40).

Die bisherige Beschreibung der Spezifika regionaler Krisen basiert letztlich, gerade in traditionellen regionalökonomischen Ansätzen, auf einer Momentaufnahme und einer sehr der Phänomenologie verhafteten Betrachtungsweise; Ursache - Wirkungs-Zusammenhänge werden, sofern überhaupt, zu ungenau beschrieben oder von den Erscheinungsformen ausgehend untersucht. Bei solchem Vorgehen kann es zur Verzerrung und Umdrehung der tatsächlichen Wirkungszusammenhänge kommen. Im folgenden sollen deshalb die verschiedenen Ursachenkomplexe für die Entstehung und Dauer regionaler Krisen beleuchtet werden.

2.2 Theoretische Entwicklungsmodelle zur Erklärung regionaler Wirtschaftsstrukturen durch neoklassische Wachstumsmodelle

Der Vorteil einer ökonomischen Theorie, die von einer Hierarchie der Standortfaktoren ausgeht, soll im folgenden anhand der Betrachtung einiger traditioneller Theorieansätze zur Erklärung regionaler Wirtschaftsstrukturen verdeutlicht werden. Dabei wird von der Einschätzung ausgegangen, daß Probleme der Beurteilung der disparitären räumlichen Entwicklung auch von den Vertretern der traditionellen Regionalökonomie gesehen werden. Der Untersuchungsschwerpunkt besteht darin, einen konsistenten Rahmen zur einheitlichen Erklärung der verschiedenen Merkmale und Tendenzen regionalwirtschaftlichen Niedergangs zu erarbeiten, der auf einer theoretisch stringenten Zuordnung und Ableitung der einzelnen Faktoren aufbaut.

Es geht um eine Theorie des regionalen Strukturwandels in altindustrialisierten Ballungsgebieten, nicht um die funktionelle Verknüpfung von Erscheinungsmerkmalen. Dabei stehenzubleiben ist der Hauptkritikpunkt gegen die meisten angebotenen Ansätze, wenn auch sicherlich in unterschiedlichem Maße[1]. Vor allem im Hinblick auf das Thema dieser Arbeit, nämlich die Erklärung des ökonomischen Verfalls ehemals hochentwickelter Industriegebiete ist dieser Kritikpunkt berechtigt.

Er gilt für die preistheoretisch orientierten Analysen, die hauptsächlich einzelne Wirkungen von Preisdifferenzierungen auf die Austauschbeziehungen analysieren und auch für jene Untersuchungen, die die verschiedenen Arten räumlicher Aus-tauschbe-

---

[1] vgl. BÖMER; SCHRÖTER (1974, 39).

ziehungen in den Mittelpunkt stellen, wie etwa die in der Tradition von PREDÖHL[1] entstandenen Arbeiten. Dieser Vorwurf der statischen Betrachtungsweise gilt, wenn auch eingeschränkter für die Dualismus-Theorien die noch am ehesten entwicklungstheoretische Ansätze zeigen. Hier sind vor allem die Arbeiten von MYRDAL[2] zu nennen.

Um zunächst eine Gruppierung der einzelnen neoklassischen Erklärungsansätze ungleichgewichtiger Regionalentwicklung vorzunehmen, muß man die verschiedenen Ansätze in Gleichgewichtstheorien und Polarisationstheorien unterscheiden. Die aus der allgemeinen neoklassischen Gleichgewichtstheorie ableitbare 'Theorie des räumlichen Gleichgewichts' bzw. die 'Theorie des ausgeglichenen regionalen Wachstums' basiert bekanntlich auf einer mechanischen Beurteilung des Wirtschaftsprozesses. Nach der neoklassischen Argumentation ist eine Siedlungsstruktur das Ergebnis von gleichgewichtigen Marktkräften bezüglich des Güterangebots und der Nachfrage. Das Kapital wird dort eingesetzt, wo es als Produktionsfaktor am höchsten entlohnt wird. Dadurch strömen - laut Theorie - Arbeits- und Kaufkräfte solange zwischen Nachfrager- und Anbieterstandorten, bis sich die Preise bestimmter Faktoren ausgeglichen haben[3].

Die Grundannahme der Gleichgewichtstheoretiker, daß jede Veränderung innerhalb eines Systems Veränderungen hervorruft, die mehr oder weniger in die entgegengesetzte Richtung laufen und somit wieder zu einem Gleichgewicht führen, konnte letztlich aber nicht gehalten werden. Die Kritik an der Theorie des regional gleichgewichtigen Wachstums bezieht sich im wesentlichen auf die Annahme der gleichen interregionalen Mobilität aller Produktionsfaktoren. Von den Kritikern wurde insbesondere hinterfragt, ob durch die Aufhebung dieser 'freien Mobilität der Produktionsfaktoren' die wichtigste Schlußfolgerung aus dem neoklassischen Ansatz noch aufrecht erhalten werden kann, daß nämlich interregionale Kapitaltransfers, Arbeitskraftmigrationen und die räumlichen Diffusionen von Innovationen über das Erreichen regionaler Grenzproduktivitäten auch die regionalen Wachstumsunterschiede nivellieren.

---

[1] vgl. PREDÖHL (1925); PREDÖHL (1951).

[2] vgl. MYRDAL (1957); MYRDAL (1974).

[3] vgl. BÖKEMANN (1982, 295f).

Die Polarisationstheorien dagegen entstanden aus einer Kritik an den Gleichgewichtstheorien. Während die Theorie des räumlichen Gleichgewichts angelegt ist, um die
vorhandene Regionalstruktur als Resultat einzelwirtschaftlicher, deterministischer
Marktkräfte darzustellen, verfolgt der polarisationstheoretische Ansatz auch das
Wirken externer Kräfte auf die regionale Wirtschaftsstruktur. Die einschränkenden
Bedingungen des neoklassischen Ansatzes bezüglich der Annahme gleicher Mobilität
werden in diesen Ansätzen berücksichtigt. Hinter den Polarisationstheorien stehen
zwei unterschiedliche Ansätze. Zum einen der Ansatz der funktionalen sektoralen
Wachstumspole, zum anderen der Polarisationsansatz, mit dem man versuchen wollte,
regionale Entwicklungsgefälle mittels Ausbreitungs- und Entzugseffekten zu verringern.

Am ehesten zeigt noch die polarisationstheoretische Arbeit von MYRDAL[1], daß die
Beziehungen zwischen Metropolen und Peripherien die Tendenz besitzen, die bestehenden Gegensätze noch zu verschärfen. In seiner Arbeit kritisiert er[2] die in der
Gleichgewichtstheorien von HIRSCHMANN[3] dargestellten positiven Effekte (Ausbrei-
tungs- und Sickereffekte) von Kapitalbewegungen[4]. Myrdals zentrale These ist, daß
das freie Spiel der Marktkräfte keine ausgleichende Wirkung besitzt, sondern bestehende Ungleichheiten verstärkt. Zwar betont er auch die Wirkung der 'Ausbreitungs-
effekte' ('spread-effects'), die aber nie so stark sind, um den 'vicious-circle-effects'
voll entgegenzuwirken. Er konstatiert eine regional ungleichgewichtige Entwicklung
auf Grund geographischer Polarisation[5]. In jedem Fall handelt es sich um eine - wie
MYRDAL es nennt - 'uni-directional causal relationship'[6].

Die hier skizzierten Zusammenhänge vollziehen sich in regionaler Differenzierung der
einzelnen Wirtschaftsraumtypen. Die Raumwirksamkeit dieser Vorgänge äußert sich in

---

[1] vgl. MYRDAL (1957).

[2] Neben der grundsätzlichen Kritik von MYRDAL (1974) vgl. die mehr immanente Kritik an den Gleichgewichtstheorien bei RICHARDSON (1969, 55-58) und ALONSO;
FRIEDMAN (1964, 3,8f).

[3] vgl. HIRSCHMANN (1958/1967).

[4] vgl. SCHILLING-KALETSCH (1976, 42).

[5] vgl. SCHILLING-KALETSCH (1976, 177).

[6] vgl. MYRDAL (1968, 1843-1940).

der geschilderten zunehmenden sektoralen und regionalen Polarisation wirtschafts-
räumlicher Strukturen. Sie führt auch innerhalb einzelner Wirtschaftsräume zu einer
Verschärfung bereits vorhandener Disparitäten. In der besonderen Betonung sich ku-
mulativ verstärkender Prozesse stellt aber auch dieser Ansatz zumindest für das
Problem der regionalen Krisenentwicklung, also der Umkehrung der regionalen Wachstumsprozesse, keine zusammenhängende theoretische Basis dar.

2.3 Die Reichweite verschiedener makroökonomischer Theorien des 'räumlichen Gleichgewichts' zur Erklärung regionalökonomischen Niedergangs

In den meisten traditionellen regionalwissenschaftlichen Arbeiten finden sich explizit
zu dem Themenkreis der regionalen Krisenentwicklung wenig Hinweise; allenfalls in
der Richtung, daß man zur Erklärung der Krisenanfälligkeit einzelner Regionen entweder die regionale Produktspezialisierung oder die regionalen Produktions- und
Standortstrukturen näher zu untersuchen habe[1]. Eine Ausnahme bilden lediglich die
Arbeiten von DONKELS und KANISS[2], in denen explizit zu dem Themenkreis des
'phenomenon of regional stagnation' Stellung genommen wird, wenngleich auch hier
die Auseinandersetzung über das Problem, wie bereits erwähnt, in der Untersuchung
traditioneller Standortfaktoren verhaftet bleibt.

Aufgrund der dargestellten Ziele dieser Arbeit und der oben angeführten Problematik
ist es nicht sinnvoll, die einzelnen Konzepte innerhalb der klassischen Regionalökonomie[3] detailliert zu diskutieren, denn die verschiedenen Theorien des 'räumlichen
Gleichgewichts', die die ausgleichende Wirkung der Mobilität der Produktionsfaktoren
Kapital und Arbeit auch in Bezug auf die räumliche Entwicklung betonen, sind inzwischen intensiv kritisiert worden. Die große Auseinandersetzung der meisten entweder
angebots- oder nachfrageorientierte Theorien des räumlichen Gleichgewichts über
Anlaß und Struktur von Regionalkrisen bezieht sich, wie oben bereits erwähnt, auf

---

[1] vgl. LAUSCHMANN (1970, 83); KLÖPPEL (1973, 23).

[2] vgl. DONKELS (1981) und KANISS (1981).

[3] Mit der Kennzeichnung der verschiedenen makroökonomischen Theorien des "räumlichen Gleichgewichts" als 'klassisch' ist keine Abqualifizierung dieser Arbeiten
verbunden. Es soll damit betont werden, daß sie sich insofern von marxistischen
Arbeiten unterscheiden, als sie die Rahmenbedingungen der kapitalistischen Produktionsweise und damit der bürgerlichen Gesellschaft akzeptieren.

die Untersuchung einzelner Faktoren. Die wichtigsten, zum Teil widersprüchlichen Ergebnisse dieser Diskussion werden im folgenden dargestellt und kommentiert. Bezeichnend für solche traditionellen marktwirtschaftlichen Ansätze ist, daß sie zunächst Wachstumstheorien auf mögliche Erklärungshinweise regionalökonomischen Niedergangs untersuchen.

> "Let us now review the way in which "growth" and "development" may be distinguished, in an attempt to develop some insights regarding the process of decline and deterioration." (SCHAFFER, 1981, 14).

Angelehnt an die Interpretation dieser Wachstumstheorien werden im wesentlichen drei Hauptdeterminanten regionalen Niedergangs ausgemacht: der Mangel an profitablen Anlage- und Wirtschaftsmöglichkeiten, eine geringe Zahl prosperierender Unternehmen sowie fehlendes Kapital. STEINER (1981) sieht vor allem eine begrenzte, unelastische Nachfrage, eine Verschlechterung der jeweiligen komparativen Kostenvorteile, eine sich verändernde Technologie, die Veränderung der Ressourcensituation sowie unternehmerische Defizite als die Hauptursachen regionaler Krisenentwicklung an. Die Bedeutung natürlicher Ressourcen für Standort- und Mobilitätsentscheidungen sei dagegen allgemein zurückgegangen. Ihr Fehlen wird allgemein in neueren Ansätzen nicht mehr als entscheidender Stagnationsfaktor beschrieben. In DONCKELS (1981) wird über die oben genannten Faktoren hinaus die selektive Mobilität der Arbeitskräfte mit der Folge von Facharbeitermangel in besonders betroffenen Regionen häufig als eine Ursache regionaler Stagnation gesehen. Darüberhinaus seien die Lohnkosten stärker als die Kosten für Arbeit und Kapital gestiegen, so daß arbeitsintensive Produktion zur Abwanderung in die Niedriglohnperipherie gezwungen sei.

Als weiterer Stagnationsfaktor wird von DONKELS[1] auf das schon angeführte fehlende Unternehmertum verwiesen. Er verweist auf Schumpeters 'Theory of Economic Development', der zufolge die Investitionsentscheidungen des Unternehmers in Abhängigkeit von der regional-ökonomischen Grundstimmung getroffen werden. Des weiteren wird mit Bezug auf die Wachstumspoltheorie auf die systematische Benachteiligung altindustrialisierter Ballungsgebiete bei der Investitionstätigkeit hingewiesen. Der

---

[1] vgl. DONCKELS (1981, 74).

'technological gap' vergrößere sich fortwährend zugunsten der besser und technologisch fortschrittlicher ausgestatteten Regionen[1].

Faßt man die oben angeführten Faktoren zusammen, so entsteht bei jenen traditionellen Regionalökonomen ein Problembild von sogenannten Krisenregionen, welches aus einer sehr undifferenzierten Analyse der ökonomischen Prozesse resultiert. Die Krisenregion stellt sich demnach als ein Gebiet dar, dessen Wirtschaft monostrukturiert ist, stark von niedergehenden Branchen beeinflußt wird, in dem Fachkräfte sowie Unternehmerdynamik fehlen. Die Gründe für solche Zustände sind so unterschiedlich wie undifferenziert in der Hierarchie ihrer Relevanz für das zu untersuchende Problem. Sie werden neben weltwirtschaftlichen Veränderungen und mangelnder regionaler Nachfrage in fehlenden natürlichen Ressourcen, Einzelmenschlichem (Facharbeiterabwanderung) und Atmosphärischem (Unternehmer reagieren entsprechend regionaler Grundstimmung) ausgemacht.

Die bisherige Beschreibung der Spezifika krisenbetroffener Regionen basiert letztlich auf Momentaufnahmen. Zusammenhänge zwischen Ursache und Wirkung werden - sofern überhaupt - zu ungenau analysiert oder von den Erscheinungsformen her untersucht und münden nicht selten in mehr oder weniger naturdeterministischen Betrachtungsweisen ökonomischer Prozesse.

> "In a system of regions, 'decline' in the highly-developed regions, accompanied by growth in the less developed regions, is seen to represent the fundamental strategy through which a system efficiently and rapidly changes adaptive directions." (KANISS 1981, 87)

Bei einem derartigen Vorgehen kommt es zu einer Verzerrung bzw. in einigen Fälligen sogar Umdrehung (z.B. in der Erklärung der Migrationsgründe der Arbeiternehmer) der tatsächlichen Wirkungszusammenhänge. Der Vorwurf gegen diese Ansätze, im Grunde den statischen Charakter nicht überwunden zu haben, gilt auch dann noch, wenn in einigen Untersuchungsansätzen, die die räumliche Differenzierung des ökonomischen Wachstums zum Gegenstand haben, verschiedene Möglichkeiten der Wachstumshemmung auch aus dem Kerngebiet selbst genannt werden. Interessant ist in diesem Zusammenhang vor allem der Versuch, wie das Problem der raumdifferenzierenden Faktoren, also der konzentrationsfördernden Einflüsse interner und externer Ersparnisse, der Transportkosten sowie der Bodenrente (Überakkumulation) politöko-

---

[1] vgl. DONCKELS (1981, 78f).

nomisch analysiert wird[1]. Zu fragen ist bezogen auf diese Sichtweise räumlicher Differenzierung insbesondere, wie es zum Überschreiten des Agglomerationsoptimismus kommt, welche sozialen Prozesse diese Entwicklung vorantreiben oder etwa, ob eine solche Entwicklung eher einen zufälligen oder zwingenden Charakter hat.

Dazu kann auf Ausführungen aus dem Lehrbuch von LAUSCHMANN zurückgegriffen werden[2]. Lauschmann fragt zusammenfassend zu den ökonomischen Gesetzmäßigkeiten, die für den Ablauf des räumlich differenzierten Wirtschaftsprozesses verantwortlich sind, inwieweit die Entwicklung der räumlichen Struktur einer Wirtschaft und der Ablauf räumlich differenzierter Wirtschaftsprozesse ökonomischen Gesetzmäßigkeiten unterliegen und von welchen Faktoren ihre Beeinflußbarkeit abhängig ist. Bei der Beantwortung dieser Frage geht Lauschmann von hierarchischen Systemen aus. Das bedeutet, daß einzelne Standorte in ihrer Größe und Verteilung nicht als unabhängig voneinander gesehen werden, sondern sich über ihre Bezugs- und Absatzverflechtungen wechselseitig bedingen und sich jeweils nach den das Standortsystem bestimmenden Absatz- oder/und Produktionszentren ausrichten[3].

Die Herausbildung der räumlichen Struktur einer Wirtschaft erklärt sie - unter Berücksichtigung der oben genannten Bezugs- und Absatzverflechtungen - aus den sogenannten raumdifferenzierenden Faktoren wie z.B. dem konzentrationsfördernden Einfluß der Ersparnisse und der dezentralisierenden Wirkung der Transportkosten und der Bodenrente. Sie kommt zu dem Schluß, daß sich regionale Strukturunterschiede weitgehend auf das Zusammenwirken raumdifferenzierender Faktoren und raumrelevanter Ansprüche zurückführen lassen, wenn dabei zweierlei beachtet wird: die Agglomerationsvorteile, welche die wirtschaftlichen Zentren der Region bieten und die Art der Interdependenzen zwischen Produktion-, Betriebsgrößen- und Standortstrukturen einerseits und der Siedlungsstruktur andererseits innerhalb der Region[4].

---

[1] vgl. LAUSCHMANN (1976, 63).

[2] Lauschmanns Arbeit soll in diesem Zusammenhang aber nur als eines von einer Vielzahl von Werken genannt werden, die der klassischen Regionalökonomie zugerechnet werden.

[3] vgl. LAUSCHMANN (1976, 116).

[4] vgl. LAUSCHMANN (1976, 71f).

ECKEY[1] sieht Strukturwandel als dynamischen Prozeß, der neben Angebots- und Endnachfrageverschiebungen durch die Produktionsfaktoren bestimmt wird. Es besteht seiner Meinung nach die Gefahr der mengenmäßigen Einschränkung der Produktion durch Monopolisierungstendenzen mit relativer Bedeutungsabnahme der entsprechenden Branche. Des weiteren sieht er den Strukturwandel zum einen durch die unterschiedliche Aufnahme des technischen Fortschritts bestimmt, zum anderen führe die Spezialisierung nach komparativen Vorteilen zu einem Bedeutungsverlust von Sektoren, deren Produktionsfaktoren knapp seien. Darüber hinaus ergäben unterschiedliche Einkommenselastizitäten der Gütergruppen in der wachsenden Wirtschaft eine Gewichtsverschiebung von Sektoren mit niedrigen zu jenen mit hohen Elastizitäten. Auch in der Verschiebung von der privaten zur öffentlichen Nachfrage, die in der Folge zu Umstrukturierungsprozessen führt, wird ein Grund des Strukturwandels gesehen.

Bei den Mobilitätstheoretikern[2] herrscht darin Übereinstimmung, daß die Entscheidung zur Kapitalmobilität seitens des Unternehmers eine Kalkulation voraussetzt, die verschiedene Aspekte zu berücksichtigen hat. Dazu gehören - neben den Preisen am geplanten Standort für Arbeit, Kapital, Boden und Gebäude - auch die Kosten für Dienstleistungen wie Transport und Versicherungen sowie die steuerliche Belastung durch die Kommunen. Die dargelegte, fast reine Kosten-Nutzen-Kalkulation in bezug auf die Wahl des Standortes führt dazu, daß es im Hinblick auf die Entwicklung der einzelnen Regionen zu Disparitäten kommt, da wirtschaftliche Entwicklung den oben angeführte Prämissen folgt. Für Lauschmann sind räumliche Disparitäten folgerichtig Ausdruck regional unterschiedlicher 'Begabungen', Wachstumsprozesse in Gang zu setzen bzw. Wachstumsimpulse aufzunehmen. Sie sind aber auch Ausdruck regional unterschiedlicher Anpassungs- und Umstellungsfähigkeit in Rezessionsphasen, bei Nachfrageverschiebungen und/oder Veränderungen in den komparativen Wettbewerbsvorteilen[3]. Als dem Industrialisierungsprozeß immanente Tendenzen, die sich gegenseitig bedingen, nennt LAUSCHMANN eine 'Neigung' zu zunehmender räumlicher

---

[1] vgl. ECKEY (1978).

[2] vgl. SCHÄTZL (1981, 88-122).

[3] vgl. LAUSCHMANN (1976, 94).

Konzentration häufig in Verbindung mit unternehmens- und kapitalmäßiger Konzentration[1].

Ausgehend von dieser Grundannahme erheben BÖMER; SCHRÖTER den Vorwurf an die Theorie Lauschmanns, daß sie die einzelnen Fakten, die ausschlaggebend für die regional ungleichgewichtige Entwicklung sind, als gleichberechtigt nebeneinander stellt und dadurch ihre jeweils spezifische Bedeutung und Wichtigkeit ignoriert. Es handele sich bei diesem Ansatz um eine unspezifische und beliebige Verknüpfung zentraler Faktoren, wie der räumlichen Konzentration sowie der Unternehmens- und Kapitalkonzentration mit 'Gesetzmäßigkeiten' räumlicher Entwicklung. Sie sei die logische Konsequenz einer Betrachtungsweise, die erstens keine begründete Hierarchie bei den oben angegebenen Standortfaktoren angeben kann und zweitens keine Ableitung ihrer Sätze aus den allgemeinen Entwicklungsgesetzmäßigkeiten kapitalistischer Produktion kennt[2].

SCHRÖTER[3] wirft den Vertretern traditioneller regionalökonomischer Konzepte vor, daß sie sich nicht konsequent mit den Ursachen der bisherigen Entwicklung beschäftigen und räumliche Ballung nur als unerwünschtes Phänomen betrachten, ohne die Entwicklungslinien der Akkumulation und Konzentration der Produktion und des Kapitals zu analysieren. Dieses führt nach seiner Meinung dazu, diese Entwicklungslinien lediglich als Fehler des bisher unübertroffenen Koordinationssystems Preismechnismus zu sehen, dessen Funktionsfähigkeit durch die Eingabe der raumordnungspolitischen Zielsetzungen wiederhergestellt werden könne[4].

Während also die traditionelle Regionalwissenschaft vor allem den Preismechanismus für den Ablauf räumlich differenzierter Wirtschaftsprozesse verantwortlich macht und jene Faktoren wie die unternehmens- und kapitalmäßige Konzentration damit nur eng verbunden sieht[5], kritisieren die marxistisch orientierten Regionalwissenschaftler an dieser Sichtweise, daß sie die Zwangsläufigkeit der allgemeinen ökonomischen Gesetz-

---

[1] vgl. LAUSCHMANN (1976, 117).

[2] vgl. BÖMER; SCHRÖTER (1974, 42).

[3] vgl. SCHRÖTER (1978).

[4] vgl. SCHRÖTER (1978, 4).

[5] vgl. LAUSCHMANN (1976, 146).

mäßigkeiten der Produktion (Kapitalkonzentration) bei dem Zustandekommen regionaler Krisen nicht berücksichtigt und deshalb die daraus resultierenden gesellschaftlichen Probleme nicht hinreichend erklären kann. Aber gerade die Ableitung der Regionalkrise aus allgemeinen Gesetzen und Bedingungen der privatwirtschaftlichen Produktion ist für eine Regionalwissenschaft unverzichtbar, wenn sie den Anspruch erhebt, die Spezifik der gegenwärtigen Regionalkrisen zu erklären. Diese Prämisse, daß die Regionalkrise aus den Gesetzmäßigkeiten des Konjunkturablaufs zu erklären ist, unterstellt, daß die Regionalkrise eine besondere Form der allgemeinen Wirtschaftskrise ist und von daher keine von den Bedingungen privatwirtschaftlicher Produktion losgelöste Existenz besitzt.

Den Schlüssel dieser Ableitung sehen Bömer/Schröter in der Marxschen Akkumulationstheorie. Diese sei zwar eine Theorie der kapitalistischen Konjunktur, aber gerade darin auch bestimmend für die Entwicklung der einzelnen Regionen. Beide - die allgemeine regionale Entwicklung und in diesem speziellen Fall die Entwicklung in den industriellen Ballungsgebieten - dürften nicht isoliert betrachtet werden, weil hier eine enge Wechselbeziehung bestände. Zugleich wird von den Theoretikern, die sich auf die Marxsche Akkumulationstheorie berufen, eingestanden, daß diese weiterzuentwickeln sei, da sie den räumlichen Aspekt nicht genügend berücksichtige. Als allgemeines Ziel dieser Weiterentwicklung wird letztlich eine Akkumulationstheorie angegeben, die die Dialektik von Konzentration und Expansion der kapitalistischen Produktion in einer solchen Weise erfaßt, daß sie gleichzeitig den Charakter der Unterentwicklung peripherer Regionen miterklärt[1].

Das gilt natürlich auch in umgekehrter Weise bezogen auf die räumliche Konzentration der wirtschaftlichen Aktivität in den industriellen Ballungsgebieten. Hierauf bezogen ist auch der Verfall ökonomischer Kerngebiete aus den Gesetzen der Kapitalakkumulation zu erklären, also auf der Grundlage der selben Gesetzmäßigkeiten, die zur Herausbildung eben dieser räumlichen Konzentration geführt haben.

---

[1] vgl. HEIN (1978, 46).

3. Theorieansätze regionaler Krisenentwicklung aus kritischen und marxistischen Beurteilungen widersprüchlicher Raumentwicklung im Kapitalismus

3.1 Die verschiedenen Implikationen des Krisenbegriffs

Da die Raumdimension ökonomischer Prozesse in traditionellen Theorieansätzen als Preisgröße unter gesamtwirtschaftlichen Erklärungsmodellen subsumiert wird und sie in marxistischen Ansätzen von der Seite der allgemeinen politischen Ökonomie ausgehend untersucht wird, erscheint es zu Beginn der Diskussion notwendig, den allgemeinen Krisenbegriff mit seinen verschiedenen Implikationen zu beleuchten. Damit wird die Untersuchung regionaler Krisenentwicklung und insbesondere die Beantwortung der Frage, ob räumliche Distributionsstrukturen eine erklärende Erweiterung der Bewegungsgesetze der kapitalistischen Produktionsweise sind, erst möglich.

Während der Prosperitätsphase wurde die Beschäftigung mit ökonomischen Krisentheorien für relativ überflüssig gehalten. Insbesondere von traditionellen Ökonomen wurde die Krisen- und Konjunkturtheorie bereits aus immanenten Überlegungen abgelehnt, weil ihr Ausgangspunkt auf der Annahme der grundsätzlichen Stabilität des privaten Sektors beruhte und damit keiner dynamischen Betrachtung der ablaufenden Prozesse unterzogen wurde[1]. In der klassischen regionalwirtschaftlichen Theorie treten sogenannte krisenhafte Prozesse - etwas verkürzt ausgedrückt - immer dann auf, wenn es im Rahmen des jeweiligen Akkumulationsmodells nicht mehr möglich ist, ausreichend Gegentendenzen zur verminderten Profitabilität zu mobilisieren[2]. Mit diesen 'Gegentendenzen' sind vor allem die der Reallohnentwicklung und die der Technologie gemeint. Damit zielen klassische Ökonomen zwar auf einen zentralen Aspekt des Krisenzusammenhangs - nämlich der verminderten Profitabilität -, verfehlen ihn aber aus der Sichtweise kritischer Theoretiker. Sie sind gewissermaßen aus dem oben angesprochenen Selbstverständnis und der Einschätzung der Funktionsweise ökonomischer Prozesse heraus unfähig, den Krisenzusammenhang in dieser Weise zu begreifen. Denn die Bedingungen des Ausbleibens bestimmter notwendiger 'Gegentendenzen' werden zur schlichten 'externen' Ursache der heutigen Krise gemacht; ignoriert werden damit allerdings die Widersprüche des Kapitalverhältnisses.

---

[1] vgl. ALTVATER (1983, 80).

[2] vgl. HIRSCH (1985, 162).

Diese Widersprüche werden von marxistischer Seite darin gesehen, daß jene Ökonomen die Friktionen marktwirtschaftlicher Wirtschaftsweise in erster Linie als Bestandsgefährdung ansehen. Die Marxsche Theorie vom tendenziellen Fall der Profitrate sieht in ihrer umfassenden und weitergreifenden Analyse kapitalistischer Prozeßabläufe die Funktion der Krise gerade als das Gegenteil dessen an, nämlich nicht als Bestandsgefährdung, sondern als Bestandssicherung[1]. Von nicht geringer Bedeutung ist dabei insbesondere die Phasenfolge, in der die Funktion der Krise ausgeübt wird. Die Krise schließt (letztlich durch die Entwertung regionalen Kapitals) eine Entwicklung ab und ebnet während der folgenden Phase der Restrukturierung die Bedingungen für eine auf höherer Ebene fortgesetzte Entwicklung. Der Krisenbegriff bezeichnet gewissermaßen - und dieses wird mit einigen Einschränkungen von unterschiedlichen Richtungen ähnlich gesehen - eine Umbruchperiode zu einer neuen Entwicklungsetappe.

An diesem Punkt setzen die für die Themenstellung dieser Arbeit relevanten Auseinandersetzungen um den Begriff des 'Zyklus' ein, denn inzwischen gibt es eine Reihe von Theorien in der Tradition von JUGLAR, die die ökonomische Entwicklung als eine zyklische, als eine Art Wellenbewegung betrachten. Während viele Ökonomen die Krise als eine spezifische Phase der zyklischen Bewegung beschreiben, sehen marxistische Ökonomen den Charakter des jeweiligen Zyklus entscheidend durch die Dauer und Tiefe der Krise beeinflußt. Kritik wird insbesondere deshalb angebracht, weil bei dieser Sichtweise verlorengeht, daß die Krise wegen ihres doppelten Charakters als Phase des Bruchs mit den überkommenen Strukturen und als Phase der Restrukturierung in Richtung einer neuen Entwicklung ein Knotenpunkt kapitalistischer Dynamik ist. Marxistische Ansätze begreifen den Begriff der 'Krise' als maßgebend, den des 'Zyklus' als sekundär.

Natürlich sehen auch Marktwirtschaftler die Krise als eine außergewöhnliche Phase der Entwicklung an, wenn auch nicht als ihren Knotenpunkt. Die Divergenz der Sichtweisen des Charakters der Krise besteht darin, daß sie im traditionellen Verständnis keine notwendige, sondern allenfalls überflüssige Begleiterscheinung ist: eine Situation der Instabilität im System der relativen Preise, die die Investitionstätigkeit der Unternehmen beeinträchtigt und somit der sogenannten Stabilität ein Ende setzt, deren Begleiterscheinungen weiter oben schon umrissen wurden.

---

[1] vgl. ALTVATER (1983, 84).

ALTVATER sieht in diesem theoretischen Ansatz weder die Krise als besondere Phase des Zyklus noch den Zyklus selbst als Erklärungsmoment ökonomischer Strukturveränderungen an. Vielmehr sei die Basisidee jener Ökonomen diejenige von der dynamischen Stabilität eines sich marktwirtschaftlich selbstregulierenden Systems, das kurzfristig durch externe Einwirkungen aus dem Gleichgewicht geworfen werden kann[1]. Entscheidend bei dieser Sichtweise ist, daß der Eintritt der Krise nicht aus der immanenten Dynamik des Kapitalismus erklärt wird. Entweder wird die Krise als Zufall oder Fehler wirtschaftspolitischer Instanzen oder mit dem Naturzustand zyklischer Phasenfolge erklärt. Der Wirtschaftszyklus wird nicht weiter hinterfragt und jede Krise lediglich als ein unangenehmes Durchgangsstadium der Konjunktur angesehen. Die Krise ist somit in erster Linie eine konjunkturelle Erscheinung. In dem Moment, in dem sich die Krise nicht als konjunkturell herausstellt, sondern von einer langandauernden Phase tiefgreifender Restrukturierung abgelöst wird, stellt sich heraus, daß die Reichweite dieser Theorien zu kurz ist, um die strukturellen Verschiebungen einordnen zu können. Nach diesen kurzen Ausführungen kann festgestellt werden, daß die traditionellen Krisentheorien an einigen Stellen zu Recht kritisiert werden können. Die marxistischen Krisentheorien sind unter anderem aus diesem Grund umfangreicher ausgebaut, weil die Suche gesellschaftlicher Entwicklungsschranken sowie der Funktionsmängel und Widersprüche kapitalistischer Produktionsweise zentraler thematisiert werden und nicht die Auffassung des Gleichgewichts, der Selbstregulierung sowie des stetigen Wachstums vorherrscht.

3.2 Die Bedeutung der räumlichen Dimension zur Erklärung regionalwirtschaftlichen Niedergangs in kritischen und marxistischen Ansätzen

Durch die gesamte wissenschaftliche Diskussion um die Konzeption einer geschlossenen und umfassenden Theorie der Raumwirksamkeit ökonomischer Prozesse zieht sich die Frage, wie die mikroökonomische oder einzelwirtschaftliche Orientierung der Standorttheorien zu einer makroökonomischen oder gesamtwirtschaftlichen Theorie erweitert werden kann. Eine Erklärung räumlicher Wirtschaftsstrukturen kann - wie gezeigt wurde - nicht von der klassischen Frage der Standorttheorien ausgehen, sondern sie hat - ausgehend von dem gesamtgesellschaftlichen Produktionsprozeß - die Bestimmungsgründe der räumlichen Verteilung der Wirtschaft zu hinterfragen.

---

[1] vgl. ALTVATER (1983, 86).

Im vorangegangenen Kapitel konnte ebenfalls aufgezeigt werden, daß die Versuche, die Raumdimension in die allgemeine Wirtschaftstheorie zu integrieren, entweder dem einzelwirtschaftlichen Kalkül verhaftet bleiben oder die Raumdimension wird bei der Integration in gesamtwirtschaftliche Erklärungsmodelle in Preisgrößen aufgelöst (z.B. bei den Gleichgewichtstheorien). Sie wird also entweder nur unter einem technisch-betriebswirtschaftlichen Aspekt betrachtet (z.B. das Problem des Faktors 'Transport-kosten') oder innerhalb einer gesellschaftlichen Preistheorie auf die Gewichtung der Produktionsfaktoren reduziert[1].

Sowohl in der angelsächsischen als auch in der angloamerikanischen marxistischen Diskussion ist das Phänomen der disparitären Raumentwicklung in den letzten Jahren intensiv thematisiert worden, was mit einem anhaltend hohen politischen und öko-nomischen Bedeutungsgehalt der Raumdimension ökonomischer Prozesse zu tun hat[2]. Diese Arbeiten konzentrieren sich auf die Kritik klassischer Ansätze[3] und versuchen - z.B. aufbauend auf der Kritik an der unspezifischen und beliebigen Verknüpfung zentraler Faktoren wie der kapitalmäßigen Konzentration mit 'Gesetzmäßigkeiten' räumlicher Entwicklung - eine Ableitung ihrer regionaltheoretischen Ansätze aus allgemeinen Entwicklungsgesetzmäßigkeiten.

HOLLAND stellt fest, daß die meisten Regionaltheorien zu stark von dem Gesell-schaftssystem abstrahieren, in dem regionale Probleme entstehen. Sie sehen die Gründe regionalen Ungleichgewichts nicht im Kapitalismus selbst. Es hat sich seiner Meinung nach herausgestellt, daß die Gründe regionaler Ungleichheit tiefer liegen, als es die Analysen von Friktionen und Mängeln in neoklassischen Gleichgewichts-modellen gezeigt haben.[4] Die Vorgehensweisen klassischer Regionalökonomen bleiben entweder rein deskriptiv, was einer sinnvollen Komplexreduzierung entspräche oder sie sind deshalb spekulativ, weil sie in verkürzten Raummodellen einen explanativen Anspruch für die gesellschaftliche Realität erheben[5].

---

[1] vgl. LÄPPLE (1978, 50f).

[2] vgl. Arbeiten von MASSEY (1978); BRADBURY (1986); WEBBER (1982).

[3] vgl. BECK (1973); BÖMER; SCHRÖTER (1974); HOLLAND (1976); MASSEY (1978, (1984); MASSEY; MEEGAN (1985).

[4] vgl. HOLLAND (1978).

[5] vgl. OSSENBRÜGGE (1983, 150).

Die Bedeutung der räumlichen Dimension wird in jüngeren marxistisch orientierten geographischen Arbeiten deutlich hervorgehoben, während sie bisher nur eine untergeordnete Rolle spielte[1]. Gründe für diese relative Belanglosigkeit in der Vergangenheit ergaben sich aus der spezifischen Vorgehensweise marxistischer Interpretationsansätze ökonomischer Prozesse, die die räumliche Dimension als statische Lokalisation von Strukturen und Prozessen ansahen.

> "While cities were considered to be the site of class struggle, the space itself hardly seemed important or worthy of special study." (TABB; SAWERS 1978, 5, zitiert nach OSSENBRÜGGE 1983, 151)

Die stärkere Berücksichtigung der räumlichen Dimension hat zu einer intensiven Diskussion darüber geführt, ob 'Raum' als eigenständige Kategorie in die marxistische politische Öko-nomie einzubeziehen sei oder nicht. Es ist die Frage, ob räumliche Distributions- und Interaktionsstrukturen eine theoretisch gehaltvolle, erklärende Erweiterung marxistischer Gesellschaftsinterpretation bedeuten oder nicht vielmehr die eigentlichen Bewegungsgesetze der kapitalistischen Produktionsweise verdecken[2]. In den meisten politökonomischen marxistischen Arbeiten wird 'Raum' als abhängige Variable und als Teil der Analyse den logischen Kategorien untergeordnet. Durch den Warencharakter des Bodens unterliegt der Raum dem Wertgesetz wie andere Waren auch. Damit wird die räumliche Ausprägung (Form) als das Ergebnis (oder dynamischer Prozeß) der kapitalistischen Akkumulation gesehen, die aus der Spezifikum dieser Produktionsweise resultiert.

Insbesondere HARVEY[3] sieht die Ursache der distributiven und funktionalen Differenzierung räumlicher Formen in dem historischen Prozeß der kapitalistischen Entwicklung. Sie basiert danach auf dem Tauschwertcharakter des Raumes und seiner Einbeziehung in das profitorientierte Akkumulationsmuster. Sowohl er als auch andere englischsprachige Autoren[4] sehen die kapitalistische Entwicklung nicht gleichförmig verlaufen, sondern in Zyklen und langen Wellen, wobei sich Wachstum und Depression

---

[1] Außnahmen bilden theoretische Arbeiten zur Geographie in den sozialistischen Staaten (SCHMIDT-RENNER 1966).

[2] vgl. OSSENBRÜGGE (1983, 152).

[3] vgl. HARVEY (1982).

[4] vgl. CLARK (1980 und 1986); BRADBURRY (1985); HOLMES (1983); MASSEY (1978); WEBBER (1986) sowie LÄPPLE (1978 und 1986).

abwechseln. Diese Prozesse vollziehen sich nicht gleichförmig über den Raum, sondern sind durch regionale Disparitäten gekennzeichnet: durch das Herausbilden von dynamischen Zentren und durch Peripherisierung alter Zentren.[1] HARVEY[2] fragt, durch welche Bewegungslogik räumliche Zentralisierungs- und Peripherisierungstendenzen hervorgerufen werden, und wie sich die erzeugten regionalen Disparitäten wiederum auf die kapitalistische Entwicklung auswirken?

> "The interesting question here arises out of the reasons for regional decline and disinvestment ... According to Harvey regional crises must be seen, logically, as the outcome of interruptions in the progressive and successful accumulation of capital." (BRADBURRY 1985, 46f)

Insbesondere besteht Uneinigkeit darüber, ob Ungleichheit und regionale Disparitäten als unvermeidliche Konsequenz kapitalistischer Produktionsweise angesehen werden müssen oder ob räumliches Ungleichgewicht eine notwendige Voraussetzung für die Kapitalakkumulation darstellt[3]. In der traditionellen marxistischen Theorie werden die Wurzeln regionalen Niedergangs in den Krisentendenzen kapitalistischer Produktionsweise selbst gesehen. Somit wird die räumliche Dimension in diesen Ansätzen als Manifestation der durch die Produktion und Konsumption hervorgerufenen sozialen und ökonomischen Prozesse gesehen, ohne ein trennbares eigenes Muster mit spezifischen Gesetzmäßigkeiten zu entwickeln.

Im folgenden soll überprüft werden, ob die hier angeführten kritischen und marxistischen Ansätze zur Erklärung regionaler Krisen der räumlichen Dimension ein eigenständiges Wesensmerkmal zuordnen. Schließlich ist zu fragen, ob die räumliche Verteilung und Umstrukturierung der gesellschaftlichen Produktion über die Verteilungsform der aus der Kapitalakkumulation resultierenden Krisenprozesse erfolgt.

---

[1] vgl. OSSENBRÜGGE (1983, 155).

[2] vgl. HARVEY (1985a).

[3] vgl. DUNFORD et al. (1981); HOLLAND (1976).

3.3 Kritische und marxistische Erklärungsansätze regionaler Krisen aus der Beurteilung der Widersprüchlichkeit kapitalistischer Raumentwicklung

Nach Auffassung solcher Autoren, die sich auf die Marxsche Krisentheorie berufen, ist das Verwertungsinteresse des Kapitals der Grund für die Herausbildung regional ungleichgewichtiger Entwicklung. LÄPPLE und HOOGSTRATEN formulieren, daß die Hauptursache immer wiederkehrender und sich zunehmend verschärfender krisenhafter Zustände in den im Kapitalismus inhärenten Tendenzen begründet liegt.[1] Die Territorialstruktur wird determiniert durch die räumlichen Bewegungs- und Wachstumsprozesse des Kapitals, in denen die individuellen Kapitale jeweils an die Anlageorte wandern, die ihnen auf Grund der dort verfügbaren natürlichen und gesellschaftlichen Bedingungen der Produktion für ihren spezifischen Produktionsprozeß die besten Verwertungsmöglichkeiten sichern.

> "To clarify what particular spatial structure is produced by the capitalist mode of production and how the former develops in connection with the uneven accumulation of capital, we will have to look at the development of the spatial division of labour in relation to the specifically capitalist form of the development of the productive forces." (LÄPPLE; HOOGSTRATEN 1980, 123)

Die Abb. 1 dient dazu, die Funktionsweise ökonomischer Krisen im regionalen Kontext schematisch zu beleuchten. Ausgehend vom angenommenen Kapitalfluß in eine Region werden die verschiedenen profit- oder verlustreichen Wege aufgezeigt, die industrielle Investitionen durchlaufen können. Die offensichtliche Intention investierten Kapitals ist die Initiierung eines profitablen Produktionsprozesses. Wenn ein Unternehmen in einer Region erfolgreich (profitabel) wirtschaftet, bleibt es entweder am Ort bestehen oder wird durch ein größeres Unternehmen unter Einsatz nationalen oder internationalen Kapitals absorbiert. Ein nicht erfolgreiches Unternehmen unterliegt als Teil des regionalen Niederganges dem Deindustrialisierungsprozeß. Das kann verschiedene Ursachen haben: verminderte Profitabilität, härterer Wettbewerb sowie eine allgemeine Restrukturierung der industriellen Basis, die die Aufgabe jener nicht profitablen regionalen Standorte zur Folge haben kann. Die generelle Reaktion auf solche regionalen Friktionen ist in den meisten Fällen mit der Migration von Kapital und Arbeit verbunden.

---

[1] vgl. LÄPPLE; HOOGSTRATEN (1980, 123).

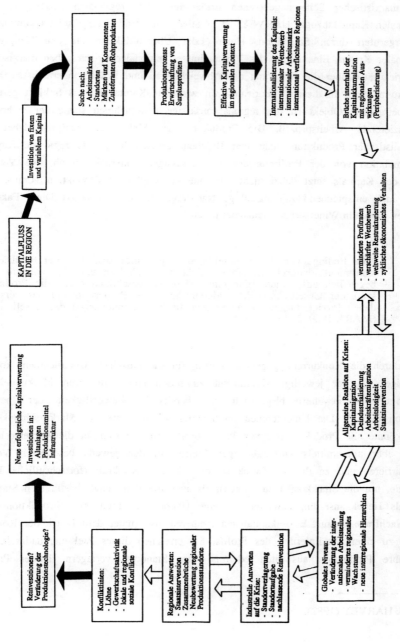

Abb. 1: Ablauf ökonomischer Krisen im regionalen Kontext

Die Frage, die in diesem Zusammenhang beleuchtet werden soll, bezieht sich auf die von marxistischer Seite angebotenen Erklärungsansätze regionalen Niedergangs und regionalen Kapitalabzugs. HARVEY[1] sieht allgemein verminderte Kapitalakkumulation, hervorgerufen durch Stagnation, Unter- oder Überproduktion als den Hauptgrund regionaler Krisen. Eine Ebene des Verständnisses regionaler Krisen geben marxistische Theorieansätze über die Erklärung der Abweichungen und Brüche innerhalb der Kapitalakkumulation. In diesen Theorieansätzen wird das Kapital als das Subjekt gesehen, das betrachtete Objekt ist das regional ansässige Unternehmen sowie der mehrwertproduzierende Arbeitsprozeß. Die Produktion des Mehrwerts unterliegt dabei den kapitalistischer Produktion inhärenten Brüchen. Danach hängt die regionale Kapitalakkumulation von der Profitrate der dort ansässigen Unternehmen ab. Die Verwertung des Kapitals setzt dabei nicht nur eine kostengünstige Produktion voraus, sondern auch entsprechend zahlungsfähige Nachfrager für diese Produkte.Diese Faktoren können jedoch in Widerspruch zueinander treten.

"Die Bedingungen der unmittelbaren Exploitation und die ihrer Realisierung sind nicht identisch. Sie fallen nicht nur nach Zeit und Ort, sondern auch begrifflich auseinander. Die einen sind nur beschränkt durch die Produktivkraft der Gesellschaft, die anderen durch die Proportionalität der verschiedenen Produktionszweige und durch die Konsumptionskraft der Gesellschaft." (MARX 1969, 254)

Der durch die Konkurrenz gegebene Zwang für die einzelnen Unternehmen, kostengünstiger als der jeweilige Konkurrent zu produzieren, um ihren Marktanteil zu halten oder zu erweitern, birgt nach Marx bereits die Notwendigkeit der Überproduktion in sich. Die Unternehmen produzieren so, als wäre der Markt schrankenlos und könnte alle Produkte zu einem Preis absorbieren, der sich für die Anbieter lohnt. Weil aber alle mittels kostengünstiger Preise um den jeweils besonderen Vorteil konkurrieren und zu diesem Zweck sowohl die Produktivkraft (fortschrittliche Technologie, um die Stückkosten zu senken), als auch die Wahl eines bestimmten Standortes als Hebel ansetzen, bewirken sie eine Überakkumulation, eine Produktion über die Nachfrage hinaus. Einzelkapitalisten tendieren also (unter dem Druck der Konkurrenz) zu einer Maximierung des Profits. Sie erreichen dieses Ziel u.a. dadurch, daß sie ihre Produktion ausweiten oder/und ihre Standorte verlagern. Dieser Prozeß

---

[1] vgl. HARVEY (1982).

vollzieht sich solange, bis ein Punkt erreicht ist, an dem die Möglichkeit zur weiteren Mehrwertproduktion verschwindet.

Die Krise beruht also auf einem periodisch entstehenden Überschuß an akkumuliertem Kapital, das keinen ausreichenden Profit mehr realisieren kann. Die Folge davon ist eine Entwertung des Kapitals an bestimmten Standorten, weil sich mit ihm - wie oben erwähnt - kein Gewinn mehr erzielen läßt. Es gibt also offensichtlich eine standortbezogene Version der Marxschen These vom tendenziellen Fall der Profitrate.

> "Die Steigerung der Produktivkraft der gesellschaftlichen Arbeit hat die wertmäßige Konzentration und Zentralisation des Kapitals zur Voraussetzung. ... Da dies jedoch nur möglich ist durch die räumliche Konzentration von Arbeitskräften und Produktionsmitteln, führt die Produktivkraftentwicklung auch notwendig zur räumlichen Konzentration der Produktionspotenzen."
> (LÄPPLE 1978, 36f)

Der Widerspruch zwischen Produktion und Markt bürgt dafür, daß es keine endgültige Lösung des Problems gibt, sondern nur wieder die Voraussetzung schafft, um den Mechanismus der Überakkumulation und der Entwertung des Kapitals aufs neue in Gang zu setzen. Der Kapitalismus stützt sich in dieser Entwicklung in immer stärkerem Maße auf das fixe Kapital, um die Mehrwertproduktivität der Arbeit zu revolutionieren. Das Ergebnis ist, daß das Wachstum des fixen Kapitals zur Schranke für die oben angeführte Revolutionierung in der Mehrwertproduktion durch technologischen Wandel oder räumliche Reorganisation wird. Dadurch, daß die Kapitalmasse in hochmodernen Produktionen die Tendenz zur ständigen Akkumulation hat, müßte die räumliche und zeitliche Persistenz (also der ökonomische Alterungsprozeß) größer sein, um diesem Prozeß Rechnung zu tragen.

Das Problem besteht darin, daß der im fixen Kapital eingeschlossene Wert oftmals in dem eher wirtschaftlich als physisch bestimmten Zeitraum nicht vollständig realisiert werden kann, und es zu einer massiven Entwertung kommt. Unternehmen sind folglich in der Lage, eine über Jahrzehnte entwickelte Region innerhalb kurzer Zeit zu destabilisieren, wenn die Konkurrenz zu einer Kapitalvernichtung führt. Das Problem besteht dann im allgemeinen darin, daß die Restrukturierung einer Region in Form einer nachträglichen Anpassungsplanung an die von staatlicher Seite geförderte regionale und sektorale Kapitalmobilität die Krise nicht beheben kann, weil das

Tempo der Kapitalwanderung sehr viel höher ist als das des Umbaus der regionalen Infra- und Siedlungsstruktur sowie der neuen Produktionsstruktur[1].

Insbesondere gilt dieses, wenn die Produktion ganz oder teilweise demontiert und in anderen Regionen wieder aufgebaut wird. In diesem Fall schleppen sich Krisen über Jahrzehnte hin, da es in der Regel nicht vorkommt, daß eine Region, in der das Kapital der dominierenden Branche vernichtet wird, vollständig zum Anlagefeld anderer Branchen wird. Besonders durchschlagend sind die Folgen bei monostrukturierten Regionen bzw. bei Komplexen auf der Basis eines dominierenden Industriezweiges.

In diesem Prozeß ist sowohl die materielle Basis für die Krisenbildung als auch für deren Lösung zu suchen. Die Krise - hervorgerufen z.B. durch den nicht vom Unternehmen bestimmten Bruch mit früheren technologischen Produktionsbedingungen- befreit das gebundene Kapital um neue Technologien und gleichzeitig neue räumliche Strukturen zu etablieren.[2] An diesem Prozeß wird deutlich, daß Veränderungen von Raumstrukturen aus denselben Impulsen heraus entstehen, die auch den technologischen Wandel bewirken. Das Streben nach relativem Mehrwert durch technologischen Wandel ist nach Ansicht Harveys nicht zu trennen von dem Streben nach relativem Mehrwert durch Standortverlagerung. Die Konkurrenz bewirke daher Veränderungen sowohl im technologischen Bereich als auch in der Raumstruktur.

Anschließend an diese Ausführungen wird der oben aufgeworfenen Frage nachgegangen, ob Ungleichheit und regionale Disparitäten als unvermeidliche Konsequenz kapitalistischer Produktionsweise angesehen werden müssen oder ob nicht vielmehr räumliches Ungleichgewicht schon eine notwendige Voraussetzung der Kapitalakkumulation darstellt. HARVEY[3] unterstellt dazu, daß räumliches Gleichgewicht im Sinne neoklassischer Argumentationsweise unmöglich ist, denn je mehr sich die Ökonomie einem solchen Gleichgewicht nähert, desto größer wird der Zwang, die Bedingungen des Gleichgewichts wieder aufzuheben. Das in traditionellen Standorttheorien dargestellte räumliche Gleichgewicht ist in diesem Sinne ein Indikator für eine totale Krise der Kapitalakkumulation. Daraus folgert Harvey, daß die auf räumliches Gleichgewicht hinwirkende Dynamik ein wesentlicher Bestandteil derjenigen Prozesse ist, die zu

---

[1] vgl. BÖMER (1979, 146).

[2] vgl. HARVEY (1985, 11).

[3] vgl. HARVEY (1985, 6f).

Akkumulationskrisen führen. Des weiteren sei räumliches Ungleichgewicht (im Sinne der bügerlichen Ökonomie) auch eine notwendige Vorbedingung für die fortlaufende Akkumulation. Das bedeutet, daß in dem Maße, in dem die Kräfte zu einem räumlichen Gleichgewicht abgeschwächt worden sind (auch durch die im Verlauf einer Krise wirksamen), Gegenkräfte wirksam werden müssen, um den in der kapitalistischen Ökonomie notwendigen Zustand des räumlichen Ungleichgewichtes aufrechtzuhalten. Der Produktionsstand ist insofern aktives Element innerhalb der Gesamtzirkulation, als die Akkumulation immer mit ständiger Bewegung innerhalb des räumlichen Systems der Produktion verknüpft ist.

Das Resultat ist eine ungeheure Spannung zwischen den Erfordernissen nach ständiger Veränderung sowohl der Technologie als auch des Standortes, um relativen Mehrwert gegenüber der Konkurrenz zu sichern. Dadurch wird ungleiche räumliche Entwicklung zur notwendigen Voraussetzung einer dauernden Kapitalakkumulation oder zumindest zu einer notwendigen Begleiterscheinung.

4. Zwischenergebnis: Regionale Krisenentwicklung als eigenständiges Phänomen?- Eine kritische Bilanzierung der Theorieansätze

Eine zentrale Bedeutung bei der Diskussion regionaler Krisenentwicklung wird den Bestimmungsgründen regionalen Niedergangs beigemessen. Sowohl bei den Gleichgewichts- als auch bei den Polarisationstheoretikern herrscht Uneinigkeit in der Erklärung oben angesprochenen Phänomens. Während bei den Gleichgewichtstheoretikern die Erklärung der Ursachen regionaler Friktionen seit einiger Zeit gleich geblieben sind, werden sie bei den Polarisations- und Krisentheoretikern nach wie vor intensiv diskutiert. Unterschiede werden vor allem in der Frage gesehen, ob Ungleichheit und disparitäre Raumentwicklung als eine notwendige Voraussetzung kapitalistischer Wirtschaftsweise angesehen werden muß oder vielmehr deren unvermeidliche Konsequenz ist[1].

---

[1] vgl. BRADBURY (1985, 47f); HOLLAND (1976).

Klassische Theorien der Regionalökonomie verleugnen zwar nicht die allgemeine Möglichkeit der Krise, verschleiern aber bezeichnenderweise die reale Basis kapitalistischen Wirtschaftens, die notwendig für das Durchdringen regionalökonomischer Prozesse wäre. Dennoch war es sinnvoll und notwendig, sich mit den von ihnen geschilderten Prozessen räumlicher Konkurrenzbeziehungen auseinanderzusetzen. Eine tiefergehende Untersuchung dieser Prozesse räumlicher Konkurrenz, wie sie in marktwirtschaftlichen Systemen gegeben sind, hat gezeigt, daß unterschiedlich starke Ausgleichskräfte wirken, die die räumliche Mobilität von Kapital und Arbeitskraft in eine spannungsreiche Raumstruktur einlagern.[1]

Auch die Marxsche Akkumulationstheorie reicht zu diesem Zweck nicht aus, da sie den räumlichen Aspekt des Akkumulationsprozesses nicht genügend berücksichtigt. Die Marxsche Methode macht jedoch ein Problem deutlich, daß im Rahmen der Regionalanalyse meist gar nicht realisiert wird und im Rahmen der Marxschen Arbeiten zur ungleichen regionalen Entwicklung jedenfalls noch nicht adäquat gelöst wurde: nämlich die Frage, welche Abstraktionsebene der theoretischen Analyse räumlicher Differenzierung angemessen ist.[2]

Wenn man von der allgemeinen Ebene ausgeht, so lassen sich ungleiche regionale Entwicklung ebenso wie andere Formen ungleicher Entwicklungsprozesse in kapitalistischen Gesellschaften lediglich als Konsequenz dieser Produktionsweise bestimmen, in der die Privateigentümer von Produktionsmitteln zwecks Maximierung ihres Profits um die jeweils beste Technologie und den günstigsten Standort konkurrieren. Während traditionelle Regionalwissenschaftler in diesem Prozeß vor allem den Preismechanismus für den Ablauf räumlich differenzierter Wirtschaftsprozesse verantwortlich machen, kritisieren marxistisch orientierte Regionalwissenschaftler an dieser Sichtweise, daß traditionelle Ökonomen die Zwangsläufigkeit der allgemeinen ökonomischen Gesetzmäßigkeiten der Produktion (Kapitalkonzentration) bei dem Zustandekommen regionaler Krisen nicht berücksichtigen und deshalb die daraus resultierenden (gesellschaftlichen) Probleme nicht hinreichend erklären können. Alle dabei auftretenden Erscheinungsformen ungleicher Entwicklung seien in der einen oder anderen Weise die Folge kapitalistischer Entwicklungsprozesse, die als Probleme zwar auch in der traditionel-

---

[1] vgl. HARVEY (1985, 27).

[2] vgl. HEIN (1978, 46ff).

53

len Regionalökonomie erkannt werden, aber bisher nicht systematisch analysiert worden sind.

Um das Phänomen ungleicher räumlicher Entwicklung zu untersuchen, mußte zunächst einmal vorausgesetzt werden, daß es so etwas wie regionale Verwertungszusammenhänge gibt, daß also die Region tatsächlich ein strukturierendes Element in der Bewegung der vielen Einzelkapitale darstellt. Das ist nicht selbstverständlich, denn innerhalb des marxistischen Ansatzes lassen sich zwei Positionen unterscheiden. Im kategorial argumentierenden marxistischen Ansatz haben räumliche Interaktionsbeziehungen keinen eigenständigen Erklärungswert, sondern räumliche Phänomene sind in gleicher Weise auf die abstrakte Form der Krise zurückzuführen. Es wird eine vollständige Kapitalismusanalyse intendiert, in der letztlich die räumliche Dimension eine unter vielen ist.[1] In der marxistischen Geographie dagegen werden räumlichen Distributions- und Interaktionsstrukturen als vertikalen und horizontalen Maßstabstransformationen eine relative Eigenständigkeit zuerkannt.

Die Untersuchung hat nach kritischer Würdigung sowohl der traditionellen als auch der kritischen Ansätze zur regionalen Krisenentwicklung ergeben, daß die traditionellen Krisentheorien für eine umfassende Problemlösung nicht ausreichend geeignet sind, weil für sie die entscheidenden Ursachen des Krisenprozesses nicht im Kapitalverhältnis selbst liegen, sondern in den unterschiedlichen und ständig wechselnden sogenannten 'äußeren Bedingungen' festgemacht werden. In diesem Sinne werden auch regionale Krisenentwicklungen als Durchgangsstadien bestimmter Regionen im Auf und Ab der Konjunkturen und in der sich ständig ändernden regionalen Arbeitsteilung entsprechend dem jeweiligen Stand des Produktzyklus gesehen. In dem Moment wo sich diese Erscheinungen als strukturelle herausstellen, zeigt sich, daß die reichweite ihrer Erklärungesansätze zu kurz greift.

Es ist verständlich, daß an dieser theoretischen Schwachstelle andere Theorien ins Blickfeld gerückt werden müssen, um eine Erklärung der strukturellen Seite des Phänomens 'Regionalkrise' zu gewährleisten. Ausgehend von diesem Desiderat wurde dann auf der Basis marxistischer Kritik der politischen Ökonomie ein systematischer Ansatz zur Erklärung der ungleichen regionalen Entwicklung in kapitalistischen Ökonomien skizziert. Bei der Diskussion sollte es nicht darum gehen, die Überlegen-

---

[1] vgl. OSSENBRÜGGE (1983, 193).

heit des marxistischen Ansatzes bei der Erklärung des Phänomens regionaler Krisenentwicklung im einzelnen nachzuweisen. Die Würdigung dieses Ansatzes liegt bereits
auf der wissenschaftstheoretischen Ebene, denn der marxistische Ansatz baut konse-
quenter als die traditionellen Theorien auf einer systematischen Analyse der ökonomischen Prozesse auf.

II. **Die Destabilisierung der regionalen Wirtschaftsstruktur in den Fallregionen Hamburg und Ruhrgebiet - Entwicklung der Wirtschafts-, Beschäftigungs- und Arbeitsmarktstrukturen**

In dieser Untersuchung wird aufgezeigt, wie sich die Ungleichmäßigkeit der regionalwirtschaftlichen Entwicklung im Verlauf unterschiedlich intensiver regionaler Krisen widerspiegelt. Untersuchungsgegenstand im ersten Kapitel waren aus diesem Grund die allgemeinen und theoretischen Ansätze zur regionalen Ausprägung sektoraler Krisenerscheinungen. Schwierigkeiten bestehen darin, eine krisenhafte regionale Entwicklung, auch nach Berücksichtigung verschiedener Theorieansätze zu quantifizieren. Für die empirische Untersuchung ist deshalb zu klären, ob das, was als regionale Krise bezeichnet wird, lediglich eine Variante der Krisen der marktwirtschaftlichen Produktionsweise ist und ob die Einbeziehung der räumlichen Dimension als eigenständige Kategorie ein erklärendes und strukturierendes Moment bei der Interpretation marktwirtschaftlicher Krisenphänomene ist. Hierbei wird Bezug genommen auf das Verhältnis zwischen der allgemeinen Analyse des wirtschaftlichen Gesamtprozesses, seiner territorialen Ausprägung und der Besonderheiten wirtschaftlicher Krisenerscheinungen.

Wenn es um eine empirische Überprüfung des Phänomens der regionalen Krisenentwicklung geht, muß zunächst bestimmt werden, welches deren prägende Merkmale sind. In jedem Fall muß die Bestimmung dieser Merkmale auch eine regionale Konkretion beinhalten und die spezifisch regionalen Komponenten des Strukturwandels bestimmen. Es müssen Erklärungen gefunden werden, warum sich die Regionalwirtschaft in den Untersuchungsgebieten schlechter entwickelt, als in ähnlich strukturierten Vergleichsregionen. Gefragt wird auch, inwieweit die regionalwirtschaftliche Struktur die allgemeinen, durch weltwirtschaftliche Abhängigkeiten und internationale Arbeitsteilung gegebenen Strukturen einer Wirtschaftsregion bestimmt und überlagert.

Allgemein kann festgestellt werden, daß die Durchsetzung neuer Basistechnologien und der damit einhergehende großräumige Konzentrationsprozeß, der seit dem Ende des Zweiten Weltkriegs die räumliche Struktur in der Bundesrepublik stark geprägt hat, sich nunmehr umkehrt und zur Entwertung traditioneller Standortvorteile führt. Seit einigen Jahren haben die ländlichen Regionen bei den Indikatoren Arbeitsplätze und Bevölkerungsentwicklung nicht mehr die untersten Rangplätze. Diese Entwicklung hat sich in letzter Zeit nachteilig auf die Großstädte ausgewirkt. Vor allem geraten

Industrieregionen, in denen ausgereifte Massenproduktionen ein großes Gewicht haben, in die Krise. Es findet eine Reorganisation der Produktions- und Verteilungsprozesse statt, bei der sich einerseits Kapitalentwertung und Durchrationalisierung stark geschrumpfter Restkapazitäten (Stahl, Werft) überlagern. Eigentlicher Gewinner der Strukturveränderungen ist das Umland der großen Städte. Die Beschäftigtenzahlen im produzierenden Bereich in den großen Städten gehen zurück, wenn sie in überwiegender Zahl auf sogenannten ausgereiften Techniken beruhen. Diese Verluste werden in Städten unterschiedlich spürbar: in einigen wenigen Städten werden sie durch das Wachstum von tertiären Funktionen ausgeglichen oder sogar übertroffen; in den hier untersuchten Räumen aber führen sie - zumindest in den Kernbereichen - zu einer absoluten Reduktion der Arbeitsplätze. Die Krise der städtischen Ökonomie betrifft nicht alle Räume gleichermaßen, sondern ist unmittelbar abhängig von der Standortgunst der Kapitale des sekundären und tertiären Sektors. Während im 'Produzierenden Gewerbe' - verschärft durch zyklische Konjunkturkrisen - eine wachsende Diskrepanz zwischen der Entwicklung der Beschäftigtenzahlen und der Produktivität stattfand, ergab sich im tertiären Sektor (mit Ausnahme der Bereiche Handel, Verkehr, öffentlicher Dienst und private Dienstleistungen) ein Beschäftigungsanstieg.

Die sektoralen Entwicklungsbedingungen ansässiger Wirtschaftsbranchen sind also nach wie vor die maßgeblichen Determinanten regionaler Krisenentwicklung, wenngleich andererseits mit der umsatzexpansiven Entwicklung von sogenannten Wachstumsindustrien in einer Region nicht unbedingt eine Verbesserung der Beschäftigungssituation verbunden sein muß.

Bei den in dieser Arbeit in den Mittelpunkt gerückten Regionen ist keineswegs eine insgesamt ungünstige Sektoralstruktur gegeben, also eine überdurchschnittliche Präsenz von Sektoren, die Gesamtwirtschaftlich stark an Bedeutung verloren haben. Es haben sich aber bundesweit prosperierende Sektoren in den untersuchten Regionen ungünstiger entwickelt. Damit taucht die Frage auf, ob in unterschiedlich strukturierten Regionen wie im Raum Hamburg und im Ruhrgebiet ähnliche wirtschaftliche Grundstrukturen vorliegen, die auf vergleichbare raumwirtschaftliche Entwicklungen hinweisen. Gerade anhand der Shift-Analyse konnten in den Untersuchungsregionen durchweg negative Standorteffekte gegenüber anderen Regionen ermittelt werden.

Zur räumlich disparitären Entwicklung der Beschäftigten- und Arbeitslosenstruktur sind in den letzten Jahren einige Analysen vorgelegt worden, allerdings alle auf der räumlichen Ebene von Bundesländern, Arbeitsamtsbezirken (oder Kreisen), meist flächendeckend für das gesamte Bundesgebiet. Beispielhaft sind folgende Studien genannt: die laufenden Raumbeobachtungen der Bundesanstalt für Landeskunde und Raumordnung, die Arbeiten von Haller; Schröder sowie Hurler als auch die Analysen des Institutes für Arbeitsmarkt und Berufsforschung[1]. Viele Arbeiten zum Arbeitsmarktgeschehen - wie auch die Analysen von Hurler oder die des Instituts für Arbeitsmarkt und Berufsforschung -beziehen sich allein auf die regionale Gliederung der Arbeitsverwaltung, die aufgrund der Tatsache, daß sie flächendeckend für das gesamte Bundesgebiet Daten bearbeiten, in ihrer regionalen Konkretion relativ grob bleiben müssen. Um hier Abhilfe zu schaffen und regionale Spezifika von Strukturproblemen und Arbeitsmarktrisiken zu ermitteln, erscheint es für den regionalpolitischen Handlungsbedarf notwendig, exemplarische und desaggregierende Arbeiten zu Regionen mit spezifischen Strukturmerkmalen zu erstellen.

Der Bedarf an kleinräumigen, differenzierten Analysen zu regional disparitären Entwicklungen der Wirtschafts-, Beschäftigungs- und Arbeitsmarktsituation ist auch in verschiedenen wirtschaftsgeographischen und volkswirtschaftlichen Regionalstudien[2] wiederholt betont worden. Wenn hier der Begriff 'kleinräumig' Verwendung findet, dann in der Weise, daß nicht auf der Ebene von Bundesländern, Großstadtregionen oder auf der Gliederung der Arbeitsverwaltungen flächendeckend gearbeitet wird. Die kleinräumige Bezugsebene der ausgewählten Indikatoren läßt Disparitäten innerhalb der untersuchten Agglomerationen gut erkennen und ermöglicht darüberhinaus die Herausarbeitung der unterschiedlichen und gemeinsamen Entwicklungstrends.

1. Hypothesen und Untersuchungsannahmen zur Wirtschafts-, Beschäftigungs- und Arbeitsmarktentwicklung in den Untersuchungsregionen Hamburg und Ruhrgebiet

Um das Problempotential in diesen Regionen detailliert zu analysieren und zu differenzierten Aussagen in Bezug auf die Entwicklung der Wirtschaftsabteilungen, der Beschäftigung und der Arbeitslosigkeit zu gelangen, wurde im Vergleich zu anderen Arbeiten, die überwiegend auf der Ebene der Bundesländer angesiedelt sind, kleinräu-

---

[1] vgl. BFLR (1984) u. BFLR (1986); HALLER; SCHRÖDER (1983); HURLER (1984); INSTITUT FÜR ARBEITSMARKT UND BERUFSFORSCHUNG (1980); (1982); (1984).

[2] vgl. MAASS (1986).

mig am Beispiel der Regionen Hamburg und Ruhrgebiet die Entwicklung von Wirtschaft, Beschäftigung und Arbeitsmarkt untersucht.

Die Untersuchung orientiert sich dabei an folgenden Hypothesen:
- Die Krise der untersuchten Industrieregionen läßt sich als Kapitalkrise (Überakkumulation) und als dadurch hervorgerufene rationalisierungsorientierte Arbeitsmarktkrise einstufen.
- Wesentliche Strukturen der Krise lassen sich aus der spezifisch städtischen Entwicklung ableiten.
- Die städtischen Ökonomien sind in den Untersuchungsregionen von Arbeitsmarktkrisen betroffen, weil nicht in ausreichendem Maße Ersatzarbeitsplätze zur Verfügung stehen.
- Das Umland der Verdichtungsregionen profitiert von der Veränderung traditioneller Standortvorteile; Verluste der Kernregionen werden teilweise durch positive Entwicklungen der suburbanen Zonen aufgefangen.
- Von einer umfangreichen Deindustrialisierung der gesamten Region läßt sich nicht sprechen, denn es sind hauptsächlich beschäftigungsintensive Leitsektoren der Kernregionen von der Krise betroffen, die weniger eine Beschäftigungs- denn eine demographisch bedingte Arbeitsmarktkrise hervorrufen.

Dieses führt zu folgenden Hauptfragestellungen, die im einzelnen noch zu vertiefen sind:
- Läßt sich ein regional differenzierter Kapitalrückzug im sekundären Sektor feststellen?
- Steht die allgemein schlechte Entwicklung des 'Produzierenden Gewerbes' als Leitsektor der Untersuchungsgebiete mit der Gesamtwirtschaftsstruktur in Verbindung? Hat sich diese Leitfunktion im Laufe der 80er Jahre verändert?
- Welche Auswirkungen hat der Niedergang bzw. die Umstrukturierung von regional bedeutsamen Wirtschaftsbranchen auf die Beschäftigung und den Arbeitsmarkt? Lassen sich in den Untersuchungsregionen unterschiedliche Phasen und Qualitäten des interregionalen Entwicklungsprozesses feststellen?
- Wie hat sich in den Untersuchungsregionen die kompensatorische Funktion des Dienstleistungssektors entwickelt? Wird die Entwicklung im Dienstleistungsbereich durch die negative Entwicklung sogenannter Problembranchen beeinflußt?

- Läßt die Entwicklung der Wirtschaftsstruktur Rückschlüsse auf die Entwicklung der Beschäftigungs- und Arbeitsmarktsituation zu? Welche Branchenstruktur kann hinsichtlich dieser Faktoren als günstig angesehen werden?

Einerseits ausgehend von der Frage, welches die Determinanten der krisenhaften Entwicklung in den Untersuchungsgebieten sind, andererseits um eine Überprüfung der Hypothesen und Hauptfragestellungen zu gewährleisten, werden im folgenden neben Beschäftigungs- und Arbeitsmarktindikatoren auch ökonomische Indikatoren in die Untersuchung einbezogen.[1] Denn ausgehend von der auf altindustrialisierte Ballungsgebiete bezogenen Hypothese der Krise des Kapitals im sekundären Sektor mit der Tendenz nachlassender Investitionstätigkeit und der Auslagerung von Investitionen und fortschrittlichen Produktionszweigen (Kapitaldesinvestitionen) erscheint diese Vorgehensweise sinnvoll.

Die Untersuchung der oben aufgeworfenen Fragen und Hypothesen stößt auf Schwierigkeiten, die sowohl mit der gewählten Regionalisierung, als auch mit der teilweise

---

[1] Zur Errichtung der Arbeitsdateien wurden folgende Statistiken und Datenquellen verwendet:
- Die Bevölkerung; Statistisches Bundesamt, Fachserie 1.1.2.2 / Bevölkerungsdaten der Gemeinden und Verwaltungsbezirke in der Bundesrepublik Deutschland / Statistische Jahrbücher der Bundesrepublik Deutschland;
- Sozialversicherungspflichtig beschäftigte Arbeitnehmer nach Wirtschaftsabteilungen und -unterabteilungen; Statistisches Bundesamt, Fachserie 1.4.2 / Statistisches Landesamt, Statistische Berichte A VI 5;
- Arbeitslosenquote; Statistische Reihen der Landesarbeitsämter und Arbeitsämter / Sonderzusammenstellungen durch Landesarbeitsämter und Arbeitsämter;
- Bestand an Arbeitslosen; Statistische Reihen der Landesarbeitsämter und Arbeitsämter / Sonderzusammenstellungen durch die Landesarbeitsämter und Arbeitsämter;
- Bestand an Arbeitslosen nach zehn Wirtschaftsabteilungen und Sonstigen; Strukturanalysen der Arbeitsämter;
- Wertschöpfung zu Faktorkosten; Statistisches Landesamt Statistische Berichte P II 1;
- Investitionen und Beschäftigte im Produzierenden Gewerbe; Statistik des Produzierenden Gewerbes;

Das Datenmaterial wurde zusammengestellt von:
- Arbeitsämter der Fallregionen,
- Kommunalverband Ruhrgebiet, Abteilung Wirtschaft, Datenverarbeitung und Statistik
- Statistisches Landesamt Hamburg,
- Landesarbeitsämter Schleswig-Holstein-Hamburg (Kiel), Niedersachsen (Hannover) und Nordrhein-Westfalen (Düsseldorf),
- Statistisches Bundesamt,
- Bundesanstalt für Arbeit.

mangelhaften Datenlage zusammenhängen. Die statistische Bearbeitung räumlicher Bezugsgrößen unterhalb des Maßstabs der Bundesländer bzw. der Landesarbeitsamtsbezirke bringt Vor- und Nachteile mit sich. Zum einen stehen in der amtlichen Statistik um so mehr Daten zur Verfügung, je gröber das regionale Raster gewählt wird, andererseits besteht die Gefahr der Nivellierung regionaler Unterschiede bei zu groß gewählten statistischen Gebietseinheiten[1]. Bezogen auf die Untersuchungen zur Arbeitsmarktsituation bedeutet das, daß zum einen sehr viele Daten aus der Arbeitsverwaltung für Arbeitsamtsbezirke zur Verfügung stehen. Insbesondere für einige Kennziffern, wie Arbeitslosenquoten, Bestände an Arbeitslosen und Zugänge in Arbeitslosigkeit, für die sogar Daten auf der Ebene von Arbeitsamts-Nebenstellen (AA) zur Verfügung stehen. Auf der Ebene von AA-Bezirken bzw. AA-Nebenstellen wurden Bestände an Arbeitslosen nach zehn Wirtschaftsabteilungen, Arbeitslosenquoten sowie Zugänge in Arbeitslosigkeit nach 36 Wirtschaftsabteilungen bearbeitet. Zur Struktur der Arbeitslosigkeit wurden Daten zur Dauer der Arbeitslosigkeit (1-2 Jahre sowie 2 Jahre und länger arbeitslos) und zum Alter der Arbeitslosen (unter 20jährig sowie über 60jährig) berücksichtigt.

Ein weiteres Problem ergibt sich beim Vergleich von amtlichen Statistiken mit denen der Arbeitsverwaltung weil die Grenzen der AA-Bezirke mit denen der Kreise oft nicht übereinstimmen und darüber hinaus weite ländliche Gebiete mit einbezogen werden[2]. Aus diesem Grund mußte im Fall der Region Hamburg zwecks differenzierterer Aussagen auf der Basis von Arbeitsamtsdienststellen gearbeitet werden. Außerdem besteht ein Mangel an amtlichen Daten aus der Wirtschaftsstatistik für Kreise, die für eine umfassende Erklärung bestimmter Strukturen unbedingt notwendig sind. Aus Gründen der oben beschriebenen Regionalisierung ist es schwierig, Daten aus der Volkswirtschaftlichen Gesamtrechnung (VGR) entsprechend der in dieser Arbeit zugrunde gelegten Gebietsabgrenzung zu bearbeiten. Daten für die aussagekräftigsten Indikatoren wie Bruttoanlageinvestitionen oder Bruttoinlandsprodukt liegen ebenfalls nur auf Länderebene vor und können im Rahmen dieser Untersuchung nur allgemeine Trends aufzeigen. Die einzigen Daten, die auf Kreisebene vorliegen, sind die der Bruttowertschöpfung zu Marktpreisen, allerdings nur in einer groben Untergliederung der Wirtschaftsbereiche. Aus der Statistik des 'Produzierenden Gewerbes' sind die

---

[1] vgl. BARTHOLMAI et al. (1981, 11).

[2] vgl. MAASS (1986, 19).

Beschäftigten, die Anzahl der Betriebe, die Umsätze sowie die Investitionen auf Kreisebene verfügbar.

In dieser Arbeit wurden für den Untersuchungsraum Hamburg sowohl das Stadtgebiet als auch die angrenzenden nördlichen und südlichen Randkreise der Länder Schleswig-Holstein und Niedersachsen berücksichtigt. Diese Abgrenzung, die auch von der Bundesanstalt für Landeskunde und Raumordnung (BfLR) bevorzugt wird, wurde hier deshalb übernommen, weil sich eine vergleichende Arbeit über altindustrialisierte Großstadtregionen nicht nur mit den wachsenden Problemen der Kernstädte befassen kann. Deren Entwicklung sollte im Zusammenhang mit dem jeweiligen Umland, also dem erweiterten Wirtschaftsraum und nicht als begrenzter politisch-administrativer Raum gesehen werden. Einschränkend muß aber betont werden, daß damit die wirtschaftliche Ausstrahlung Hamburgs, die über diese Umlandkreise hinaus geht, nicht in ihrer Gesamtheit erfaßt werden kann. Gemeindescharfe Abgrenzungen kamen für diese Untersuchung nicht in Betracht, weil ein befriedigendes Datenangebot erst auf der Ebene der Kreise und Arbeitsamtbezirke bzw. Dienststellen zur Verfügung steht.

Größere Probleme ergab allerdings die schon angesprochene Regionalisierung auf Kreisebene für die Gebietsabgrenzung der Statistiken der Arbeitsverwaltung. Eine Deckungsgleichheit mit den Umlandkreisen ohne Einbeziehung ländlich strukturierter Gebiete konnte auf der Ebene der AA-Bezirke, wie sie in der Studie von Hurler Verwendung finden, nicht erreicht werden. Deshalb wurde auf der Ebene der AA-Dienststellen gearbeitet, die allerdings nicht in allen Fällen deckungsgleich mit den Kreisen sind.

Die gewählte Regionalisierung (Hamburg und seine sechs Randkreise) wurde schon 1969 vom Referat für Regionalstatistik des Statistischen Landesamtes Hamburg konzipiert[1] und findet in den laufenden Berichten der Handelskammer sowie dem Stadtentwicklungskonzept 1980 Verwendung. Im einzelnen umfaßt die Region Hamburg die folgenden in Tab. 1 dargestellten Gebietseinheiten:

---

[1] vgl. MAASS (1986, 24)

Tab. 1: Gebietseinheiten der Region Hamburg

Hamburg (HH)   Kernstadt

Kreis Lauenburg
Kreis Stormarn   Nordumland
Kreis Segeberg
Kreis Pinneberg   Umland   Region Hamburg

Kreis Harburg   Südumland
Kreis Stade

Die Arbeitsämter untergliedern sich in folgende auf Tab. 2 dargestellten Dienststellen:

Tab. 2: Arbeitsamtsbezirke und Arbeitsamtsdienstellen der Region Hamburg

----

Arbeitsamt
    Arbeitsamt-Dienststelle

Hamburg

AA-Elmshorn (AAELMS)
    Elmshorn (ELMS)
    Norderstedt (NOST)
    Pinneberg (PIBG)
    Uetersen (UET)
    Wedel (WED)

AA-Neumünster (AANMS)
    Bad Segeberg (SEGE)
    Kaltenkirchen (KAL)

AA-Bad Oldesloe (AAOLD)
    Bad Oldesloe (OLD)
    Ahrendsburg (AHR)
    Gesthacht (GEST)
    Mölln (MOE)
    Reinbek (REI)

AA-Lüneburg (AALBG)
    Buchholz (BUCH)
    Winsen (WIN)

AA-Stade (AASTD)
    Stade (STAD)
    Buxtehude (BUX)

Für die Region Ruhrgebiet wurden die Grenzen des Kommunalverbandes Ruhrgebiet (KVR), bestehend aus 15 Kreisen und kreisfreien Städten), übernommen. Sie umfassen sowohl die Emscher und Hellwegzone als auch die nördliche Ergänzungszone (Lippezone). Im folgenden wird kurz auf die politische und geographische Abgrenzung und die Zuordnung zu den Arbeitsamtsbezirken eingegangen.

Der Kommunalverband Ruhrgebiet besteht aus 15 kreisfreien Städten und Kreisen (vgl. Tab. 3):

Tab. 3: Kreisfreie Städte und Kreise des Kommunalverbandes Ruhrgebiet

----

Kreisfreie Städte	Kreise
Bochum	Ennepe-Ruhr-Kreis
Bottrop	Recklinghausen
Dortmund	Unna
Duisburg	Wesel
Gelsenkirchen	
Hagen	
Hamm	
Herne	
Essen	
Mülheim	
Oberhausen	

Die relativ komplizierten Abgrenzungsprobleme wie in der Region Hamburg in Bezug auf die Gesamtregion bestehen nicht, da das Verbandsgebiet als die räumliche und statistische Grundlage des Ruhrgebiets angesehen wird[1]. Einschränkend muß allerdings betont werden, daß trotz einer Neugliederung der Arbeitsamtsbezirke im Jahre 1980, die das Ziel verfolgte, Kreisebene und Arbeitsmarktebene in Übereinstimmung zu bringen, noch erhebliche Unterschiede zwischen beiden Gebietsabgrenzungen bestehen.[2] Der KVR hat insgesamt zehn Arbeitsamtsbezirke. Sie umfassen jeweils mit ihren AA-Dienststellen - bis auf das AA-Essen und das AA-Duisburg - mehrere Kreise und kreisfreie Städte. Im Kreis Wesel decken sich die Grenzen nicht mit denen des Kommunalverbandes. Hier gibt es Überschneidungen, denn dieser AA-Bezirk schließt den nicht zum Ruhrgebiet zählenden Kreis Kleve mit ein. Da die Außenabgrenzungen des

---

[1] vgl. KOMMUNALVERBAND RUHRGEBIET (1984b).

[2] vgl. AUST; KERSTING (1986, 78).

Ruhrgebietes sowohl bei der Kreisstatistik als auch bei der Arbeitsmarktstatistik gewahrt ist, wurde auf eine Bearbeitung auf Dienststellenebene vornehmlich aus Gründen der Datenlage verzichtet. Zur Einordnung gibt die Tab. 4 einen Überblick über die für die Ruhrgebietskreise relevanten Arbeitsamtsbezirke:

Tab. 4: Arbeitsamtsbezirke und Arbeitsamtsdienststellen des Ruhrgebiets

----

Kreis/ kreisfr. Stadt	zuständiger AA-Bezirk	Dienststbe- reiche je Kreis
Bochum	Bochum	2
Bottrop	Gelsenkirchen	1
Dortmund	Dortmund	1
Duisburg	Duisburg	3
Gelsenkirchen	Gelsenkirchen	2
Hagen	Hagen	1
Herne	Bochum	1
Essen	Essen	1
Mülheim	Oberhausen	1
Oberhausen	Oberhausen	2
Ennepe-Ruhr-Kreis	Hagen	6
Recklinghausen	Recklinghausen, Gelsenkirchen	7
Unna	Hamm, Dortmund	4
Wesel	teilweise Wesel	4

Im folgenden wird anhand der Beschäftigung in den Untersuchungsregionen zwischen 1978 und 1985 die Frage überprüft, in welcher Weise und in welchem quantitativen Ausmaß sich die Restrukturierung regional bedeutsamer Wirtschaftsbranchen auf die städtische Ökonomie und die Beschäftigungssituation auswirkt und zu welcher Veränderung dieses sowohl im Ruhrgebiet als auch in der Region Hamburg hinsichtlich der Struktur der Beschäftigung geführt hat.

2. Die Beschäftigungsentwicklung in den Untersuchungsregionen unter Bedingungen einer Restrukturierung der Produktionsbasis

Während in bisherigen Arbeiten die allgemeine Entwicklung der Beschäftigung in den Großstädten bzw. Großstadtregionen untersucht wurde[1], wird im folgenden eine differenziertere Analyse nach wirtschaftsstrukturell tiefgegliederten Daten für den Zeitraum 1978 bis 1985 durchgeführt.[2] Die Daten über sozialversicherungspflichtig beschäftigte Arbeitnehmer (SBA) stammen aus der vierteljährlich von den Arbeitsverwaltungen veröffentlichten 'Statistik der sozialversicherungspflichtig Beschäftigten'[3].

Aus Gründen der wirtschaftssystematischen Abgrenzung und der verschiedenen Erhebungsprinzipien ergibt sich nur eine eingeschränkte Vergleichbarkeit mit anderen Statistiken. Soweit die SBA mit Daten aus der Arbeitslosenstatistik oder mit der Statistik der Wohnbevölkerung verglichen werden, sind unter der Annahme eines ausgeglichenen Pendlersaldos nur Aussagen über die gesamte Region, nicht aber über Teilräume möglich.

Wie aus der Bezeichnung hervorgeht, erfaßt die Beschäftigtenstatistik alle Arbeiter und Angestellten, einschließlich der Auszubildenden. Nicht berücksichtigt werden jedoch Beamte, Selbständige, mithelfende Familienangehörige, Soldaten und alle ge-

---

[1] vgl. MAASS (1986); HALLER; SCHRÖDER (1983); BFLR (1984); GERHARDT (1984).

[2] Eine Betrachtung früherer Daten zur Beschäftigungssituation war nicht möglich, weil sie in dieser Regionalisierung erst ab 1978 vorliegen. Bei den verfügbaren Daten ergeben sich aus Datenschutzgründen für einige Kreise oder kreis-freie Städte Lücken, wenn diese Angaben Rückschlüsse auf einzelne Betriebe zulassen. Hiervon betroffen sind vor allem einzelne Gebietseinheiten des Ruhrgebiets, wo sowohl für die Wirtschaftsabteilung 'Energiewirtschaft, Wasserversorgung, Bergbau' als auch für mindestens eine weitere Abteilung die Werte nicht angegeben wurden. Außerdem werden im Ruhrgebiet für viele Wirtschaftsunterabteilungen Daten auf Kreisebene nur noch eingeschränkt bereitgestellt. Darüber hinaus gibt es für einige Wirtschaftsgruppen kaum noch veröffentlichte regionalisierte Daten. Es gilt grundsätzlich, daß, je tiefer die Gliederung der Beschäftigtenstatistik - sowohl in regionaler, wie auch im Hinblick auf die Systematik der Wirtschaftszweige - geht, auch weniger Daten veröffentlicht werden; vgl. AUST; KERSTING (1986, 63). Aus diesen Gründen kann im Ruhrgebiet nur in eingeschränktem Maße auf Daten aus den Wirtschaftsunterabteilungen zurückgegriffen werden. Daraus ergeben sich auch oft 'Leerstellen' in den Graphiken zur Entwicklung der Wirtschaftsunterabteilungen in den Untersuchungsregionen.

[3] vgl. HERBERGER; BECKER (1983, 293f).

ringfügig beschäftigten Arbeitnehmer, die nicht der Sozialversicherungspflicht unterliegen. Je nach Wirtschaftsabteilung ist der Anteil der Versicherungspflichtigen an der Gesamtzahl der Erwerbstätigen sehr unterschiedlich. Insbesondere in den Wirtschaftsabteilungen 'Land- und Forstwirtschaft', 'Tierhaltung, Fischerei' und den 'Gebietskörperschaften und Sozialversicherungen' weisen sie große Deckungslücken auf. In der 'Land- und Forstwirtschaft' sind Selbständige und mithelfende Familienangehörige nicht erfaßt. Hier repräsentieren die sozialversicherungspflichtig Beschäftigten nur etwa 20% der Beschäftigten[1]. In der Wirtschaftsabteilung 'Gebietskörperschaften und Sozialversicherungen' machen die nichterfaßten Beamten 40% der Beschäftigten aus[2]. Der Deckungsgrad in den Abteilungen 'Dienstleistungen' sowie 'Verkehr und Nachrichtenübermittlung' liegt bei ca. 73% bzw. ca. 65%; in den übrigen Abteilungen bei jeweils über 80%. Insgesamt umfaßt die SBA-Statistik etwa 75% bis 80% aller Erwerbstätigen. Für die Kreise und kreisfreien Städte des Ruhrgebiets liegt eine Schätzung für Juni 1983 vor, die gut 81% aller Beschäftigten erfaßt.

Bei der Analyse regionaler wirtschaftlicher Gegebenheiten und Veränderungen ist die Betrachtung der Beschäftigten nach Wirtschaftszweigen von großer Bedeutung. Die Beschäftigtenstatistik liefert hierzu Daten, nach Wirtschaftsabteilungen und -gruppen (vgl. Tab. 5).

---

[1] vgl. KNOP (1984, 140).

[2] vgl. HERBERGER; MAYER (1984, 16).

Tab. 5: Gliederung der sozialversicherungspflichtig Beschäftigten nach Wirtschaftszweigen

---

PRIMÄRER SEKTOR
0 LAND- UND FORSTWIRTSCHAFT, TIERHALTUNG UND FISCHEREI

SEKUNDÄRER SEKTOR
1 ENERGIEWIRTSCHAFT, WASSERVERSORGUNG, BERGBAU
2 VERARBEITENDES GEWERBE
   21 Chemische Industrie u. Mineralölverarbeitung
   22 Kunststoff, Gummi u. Asbestverarbeitung
   23 Gewinnung u. Verarbeitung v. Steinen u. Erden, Feinkeramik u. Glas
   24 Eisen-, Metallerzeugung, Gießerei u. Stahlverformung
   25 Stahl-, Maschinen- u. Fahrzeugbau u. ADV
   26 Elektrotechnik (o. ADV) Feinmech., Eisen-Blech-Metall-Waren
   27 Holz-, Papier- und Druckgewerbe
   28 Leder-, Textil- und Bekleidungsgewerbe
   29 Nahrungs- und Genußmittelgewerbe
3 BAUGEWERBE
   31 Bauhauptgewerbe
   32 Ausbau- und Bauhilfsgewerbe

TERTIÄRER SEKTOR
4 HANDEL
   41 Großhandel
   42 Handelsvermittlung
   43 Einzelhandel
5 VERKEHR UND NACHRICHTENÜBERMITTLUNG
   51 Eisenbahnen
   52 Deutsche Bundespost
   53 Verkehr (o. Eisenbahnen u. Bundespost)
6 KREDITINSTITUTE UND VERSICHERUNGSGEWERBE
   61 Kredit- u. Finanzierungsinstitute
   62 Versicherungsgewerbe
7 DIENSTLEISTUNGEN, anders nicht genannt (a.n.g.)
   71 Gaststätten u. Beherbergungsgewerbe
   72 Reinigung, Körperpflege
   73 Wissenschaft, Bildung, Kunst u. Publizistik
   74 Gesundheits- und Veterinärwesen
   75 Rechts- und Wirtschaftsberatungen usw.
   76 sonstige Dienstleistungen
8 ORGANISATIONEN OHNE ERWERBSCHARAKTER U. PRIVATE HAUSHALTE
   81 Kirchen, religiöse u. weltanschaul. Vereinigungen
   82 Organisationen des Wirtschaftslebens u.a.
9 GEBIETSKÖRPERSCHAFTEN U. SOZIALVERSICHERUNGEN
   91 Gebietskörperschaften
   92 Sozialversicherungen

Die Zahl der SBA ist zwischen 1978 und 1985 auf Bundesebene mit 1,5% leicht zunehmend verlaufen. In den Bundesländern, in denen die Untersuchungsgebiete lokalisiert sind, verlief die Entwicklung etwa bundesdurchschnittlich: Nordrhein-Westfalen (NRW) -1,9%, Niedersachsen (NS) -0,6% und Schleswig-Holstein (SH) +2,3%). In der Graphik auf der folgenden Seite wird vor allem die große Variationsbreite der Entwicklungen in den einzelnen Gebietseinheiten dargestellt. Die Kernstädte weisen in beiden Fällen die größten Beschäftigungsverluste auf (Hamburg -5,2%, Dortmund-8,3%, Duisburg -7,4%, Essen -5,6% sowie Herne und Gelsenkirchen ca. -10%). Hamburg hebt sich dabei gegenüber den Kernstädten des Ruhrgebietes (RG) positiv ab.

Im Umland der Kernstädte ist die Beschäftigungsentwicklung sehr unterschiedlich. Die Randkreise Hamburgs konnten die Beschäftigung entweder halten oder leicht ausbauen. Am schlechtesten entwickelte sich der im Vergleich zu den anderen Kreisen hochverdichtete Kreis Pinneberg, der seine Position nicht ausbauen konnte. Die Gewinne der anderen Randkreise liegen bei 10% Beschäftigungszuwachs. Deutlich anders sieht die Entwicklung in den Randkreisen des Ruhrgebietes aus. Die einzige Gebietseinheit, die eine positive Entwicklung zu verzeichnen hat, ist Wesel (+9,2%). Alle anderen Kreise der Ergänzungszone weisen mit Ausnahme von Recklinghausen (-16,3%) Abnahmen um -5% auf.

Insgesamt ist die Situation der Randkreise um beide Verdichtungsgebiete sehr unterschiedlich und zeigt ein deutlich schlechteres Ergebnis des KVR (-6,7%) im Vergleich zur Region Hamburg (-3%). Die Umlandkreise des KVR konnten aufgrund der stagnierenden Konjunktur den Beschäftigungsverlust der Kernzone im Gegensatz zur Region Hamburg nicht annähernd ausgleichen. Im folgenden soll auf die nach zehn Wirtschaftsabteilungen gegliederten Zahlen der Wirtschaftssystematik zurückgegriffen werden, die wichtige Aussagen zur sektoral unterschiedlich verlaufenden Entwicklung erlauben. In Abb. 2 und Abb. 3 wird die Einordnung der Regionen nach den Gewichten des sekundären und tertiären Sektor vorgenommen[1]. Im Detail zeigt sich eine deutlich unterschiedliche Struktur auch innerhalb der Untersuchungsregionen. Hamburg weist mit etwa 70% der SBA den absolut höchsten Anteil des tertiären Sektors aller Regionen auf (BRD-Durchschnitt 55%). Das Umland schwankt zwischen 45% und

---

[1] Als sekundärer Sektor wird in der Darstellung die Wirtschaftsabteilung 'Verarbeitendes Gewerbe' bezeichnet. Der Tertiäre Sektor umfaßt alle den Dienstleistungen zugeordneten Wirtschaftsabteilungen vom Handel bis zur Sozialversicherung. 'Land- und Forstwirtschaft' sowie 'Energie und Bergbau' bleiben wegen ihres extrem unterschiedlichen Gewichtes in diesem Vergleich außer Betracht. Aus diesem Grund ergeben die ablesbaren Anteile zusammen keine 100%.

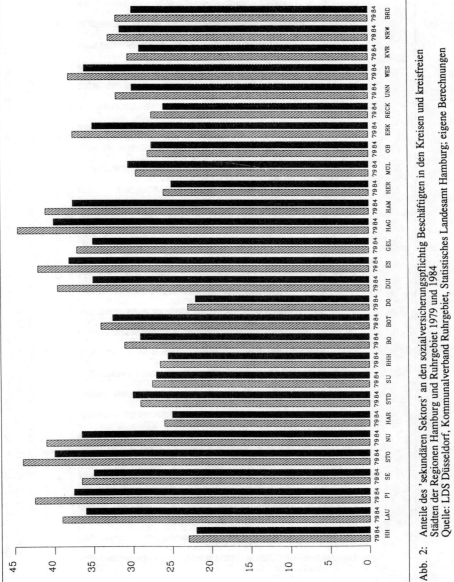

Abb. 2: Anteile des 'sekundären Sektors' an den sozialversicherungspflichtig Beschäftigten in den Kreisen und kreisfreien
Städten der Regionen Hamburg und Ruhrgebiet 1979 und 1984
Quelle: LDS Düsseldorf, Kommunalverband Ruhrgebiet, Statistisches Landesamt Hamburg; eigene Berechnungen

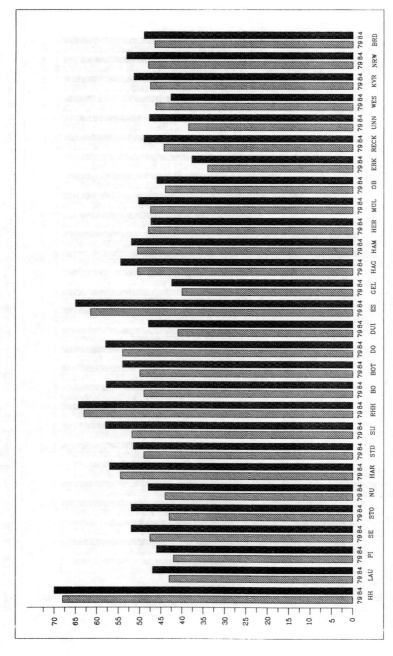

Abb. 3: Anteile des 'tertiären Sektors' an den sozialversicherungspflichtig Beschäftigten in den Kreisen und kreisfreien Städten der Regionen Hamburg und Ruhrgebiet 1979 und 1984
Quelle: LDS Düsseldorf, Kommunalverband Ruhrgebiet, Statistisches Landesamt Hamburg; eigene Berechnungen

55%. Der hohe Anteil Hamburgs beeinflußt gleichzeitig den hohen Dienstleistungs-anteil der gesamten Region Hamburg.

Etwas anders sieht die Situation im Ruhrgebiet aus. Hier weisen lediglich die Städte Essen (66%) und Dortmund (58%) überdurchschnittliche Anteile auf, während der überwiegende Teil der Kernstädte lediglich mittlere Werte erreicht. Auch in den Randkreisen des KVR werden geringere Dienstleistunganteile als in den Kreisen der Region Hamburg gemessen. In beiden Untersuchungsgebieten ist allerdings eine relativ einheitliche Tendenz in Richtung höherer Dienstleistungsanteile festzustellen, was allerdings mit Vorbehalt zu bewerten ist und vor allem auf die veränderten Anteile der Beschäftigten im 'Verarbeitenden Gewerbe' zurückgeführt werden kann. Die Anteile haben sich erwartungsgemäß stark verringert.

Bevor auf die relativen Veränderungen der einzelnen Wirtschaftsbereiche eingegangen werden kann, ist es sinnvoll, die regionale Verteilung der Gesamtbeschäftigung in den Untersuchungsregionen zu berücksichtigen. Für die Region Hamburg wird erneut die Dominanz der Kernstadt deutlich: hier sind über 72% aller Beschäftigten tätig. Das Nordumland ist mit 20,5% und das Südumland nur mit 7,2% an den Beschäftigten der Region Hamburg beteiligt. Im Umland nimmt das 'Verarbeitende Gewerbe' zusam-men mit dem 'Baugewerbe' die höchsten Anteile an den Gesamtbeschäftigten ein. In Hamburg selbst wird der Bereich 'Verarbeitendes Gewerbe' (<25%) von den tertiären Wirtschaftsbereichen, insbesondere 'Verkehr und Nachrichtenübermittlung', 'Kredit-und Versicherungsgewerbe' sowie 'Dienstleistungen a.n.g.' weit übertroffen.

Die Angaben für den Kommunalverband Ruhrgebiet verdeutlichen differenzierter die schon erwähnte polyzentrische Struktur: Die Kernstädte weisen zusammen 63,7% der Beschäftigten im KVR auf. Insbesondere fallen Dortmund (12,6%) und Duisburg (11,7%) als östliches bzw. westliches industrielles Beschäftigungszentrum des Ruhrgebietes auf. Essen ist mit 13,3% der Beschäftigten des KVR ein weiteres Zentrum in der Hellweg-zone (gekennzeichnet durch hohe Anteile in den Wirtschaftsbereichen des tertiären Sektors). Solch klaren Aussagen über die Verteilung der Wirtschaftsabteilungen an den Gesamtbeschäftigten wie in der Region Hamburg lassen sich für das RG nicht machen. Eine Differenzierung des Gesamtraumes in Kernzone und Ballungsrandzone ist schwierig, weil einige Städte und Kreise relativ niedrige Anteile im 'Verarbeiten-den Gewerbe' durch Beschäftigte im Bergbau ausgleichen, die aus Gründen der Ver-gleichbarkeit hier nicht mitberücksichtigt wurden. Desweiteren fällt auf, das sowohl

Städte der Kernzone hohe Anteile (Essen 65%, Gelsenkirchen 42%), als auch Kreise der Randzone niedrige Anteile (Ennepe-Ruhr-Kreis 37%) im Dienstleistungsbereich aufweisen.

Die Abb. 4 stellt den Strukturwandel der Wirtschaft innerhalb des Zeitraumes von 1978 bis 1985 dar. Sie gibt die Gesamtentwicklung der Beschäftigung nach zehn Wirtschaftsabteilungen in ausgewählten Untersuchungs- bzw. Vergleichsregionen wieder. Da es sich bei der graphischen Darstellung um relative Veränderungsraten und nicht um absolute Beschäftigtenentwicklungen handelt, sei hier deutlich auf den eingeschränkten Erklärungsgehalt in Bezug auf die tatsächlichen Bestandsveränderungen verwiesen, der im Zusammenhang mit der spezifischen Problematik städtischer Ökonomien entsteht. Kleinere Räume weisen zum Teil deutlich höhere positive und negative Veränderungsraten auf als die Kernstädte. Aus diesem Grund sind auch die Amplituden der Veränderung bei den jeweils größten Aggregaten, dem 'Verarbeitenden Gewerbe' und einigen Wirtschaftsbereichen des tertiären Sektors am geringsten.

Das allgemeine Bild der Bundesrepublik zeigt Beschäftigungsabnahmen in den Bereichen 'Bergbau, Energiewirtschaft', 'Verarbeitendes Gewerbe', 'Baugewerbe' und 'Handel'. Die größten Wachstumsraten hatten in absteigender Reihenfolge die 'Organisationen ohne Erwerbscharakter', die 'Dienstleistungen a.n.g.' und, mit etwa gleich großen Veränderungsraten, 'Verkehr, Nachrichten' sowie 'Gebietskörperschaften'. Insgesamt hat die Beschäftigung in der Bundesrepublik um 1,4% oder 290.000 zugenommen.

Dieses weicht erheblich von der Entwicklung der Untersuchungsgebiete ab. Die Region Hamburg hatte Beschäftigungsverluste in Höhe von 19.410 Personen hinzunehmen. Das negative Gewicht der Hansestadt an dieser Entwicklung wird durch eine Abnahme von 39.111 Beschäftigten sichtbar. Der relative Zuwachs in den Umlandkreisen von ca. 9% konnte die insgesamt schlechte Entwicklung aber nur teilweise auffangen. Abgenommen haben zwischen 11% und 15% die Wirtschaftsbereiche 'Land- und Forstwirtschaft', 'Verarbeitendes Gewerbe', 'Baugewerbe', 'Handel' und 'Verkehr, Nachrichten'. Leichte Verluste gab es bei der Beschäftigtenzahl des 'Kredit- und Versicherungsgewerbes' 1,5%). Gewinne verzeichneten dagegen, in absteigender Reihenfolge, die 'Organisationen ohne Erwerbscharakter'(+13,6%), die 'Dienstleistungen a.n.g.'(+10,5%) sowie 'Gebietskörperschaften'(+6,2%).

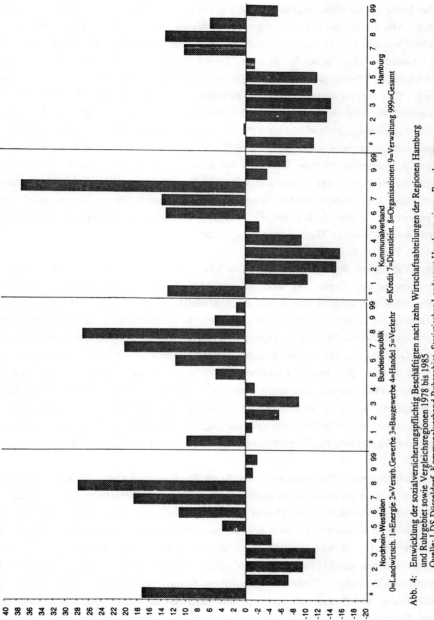

Abb. 4: Entwicklung der sozialversicherungspflichtig Beschäftigten nach zehn Wirtschaftsabteilungen der Regionen Hamburg und Ruhrgebiet sowie Vergleichsregionen 1978 bis 1985

0=Landwirtsch. 1=Energie 2=Verarb.Gewerbe 3=Baugewerbe 4=Handel 5=Verkehr 6=Kredit 7=Dienstleist. 8=Organisationen 9=Verwaltung 999=Gesamt

Quelle: LDS Düsseldorf, Kommunalverband Ruhrgebiet, Statistisches Landesamt Hamburg; eigene Berechnungen

Die Umlandrandkreise zeigten, wie schon erwähnt, positive relative Entwicklungsverläufe. Alle Kreise des Nordumlandes weisen bis auf Einbrüche im 'Baugewerbe' erhebliche Gewinne auf, vor allem in dem als kritisch geltenden Bereich 'Handel' und dem
als zukunftsträchtig geltenden Bereich 'Dienstleistungen, a.n.g.'. Die schlechteste Entwicklung im Hamburger Umland zeigte der am stärksten suburbanisierte Kreis Pinneberg. Hier verzeichneten das 'Verarbeitende Gewerbe'und das 'Baugewerbe' fast
ebenso hohe relative Verluste wie der Stadtstaat selbst. Die Frage, ob die stabilen
Suburbanisierungsgewinne ausschließlich abhängig von den Einflüssen der Agglomeration stattfinden oder mittlerweile eine Eigendynamik bekommen haben, wird später
noch aufgenommen. Einige Ursachen der positiven Entwicklung werden jedoch deutlich. So ist das besagte Suburbanisierungswachstum vor allem auf die Verlagerungs-
tendenzen des 'Verarbeitenden Gewerbes' zurückzuführen. Hinzu kommt eine stabile
Tendenz in strukturell rückläufigen Branchen, die sich insbesondere im 'Verarbeitenden Gewerbe' und im 'Handel' bemerkbar macht.

Im KVR ist die Beschäftigung um 6,6% bzw. 116.052 Personen im besagten Zeitraum
zurückgegangen. Daran hat das 'Verarbeitende Gewerbe' mit 98.744 Beschäftigten
oder -15% den größten Anteil. Im gleichen Maße hat das 'Baugewerbe' prozentual an
Beschäftigten verloren (-21.704 Beschäftigte). In unterschiedlich hohem Maße haben
auch die Bereiche 'Bergbau', 'Handel', 'Verkehr' sowie 'Gebietskörperschaften' verloren. Gewinne verzeichneten lediglich 'Kreditinstitute'(13%) und 'Dienstleistungen,
a.n.g.' (14%). Die beschäftigungsstrukturelle Analyse nach Sektoren zeigt, daß die
meisten Ruhrgebietsregionen durch einen im Vergleich mit Bund und Land überdurchschnittlichen Anteil im sekundären Sektor geprägt sind. Lediglich Essen und Dortmund
haben nennenswert höhere Dienstleistungsanteile als der Bund. Insofern fällt die
negative Entwicklung des 'Verarbeitenden Gewerbes' hier besonders ins Gewicht.

Die innerregionale Differenzierung der Beschäftigungsentwicklung im Ruhrgebiet zeigt
bis auf wenige Ausnahmen Verluste im 'Bergbau' und 'Verarbeitenden Gewerbe', in
den Wirtschaftsabteilungen 'Handel' sowie 'Verkehr, Nachrichtenübermittlung'. Bis
auf einige Ausnahmen erfuhren alle Kreise und kreisfreien Städte Beschäftigungszuwächse in den Wirtschaftsabteilungen 'Kreditinstitute', 'Dienstleistungen, a.n.g.' und
'Organisationen ohne Erwerbscharakter'. Ein uneinheitliches Bild bietet lediglich die
Wirtschaftsabteilung 'Gebietskörperschaften, Sozialversicherungen'. Hier stehen sich
fünf Kreise und Städte mit Verlusten und zehn mit Gewinnen gegenüber. Sieht man
von dieser Ausnahme ab, so weisen die einzelnen Wirtschaftsabteilungen des tertiä-

ren Sektors eine relativ gleichförmige Entwicklung auf.

Zusammenfassend lassen sich folgende regional differenzierten Aussagen zur Beschäftigungsentwicklung machen:

- die regionale Verteilung der Gesamtbeschäftigung in den Untersuchungsgebieten macht die Dominanz der Kernzonen deutlich. Im Stadtstaat Hamburg arbeiten 72% aller Beschäftigten der Region. Während in der Kernzone vor allem die tertiären Wirtschaftsbereiche überwiegen, sind es im Umland immer noch das 'Verarbeitende Gewerbe' und das 'Baugewerbe'. Die Kernstädte des Ruhrgebietes bieten nur für 64% aller Beschäftigten einen Arbeitsplatz. Eine klare Zonierung der Städte des Ruhrgebietes hinsichtlich der Anteile der Wirtschaftsabteilungen an der Gesamtbeschäftigung läßt sich allerdings nicht treffen;
- die absolute Zahl der Beschäftigten ist zwischen 1978 und 1985, insbesondere in den Kernzonen der Untersuchungsgebiete, stark zurückgegangen (Hamburg -5,2%, Dortmund, Duisburg, Essen und Gelsenkirchen zwischen -5,6% und -10%). Die Umlandkreise des KVR konnten im Gegensatz zu denen des Hamburger Umlandes die schlechte Entwicklung der Kernzonen nicht annähernd ausgleichen. Aus diesem Grund kam es im KVR (-6,7%) zu einer sehr viel schlechteren Gesamtentwicklung als in der Region Hamburg (-3%);
- im Stadtstaat Hamburg verloren - nach Branchen untergliedert - zwischen 11% und 15% das 'Verarbeitende Gewerbe', das 'Baugewerbe', 'Handel' sowie 'Verkehr, Nachrichten'. Gewinne verzeichneten die 'Organisationen' (13,6%), die 'Dienstleistungen a.n.g.' (10,5%) sowie die 'Gebietskörperschaften' (6,2%);
- fast alle Umlandkreise zeigen in den als kritisch geltenden Bereichen 'Handel' und den als zukunftsträchtig geltenden 'Dienstleistungen' positive Entwicklungsverläufe. Hinzu kommt eine stabile Tendenz in strukturell rückläufigen Branchen wie dem 'Verarbeitenden Gewerbe';
- im KVR ist der Beschäftigungsverlust vor allem auf das 'Verarbeitende Gewerbe' sowie - in abgeschwächter Tendenz - auf 'Bergbau', 'Handel','Verkehr' sowie 'Gebietskörperschaften' zurückzuführen. Gewinne verzeichneten lediglich 'Dienstleistungen' (14%) und 'Kreditinstitute' (13%).

Anhand dieser Ergebnisse läßt sich die anfangs aufgestellte Hypothese bestätigen, daß sich die Restrukturierung regional bedeutsamer Wirtschafsbranchen vor allem auf die städtische Ökonomie auswirkt. Des weiteren kann festgestellt werden, daß vor allem das Umland der Verdichtungsgebiete von diesem Prozeß profitieren.

3. Die Strukturkennziffern 'Spezialisierungs- und Standortkoeffizient' als Indikatoren monostrukturierter Regionen und schlechter Standortbedingungen

Nachdem im vorangegangenen Kapitel differenzierte Aussagen zur absoluten sowie sektoral gegliederten Entwicklung der Beschäftigten gemacht wurden, sollen zur Evaluierung von Determinanten des regional differenzierten Strukturwandels die Entwicklungspotentiale der Branchen anhand des Standortkoeffizienten bestimmt werden.

Um einen Anhaltspunkt für die mögliche Ursache unterschiedlicher Standortkoeffizienten durch die Struktur der Untersuchungsräume zu erhalten, wurden darüberhinaus auch Spezialisierungskoeffizienten gebildet. Es können anhand dieser Indikatoren regionale Spezifika der Wirtschaftsstruktur wie z.B. der Grad der strukturellen Einseitigkeit einer Region erfaßt werden. Da sich allein anhand der Spezialisierungskoeffizienten keine detaillierten Einblicke in die regionale Wirtschaftstruktur gewinnen lassen, wird dieses Strukturmerkmal zusammen mit den Standortkoeffizienten betrachtet.

Der Ruhrgebietsdurchschnitt (0,0894 in 1984) des Spezialisierungskoeffizienten[1] weist nur relativ geringe Abweichungen von der Gesamtstruktur der Bundesrepublik auf. Deutliche Abweichungen zeigen sich bei innerregionaler Untergliederung in einigen Städten der Emscherzone wie in Bottrop (0,2266), Gelsenkirchen (0,2195) und Herne (0,2609). Die Ballungsrandkreise Recklinghausen, Unna, Wesel und Hamm zeigen durchschnittliche Abweichungen (0,1223 bis 0,1427) vom Bundesdurchschnitt (vgl. Abb. 5).

Die hohen Spezialisierungskoeffizienten in den Städten der Emscherzone lassen sich auf die extrem hohen Anteile im Bereich 'Energiewirtschaft, Bergbau' zurückführen.

---

[1] Spezialisierungskoeffizienten bauen auf Gliederungszahlen (Anteile einzelner Branchen an den Gesamtbeschäftigten) auf. Der Vergleich mehrerer für verschiedene Zeitpunkte ermittelter Spezialisierungskoeffizienten läßt deutlich werden, ob sich die untersuchten Regionen weiter spezialisiert haben oder nicht. Nicht direkt erkennbar ist hingegen, ob sich einzelne Wirtschaftsbereiche positiv oder negativ entwickelt haben. Zur Interpretation des Spezialisierungskoeffizienten sei angemerkt, daß bei einem Wert von Null eine Gleichstrukturiertheit mit der Wirtschaftsstruktur des übergeordneten Vergleichsraumes (BRD) besteht. Je mehr der Spezialisierungskoeffizient von Null verschieden ist, um so größer ist die Abweichung der regionalen Wirtschaftsstruktur.

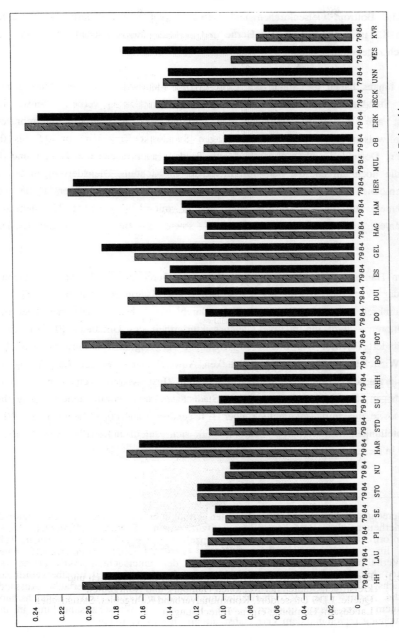

Abb. 5: Spezialisierungskoeffizienten in den Kreisen und kreisfreien Städten der Regionen Hamburg und Ruhrgebiet 1979 und 1984

Quelle: LDS Düsseldorf, Kommunalverband Ruhrgebiet, Statistisches Landesamt Hamburg; eigene Berechnungen

Die Städte Bottrop, Gelsenkirchen und Herne weisen Spezialisierungskoeffizienten zwischen 8,3 und 10,2 auf, die in Herne und Gelsenkirchen zwischen 1978 und 1984 sogar noch zugenommen haben.

Darüber hinaus haben die Städte der Emscherzone auch weit unter dem Durchschnitt liegende Standortkoeffizienten[1] im Bereich 'Produzierendes Gewerbe'. Ebenso sind hier fast alle Wirtschaftsabteilungen des tertiären Sektors deutlich unterrepräsentiert. Sie weisen im Bereich Dienstleistungen Standortkoeffizienten von 0,5 bis 0,3 auf. Essen, Dortmund und in abgeschwächter Tendenz auch Hagen und Hamm sind die Städte, die noch am ehesten den Strukturwandel in Richtung Dienstleistungen bewältigt haben. Die meisten Dienstleistungsbereiche weisen hier deutlich über '1' liegende Koeffizienten auf. Dieses korrespondiert wieder mit deutlich unter '1' liegenden Koeffizienten im 'Produzierenden Gewerbe' sowie im Bereich 'Energiewirtschaft, Bergbau'.

Im Raum Hamburg sieht die Situation anders aus. Durch die erheblichen Abweichungen in der Wirtschaftsstruktur der Hansestadt (Spezialisierungskoeffizient 0,216) vom Bundesdurchschnitt - vornehmlich bedingt durch die hohen Anteile der Dienstleistungssektoren - wird die relative Gleichstrukturiertheit des Umlandes (0,086) erheblich verändert (0,161). Die Standortkoeffizienten der Region Hamburg verdeutlichen welche Wirtschaftsabteilungen für die starken Abweichungen bei der Ausprägung der Spezialisierungskoeffizienten verantwortlich waren. Insbesondere zeigen hier wieder die niedrigen Standortkoeffizienten des Stadtstaates im 'Verarbeitenden Gewerbe' (0,562) sowie die zum Teil deutlich über 1 liegenden Standortkoeffizienten der Wirtschaftsabteilungen des tertiären Sektors, daß sich anteilsmäßig die wirtschaftliche Aktivität in diesem Sektor konzentriert.

---

[1] Die Berechnung von Standortkoeffizienten ermöglicht es darüber hinaus, regionale Besonderheiten der Branchenstruktur aufzuzeigen. Standortkoeffizienten bieten eine Information über die Konzentration einzelner Wirtschaftszweige in einem Teilgebiet im Verhältnis zum übergeordneten Vergleichsraum. Standortkoeffizienten sind Verhältniszahlen, bei denen der Anteil der untersuchten Aktivität an der gesamten Aktivität eines Teilraumes bezogen wird auf den Anteil im übergeordneten Vergleichsgebiet (MÜLLER 1973, 50). Der Standortkoeffizient erlaubt Aussagen über die Anteile einer Wirtschaftsabteilung zwischen Region und Vergleichsraum. Bei einem Wert dieses Quotienten von '1', ist eine Wirtschaftsabteilung in der Untersuchungsregion und dem Vergleichsraum gleich stark vertreten.

Tab. 6:   Standortkoeffizienten der Untersuchungsregionen:

	HAMBURG		UMLAND HH		KVR	
	1978	1984	1978	1984	1978	1984

Landwirtschaft	0,434	0,397	3,531	3,126	0,483	0,494
Energie,Bergbau	0,552	0,571	0,559	0,596	4,482	4,481
Verarb. Gewerbe	0,555	0,562	0,894	0,886	0,921	0,901
Baugewerbe	0,772	0,770	1,439	1,339	0,999	0,962
Handel	1,434	1,393	1,181	1,250	1,042	1,043
Verkehr	2,911	2,671	0,755	0,851	1,000	1,026
Kreditinstitute	1,906	1,809	0,651	0,680	0,667	0,703
Dienstleistung	1,314	1,277	0,964	0,973	0,945	0,956
Organisationen	1,024	1,009	0,962	0,899	0,892	0,932
Sozialversich.	0,799	0,875	0,961	0,924	0,743	0,743

Quelle: LDS Düsseldorf, Statistisches Landesamt Hamburg; eigene Berechnungen

Das Umland der Hansestadt zeigt dagegen deutlich über '1' liegende Standortkoeffizienten lediglich in den Wirtschaftsabteilungen 'Landwirtschaft', 'Bau' und 'Handel'.
Durchschnittlich präsentieren sich die Abteilungen 'Dienstleistungen,a.n.g.' sowie
'Sozialversicherungen', während die Abteilung 'Verarbeitendes Gewerbe' im Jahr 1984
eine im Vergleich zum Bundesdurchschnitt nur geringere Aktivität (0,886) aufweisen
konnte.

Obwohl die Untersuchung der Standort- und Spezialisierungskoeffizienten lediglich
ein statisches Bild der wirtschaftlichen Aktivität zu zwei verschiedenden Zeitpunkten
bietet, lassen sich wichtige Anhaltspunkte im Vergleich zum Bundesgebiet ableiten.
Die folgende Shift-Analyse soll eine zusammenfassende Interpretation der vorgestellten Ergebnisse der Spezialisierungs- und Standortkoeffizienten ermöglichen.

4. Zur Shift-Analyse nach zehn Wirtschaftsabteilungen

Das Grundkonzept beim Vergleich zweier altindustrialisierter Ballungsgebiete besteht
darin, die wirtschaftliche Entwicklung zweier Regionen mit einem übergeordneten
Vergleichsraum in Beziehung zu setzen, um dadurch Hinweise für ein räumlich diffe-

renziertes Wirtschaftswachstums zu erhalten. Dazu wird zunächst, ergänzend zur Beschäftigungsanalyse, eine Shift-Analyse[1] nach sozialversicherungspflichtig Beschäftigten, untergliedert nach zehn Wirtschaftsabteilunen, vorgenommen.

Zum Verständnis sei angemerkt, daß die räumlichen Unterschiede wirtschaftlichen Wachstums mittels 'Total Net Shift' (Regionalfaktor bzw. Gesamtnettoverschiebung) gemessen werden. Die Ursachen des Regionalfaktors können mit Hilfe des 'Net Differential Shift' (Standorteffekt) sowie des 'Net Proportional Shift' (Struktureffekt) erfaßt werden[2]. Der 'Total Net Shift' ist die Differenz aus der tatsächlichen Veränderung der ökonomischen Aktivität eines Teilraums während einer bestimmten Periode und der Veränderung, die sich ergeben hätte, wenn sich die ökonomische Aktivität in diesem Teilraum mit der Wachstumsrate des Gesamtraums verändert hätte. Sie mißt den Grad der Abweichung eines Teilraums vom Wachstum der übergeordneten Bezugsgröße.

Eine Gesamtnettoverschiebung mit einem Wert ungleich '1' bedeutet ein entweder über- oder unterproportionales Wachstum des Teilraums gegenüber dem des Gesamtraums. Dabei setzt sich die Gesamtnettoverschiebung aus der Summe der Nettoverschiebungen der einzelnen Sektoren zusammen. Verursacht wird die Gesamtnettoverschiebung durch unterschiedliches Sektorenwachstum in den einzelnen Teilräumen sowie durch Unterschiede in deren ökonomischer Ausgangsstruktur[3]

---

[1] Über Shift-Analyse-Ansätze liegt umfangreiche Literatur vor, hier werden nur einige Beispiele gegeben: Zur Entwicklung der Shift-Analyse äußert sich LAUSCHMANN (1974, 119ff); zur Methodik vergl. MÜLLER (1976, 58ff) und SCHÄTZL (1981, 46ff). Anwendungsbeispiele finden sich bei BIRG (1973); WIERER; KÄHMER (1976) und STEIGER (1976).

[2] vgl. SCHÄTZL (1981, 46).

[3] Als weitere Interpretationshilfe zur Shift-Analyse kann ein Gruppierungsschema verwendet werden, daß sechs mögliche Kombinationen unterscheidet (mit Berücksichtigung der Faktorwerte ungleich '1'):

Gruppe	Regional-faktor		Struktur-effekt		Standort-effekt	
1	größer	1	größer	1	größer	1
2	größer	1	größer	1	kleiner	1
3	größer	1	kleiner	1	größer	1
4	kleiner	1	größer	1	kleiner	1
5	kleiner	1	kleiner	1	größer	1
6	kleiner	1	kleiner	1	kleiner	1

Tab. 7:   Interpretationshilfe zur Shift-Analyse: Funktion und Bewertung der Ergebnisse

	Regionalfaktor	Strukturfaktor	Standortfaktor
Beschreibung	gesamtwirtschaftliche Perspektiven	wachstumsspezifische Perspektiven	sektorspezifische Perspektiven
	umfaßt alle wirtschaftlichen Einflußfaktoren	umfaßt sektorspezifische Einflußfaktoren	umfaßt standortspezifische Einflußfaktoren
Funktion	Übertragung der Gesamtentwicklung des Vergleichsraumes auf die sektorale Entwicklung der Fallregionen	Beschreibung des Wachstumspotentials einzelner Sektoren und der Fallregion	Übertragung der sektorspezifischen Gesamtentwicklung des Vergleichsraumes auf die Sektorspezifische Entwicklung der Fallregion
Wert * gleich 1	gleiche wirtschaftliche Entwicklung wie im Vergleichsraum	gleiche Anfangsstruktur wie im Vergleichsraum	keine Standortbesonderheit der Fallregion
* größer 1	überdurchschnittliche Entwicklung gegenüber Vergleichsraum	Vorherrschen von Wachstumsbranchen in der Fallregion	Fallregion ist standortattraktiv
* kleiner 1	unterdurchschnittliche Wirtschaftsentwicklung gegenüber Vergleichsraum	Vorherrschen von Stagnationsbranchen in der Fallregion	negative Standorteinflüsse in der Fallregion

Quelle: GEWOS (1984, 43 u. 48)

Im Ruhrgebiet weisen zwar rund die Hälfte der Städte bzw. Kreise Strukturkoeffizienten <1 auf, jedoch sind diese nicht so deutlich abweichend, daß sie den Regionalfaktor insgesamt stark beeinflussen. Der Ruhrgebietsdurchschnitt verzeichnet sogar mit 1,0014 einen positiven Struktureffekt. Innerregionale Zonierungen lassen sich bezüglich des Struktureffekts allerdings nicht ausmachen.

Im Raum Hamburg ist die Situation etwas anders: hier haben (bis auf den Kreis Lauenburg) alle nördlichen Umlandrandkreise einen Strukturkoeffizienten <1; die südlichen Umlandrandkreise einen Strukturkoeffizienten >1. Insgesamt aber bestimmen die überdurchschnittlichen Strukturkoeffizienten auch den der gesamten Region Hamburg. In jedem Fall tragen die meist knapp unter 1 liegenden Strukturkoeffizienten der RHH nicht entscheidend zu den schlechten Regionalfaktoren bei (vgl.Karte 1).

82

Karte 1: Ergebnisse der Shift-Analyse nach Gruppen in den Kreisen und
kreisfreien Städten der Regionen Hamburg und Ruhrgebiet,
Quelle: LDS Düsseldorf, Kommunalverband Ruhrgebiet, Statistisches
Landesamt Hamburg; eigene Berechnungen

Bemerkenswert ist, daß mit unterschiedlich starker Tendenz in beiden Untersuchungsregionen - unabhängig von den Regionalfaktoren - die Struktureffekte nicht wesentlich vom Wert '1' abweichen (bundesdurchschnittliche Entwicklung). Da der Struktureffekt die Höhe des Anteils der regionalen Industrie an sogenannten 'prosperierenden Branchen' widergibt, kann insbesondere für das Ruhrgebiet - bis auf wenige
Ausnahmen - nicht von einer durchweg ungünstigen Sektoralstruktur gesprochen werden. Die Regionalfaktoren werden im gesamten Raum Hamburg von den Standorteffekten geprägt. Sowohl im gesamten Hamburger Umland - insbesondere im nördlichen
Umland - überlagern die Standorteffekte eindeutig die Struktureffekte. Als Ausnahme
läßt sich hier die Region Hamburg anführen, deren positiver Regionalfaktor   durch
einen Struktureffekt >1 bestimmt wird.

Im Ruhrgebiet ist die Situation anders. Hier werden durch teilweise extrem schlechte
Standortfaktoren insbesondere in den Stahlstandorten Dortmund 0,9252 und Duisburg
0,8992 auch die Regionalfaktoren negativ beeinflußt. Besonders deutlich wird das
auch bei Städten wie Essen, Gelsenkirchen und Herne, die trotz eines Strukturkoeffizienten >1 einen Regionalfaktor <1 aufweisen. Etwa parallel zu der Entwicklung der
Hamburger Umlandrandkreise entwickelten sich auch im Ruhrgebiet die Randzonen-
kreise Unna, Wesel und Hamm (mit Ausnahme des Kreises Recklinghausen) positiver
als der Vergleichsraum Bundesrepublik Deutschland.

Um weitergehende Aussagen über Branchen zu machen, die für die von der bundesdurchschnittlichen Entwicklung abweichenden Shifts verantwortlich sind, wurden die
relativen Arbeitsplatzabweichungen vom Bundesdurchschnitt berücksichtigt. Dabei
werden die Abweichungen in den einzelnen Branchen der beiden Untersuchungsgebiete
deutlich. Die Region Hamburg verliert, verglichen mit der bundesrepublikanischen
Entwicklung, in besonderem Maße im tertiären Sektor Arbeitsplätze. Dabei fallen vor
allem die Bereiche 'Handel', 'Verkehr', 'Kreditinstitute' sowie 'Organisationen ohne
Erwerbscharakter' ins Gewicht. Zuwächse verzeichnet die Region Hamburg bei
'Dienstleistungen a.n.g.' sowie 'Gebietskörperschaften, Sozialversicherungen' und - im
großen Gegensatz zum KVR - beim 'Verarbeitenden Gewerbe'. Unter Aspekten der
innerregionalen Differenzierung fällt auf, daß die Stadt Hamburg in fast allen Sektoren für die eben beschriebene, vergleichsweise schlechte Entwicklung der Region
verantwortlich zu machen ist. Aufgrund der hohen Verluste im tertiären Sektor in
den Bereichen 'Handel', 'Verkehr' und 'Dienstleistungen a.n.g.' und der Verluste im
produzierenden Bereich wird die insgesamt positive Entwicklung sowohl des nördlichen

Tab. 8: Shift-Analyse der sozialversicherungspflichtig Beschäftigten nach zehn
Wirtschaftsabteilungen

Raum	Regional- faktor	Struktur- effekt	Standort- effekt	Gruppe
Hamburg	0,9901	1,0115	0,9750	4
Lauenburg	1,0585	1,0052	1,0530	1
Pinneberg	1,0164	0,9973	1,0192	3
Segeberg	1,1277	0,9989	1,1289	3
Stormarn	1,1078	0,9938	1,1148	3
Nordumland	1,0733	0,9981	1,0753	3
Harburg	1,1364	1,0092	1,1260	1
Stade	1,0547	1,0064	1,0481	1
Südumland	1,0883	1,0075	1,0802	1
Umland Hamburg	1,0653	1,0016	1,0636	1
Region Hamburg	1,0107	1,0113	0,9994	2
Land Schl.-Hols.	1,0417	1,0073	1,0341	1
Land Nieders.	1,0127	1,0023	1,0104	1
Küstenländer	1,0092	1,0060	1,0032	2
Bochum	0,9370	0,9953	0,9415	6
Bottrop	1,0310	1,0135	1,0172	1
Dortmund	0,9326	1,0079	0,9252	4
Duisburg	0,8947	0,9950	0,8992	6
Essen	0,9584	1,0141	0,9451	4
Gelsenkirchen	0,9745	1,0049	0,9697	4
Hagen	0,9539	0,9948	0,9589	6
Hamm	1,0135	1,0071	1,0063	1
Herne	0,9749	1,0088	0,9664	4
Mülheim	0,9879	0,9918	0,9961	6
Oberhausen	1,0038	0,9962	1,0069	5
Ennepe-Ruhr-Kr.	0,9597	0,9816	0,9776	6
Recklinghausen	0,9779	1,0046	0,9754	4
Unna	1,0010	0,9972	1,0039	3
Wesel	1,0765	1,0021	1,0742	1
KVR	0,9630	1,0014	0,9617	4
NRW	0,9875	0,9990	0,9884	3

Quelle: LDS Düsseldorf, Kommunalverband Ruhrgebiet, Statistisches Landesamt
Hamburg; eigene Berechnungen.

als auch des südlichen Umlandes negativ beeinflußt. Das Umland von Hamburg hat
demgegenüber hohe relative und absolute Zuwächse im 'Verarbeitenden Gewerbe'
sowie in den Bereichen 'Handel', 'Verkehr' und 'Dienstleistungen a.n.g.'.

Als interessante Situation in der auch Parallelen zu Essen und Bochum gesehen
werden müssen, läßt sich der sehr hohe Anteil des tertiären Sektors für die Hansestadt festhalten. Im Vergleich zur bundesdurchschnittlichen Entwicklung, wo der
tertiäre Sektor noch Zuwächse zu verzeichnen hat, werden hier schon Verluste
besonders im Bereich 'Handel' und 'Verkehr' sichtbar. Sicherlich ist dieses ein Hinweis auf den hohen Rationalisierungsdruck, die interregional verschobenen Handels-
ströme zuungunsten der Hansestadt und die insbesondere im Ruhrgebiet auf die
tertiären Wirtschaftsbereiche ausstrahlende Krise des 'Produzierenden Gewerbes'.

Wenn über die Situation in Hamburg von einer Parallelität zu der des Ruhrgebiets
gesprochen wird, dann vor allem in der Hinsicht, daß das 'Verarbeitende Gewerbe'
hohe absolute Beschäftigungsverluste zu verzeichnen hat. Im Vergleich zur Situation
in Hamburg fällt auf, daß im Ruhrgebiet gerade die Städte, die den Strukturwandel
zu den Dienstleistungen am erfolgreichsten bewältigt haben, heute den vergleichsweise
schlechtesten Entwicklungsstand in diesem Sektor aufweisen. Diese Aussage bezieht
sich auf die Städte Bochum, Dortmund, Duisburg und Essen.

Im Gegensatz zu den Städten des Kerngebiets lassen sich für die Randkreise des
Kommunalverbands Ruhrgebiet weder im Bereich des 'Verarbeitenden Gewerbes' noch
im tertiären Sektor derartig starke Abweichungen zum Vergleichsraum Bundesrepublik in der Beschäftigungsentwicklung feststellen. Allerdings wird die schlechte Entwicklung der Hellweg- und Emscherzone nicht - wie im Raum Hamburg - durch die
positive Entwicklung der Randkreise aufgefangen. Dieses drückt sich dementsprechend
auch in dem KVR-Regionalfaktor von 0,9630 aus. Da die Shift-Analyse nach zehn
Wirtschaftsabteilungen für das Ruhrgebiet auch ein wesentlich schlechteres Ergebnis
gezeigt hat, muß in diesem Zusammenhang noch einmal auf die in beiden Regionen
durchweg günstigen Struktureffekte und auf die Parallelen innerhalb der Ausprägungen der Sektorstruktur verwiesen werden. Beide Regionen verlieren relativ zum
Vergleichsraum in jenen Bereichen stark an Beschäftigung, in denen sie überdurchschnittlich hohe Anteile verzeichnen. Darüber hinaus stellt sich im Ruhrgebiet die
Tatsache besonders negativ dar, daß auch im unterrepräsentierten tertiären Sektor
die Beschäftigung zurückgegangen ist.

Zusammenfassend kann für beide Regionen festhalten werden, daß die regionalen
Branchenstrukturen im Sinne der statistischen Abgrenzung nach Wirtschaftsabteilungen nicht vordergründig entscheidend sind. Vielmehr ist eine Erklärung für die Ver-

änderung regionaler Beschäftigungssituationen über die spezifischen Standortbedingungen der Branchen zu erfahren.

4.1 Die Beschäftigungsentwicklung im 'Produzierenden Gewerbe'

Ein Großteil der erwerbstätigen Bevölkerung (39% aller Beschäftigten der Bundesrepublik) ist im 'Produzierenden Gewerbe' tätig. Diesem Sektor kommt somit auch weiterhin eine Leitfunktion zu, die wesentlich die lokale und regionale Ökonomie bestimmt. Die Entwicklung, die bundesweit in diesem Sektor stattgefunden hat, ist mit einer Abnahme von 5,6% bei weitem nicht so negativ, wie man anhand der hohen lokalen und regionalen Arbeitslosenzahlen zunächst vermuten könnte. Näher betrachtet ergibt sich allerdings ein differenziertes Bild, gerade wenn die absoluten Beschäftigungsrückgänge mitberücksichtigt werden. Hamburg, welches immerhin mehr als 61% der Beschäftigten dieser Wirtschaftsabteilung in der Region stellt, hat dagegen mit einem Rückgang von 13,4% bzw. 23.419 Beschäftigten eine absolut und relativ sehr viel ungünstigere Entwicklung als das Umland zu verzeichnen. Der höchste Beschäftigungsrückgang mit über 7.300 Personen fand in Hamburg im 'Stahl-, Maschinen- und Fahrzeugbau' (Schiffbau) gefolgt vom 'Nahrungs- und Genußmittelgewerbe' mit fast 5.000 Beschäftigten und der 'Holzverarbeitung' mit 3.000 Beschäftigten statt. Die Graphiken zeigen die prozentualen Rückgänge, wenngleich die höchsten Amplituden, wie eingangs schon einmal erwähnt, nicht auch gleichzeitig die höchsten absoluten Rückgänge darstellen.

Das Hamburger Umland stellt sich als sehr heterogen dar. Während wieder der Kreis Pinneberg negative Beschäftigungsentwicklungen in allen Bereichen zeigt und der Kreis Herzogtum-Lauenburg darin nur in den Bereichen 'Chemie' und 'Elektrotechnik' eine Ausnahme macht, zeigen alle anderen Umlandrandkreise positive Gesamtentwicklungen, deren einzelne Spezifika aus den Graphiken zu ersehen sind. Auffallend ist besonders, daß bis auf die Kreise Pinneberg und Herzogtum-Lauenburg eine positive Entwicklung im 'Maschinenbau' sowie im Bereich 'Elektrotechnik' stattfand.

Ähnlich stellt sich die Entwicklung im Kommunalverband Ruhrgebiet dar, der einen Anteil von mehr als 26% der Beschäftigten dieser Branche in Nordrhein-Westfalen stellt. Hier verlor das 'Verarbeitende Gewerbe' 14,9% bzw. 98.744 Beschäftigte. Die

Situation der prozentualen Veränderungen der einzelnen Branchen des Gesamtraumes gibt bis auf einige regionsspezifische Besonderheiten einen Hinweis auf starke Parallelen zu der Entwicklung in Hamburg. Erhebliche Abweichungen haben die Wirtschaftsbereiche 'Steine, Erden' sowie 'Metallerzeugung', denen die ruhrgebietsspezifischen Grundstoffindustrien zugeordnet sind. In Hamburg dagegen wirkt sich die Krise der dort ansässigen Industriezweige vor allem beim Schiffbau und im Maschinenbau aus. Eine innerregionale Differenzierung der Entwicklung einzelner Branchen im 'Verarbeitenden Gewerbe' des Ruhrgebiets ist nur sehr schwer möglich und lehnt sich nicht an die von vielen Autoren herangezogene klassische Differenzierung in Hellweg- und Emscherzone an. Interessant ist insbesondere die Tatsache, daß sich alle Randkreise des Ruhrgebiets - im Gegensatz zur Entwicklung in der Region Hamburg - mit Verlusten zwischen 11% und 16% deutlich negativ entwickelt haben (vgl. Abb. 6).

4.2 Zur Shift-Analyse des 'Produzierenden Gewerbes'

Entsprechend der Fragestellung, inwieweit in den Untersuchungsregionen eine ungünstge Sektoralstruktur vorherrscht oder ob regionale Standortgegebenheiten für die regionale Wirtschaftsentwicklung verantwortlich zu machen sind, muß zunächst auf die Strukturkomponente eingegangen werden. Sie weist hier deutlich auf regionale Unterschiede hin. Aus der Tatsache, daß Hamburg einen positiven Struktureffekt aufweist und dieser den Regionalfaktor verbessert, ließe sich die These des industriellen Agglomerationsvorteils städtischer Zentren formulieren. Die Annahme, daß die genannten hohen Beschäftigungsrückgänge nicht auf eine Strukturkrise des 'Produzierenden Gewerbes' zurückgeführt werden können, wird somit bestärkt. Widersprüchlich stellt sich dagegen diese These im Ruhrgebiet dar. Hier weisen nur drei von 15 Regionen positive Strukturmerkmale auf, wenngleich - ähnlich wie bei der Shift-Analyse auf der Gliederung nach zehn Wirtschaftsabteilungen - sieben weitere Regionen knapp unter dem Wert '1' liegende Strukturkoeffizienten aufweisen (vgl. Karte 2). Dennoch trifft für das Ruhrgebiet die These des städtischen Agglomerationsvorteils nur sehr eingeschränkt zu.

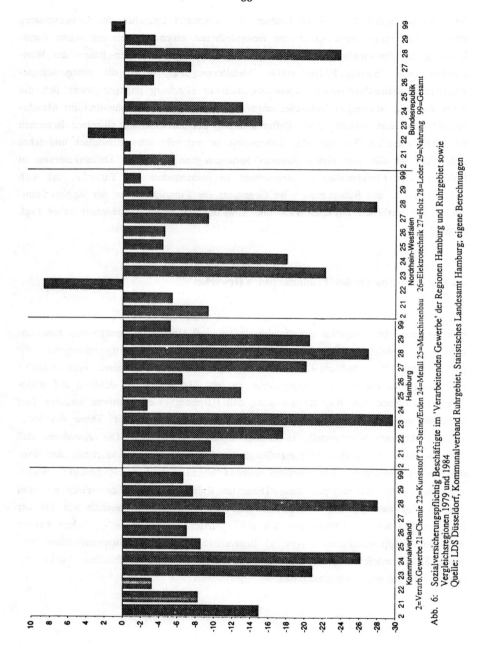

Abb. 6: Sozialversicherungspflichtig Beschäftigte im 'Verarbeitenden Gewerbe' der Regionen Hamburg und Ruhrgebiet sowie
Vergleichsregionen 1979 und 1984
2=Verarb.Gewerbe 21=Chemie 22=Kunststoff 23=Steine/Erden 24=Metall 25=Maschinenbau 26=Elektrotechnik 27=Holz 28=Leder 29=Nahrung 99=Gesamt
Quelle: LDS Düsseldorf, Kommunalverband Ruhrgebiet, Statistisches Landesamt Hamburg; eigene Berechnungen

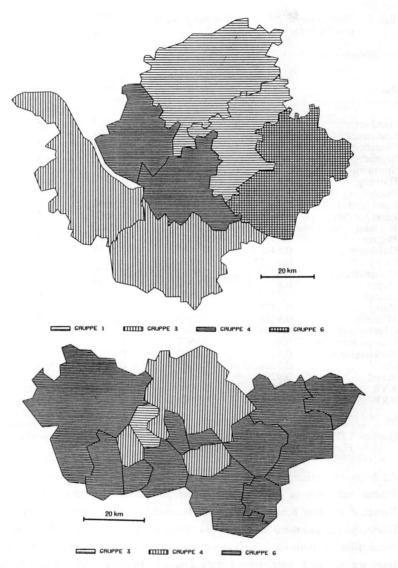

Karte 2: Ergebnisse der Shift-Analyse des 'Produzierenden Gewerbes' nach Gruppen in den Kreisen und kreisfreien Städten der Regionen Hamburg und Ruhrgebiet,
Quelle: LDS Düsseldorf, Kommunalverband Ruhrgebiet, Statistisches Landesamt Hamburg; eigene Berechnungen

Tab. 9: Shift-Analyse der sozialversicherungspflichtig Beschäftigten im 'Produzierenden Gewerbe'

Raum	Regional-faktor	Struktur-effekt	Standort-effekt	Gruppe
Hamburg	0,9341	1,0235	0,9127	4
Lauenburg	0,9474	0,9871	0,9597	6
Pinneberg	0,9266	1,0114	0,9161	4
Segeberg	1,1080	1,0031	1,1046	1
Stormarn	1,1099	1,0257	1,0821	1
Harburg	1,0188	0,9908	1,0282	3
Stade	1,0244	0,9979	1,0266	3
Land Schl.-Hols.	0,9668	1,0062	0,9608	4
Land Nieders.	0,9651	1,0037	0,9616	4
Bochum	0,9280	1,0076	0,9210	4
Bottrop	1,0559	0,9945	1,0617	3
Duisburg	0,8445	0,9691	0,8715	6
Essen	0,9073	0,9970	0,9101	6
Gelsenkirchen	0,8249	0,9852	0,8372	6
Hagen	0,8781	0,9734	0,9022	6
Hamm	0,9312	0,9823	0,9480	6
Herne	0,9779	0,9856	0,9922	6
Mülheim	0,9188	0,9890	0,9290	6
Oberhausen	0,8961	1,0049	0,8917	4
Ennepe-Ruhr-Kr.	0,9498	0,9970	0,9526	6
Recklinghausen	0,9709	1,0085	0,9627	4
Unna	0,9628	0,9947	0,9680	6
Wesel	0,9299	0,9930	0,9365	6
KVR	0,9027	0,9900	0,9118	6
NRW	0,9626	0,9951	0,9674	6

Quelle: LDS Düsseldorf, Kommunalverband Ruhrgebiet, Statistisches Landesamt
Hamburg; eigene Berechnungen

Auch die Ergänzungszone des Ruhrgebiets mit seinen vier Kreisen und kreisfreien
Städten hebt sich in der Ausprägung der Strukturkomponenten nicht positiv von der
Kernzone ab. Das bemerkenswerte im Unterschied zu der Situation der Umlandkreise
Hamburgs ist, daß diese nicht von den häufig im Umkreis von großen Agglomerationen
anzutreffenden positiven Standorteffekten ausgeglichen werden können. Daß sowohl
Hamburg als auch vergleichend dazu fast alle Regionen des Ruhrgebietes negative
Standorteffekte haben, verdeutlicht wiederum den schon häufig als Erklärung heran-
gezogenen 'Shift in die Peripherie', der seine stärksten Ausprägungen in den Umlandrandkreisen Hamburgs hat, wohl aber für das Ruhrgebiet nicht als Erklärung herangezogen werden kann.

Für die Standortkomponente ist häufig die schlechte Entwicklung im 'Maschinen- und Fahrzeugbau' bzw. in der 'Eisen-und Metallerzeugung' verantwortlich. Diese beiden Branchen verzeichneten in Hamburg und in den Kernstädten des Ruhrgebiets eine besonders negative Tendenz. Was allerdings einen weiteren Grund für das schlechte Abschneiden des 'Produzierenden Gewerbes' darstellt, ist der hohe innerregionale Verflechtungsgrad zwischen der Entwicklung der Stahlindustrie und der des 'Maschinen- und Fahrzeugbaus'. Es gab sowohl in den Städten mit hohen Rückgängen im Stahlbereich als auch in denen, die geringe Anteile in diesen Bereichen aufweisen, hohe Rückgänge im Maschinenbau. Die Randkreise des polyzentrischen Ballungsraumes bilden von dieser Entwicklung keine zu verallgemeinernde Ausnahme.

Die Randkreise Hamburgs dagegen nehmen bis auf den Kreis Pinneberg eine Ausnahmestellung ein. Sie hatten deutlich positive Entwicklungen in diesen beiden Branchen und zeigten darüber hinaus positive Entwicklungsverläufe in der 'chemischen -' und 'elektrotechnischen Industrie'. Desweiteren sollen hier auch diejenigen Wirtschaftsbereiche erwähnt werden, die in Hamburg ebenso für das im Vergleich zur Bundesentwicklung starke Zurückbleiben des 'Verarbeitenden Gewerbes' verantwortlich waren. Hier sind besonders die Bereiche 'Nahrungs- und Genußmittel' als auch die auf chemische Prozesse und auf die Herstellung von Kunststoffen aufbauenden Industrien zu nennen.

Zusammenfassend zur Entwicklung des 'Produzierenden Gewerbes' lassen sich hier folgende räumlich differenzierte Aussagen machen:
- die traditionellen Industrien in Kernbereichen beider Regionen entwickeln sich deutlich negativ, wobei sich dieses in Hamburg im Gegensatz zum Ruhrgebiet statistisch lediglich auf den Maschinenbau auswirkt;
- im Ruhrgebiet führt die hohe Verflechtung der Montanindustrie mit dem Maschinenbau auch in diesem Wirtschaftsbereich zu Verlusten, die im Vergleich zum Bundesdurchschnitt sehr hoch sind;
- in Hamburg kommen zu diesem schlechten Trend weitere Negativentwicklungen in den Bereichen 'Nahrung', 'Chemie' und 'Kunststoff' hinzu;
- in den Städten und Kreisen des Ruhrgebietes lassen sich keine solchen durchgehenden Negativbereiche festmachen, wie sie in den traditionellen Montan- und montanabhängigen Industrien festgestellt wurden;

- die größte interregionale Differenz besteht darin, daß sich die Randkreise Hamburgs im Gegensatz zu denen des Ruhrgebiets deutlich positiv verändert haben und damit die insgesamt schlechte Entwicklung zumindest abmildern konnten. Unberücksichtigt bleiben darf bei dieser Interpretation allerdings nicht, daß die schon oft angesprochenen absoluten Beschäftigungsrückgänge in den Kernbereichen durch positive Veränderungen in den Randgemeinden nicht kompensiert werden. Dennoch kann unter Berücksichtigung der absoluten Beschäftigungszahlen nicht von einer Angleichung zwischen Stadt und Land gesprochen werden. Zwar lassen sich im Raum Hamburg solche Tendenzen feststellen, dennoch darf dieser Auffangeffekt nicht überinterpretiert werden, denn absolut gesehen bleibt ein Minussaldo. Dementsprechend läßt sich das Stichwort 'Deindustrialisierung' im Gegensatz zum Ruhrgebiet nur für das städtische Zentrum bestätigen;
- in den Randzonen der Untersuchungsregionen vollzieht sich die beschriebene Entwicklung entweder viel langsamer (Ruhrgebiet) oder wird sogar deutlich umgekehrt.

4.3 Die Beschäftigungsentwicklung im Dienstleistungssektor

Der Dienstleistungssektor ist neben dem Bereich der 'Organisationen ohne Erwerbscharakter' die einzige Wirtschaftsabteilung, die in allen Teilregionen ein quantitativ bedeutsames Wachstum zu verzeichnen hat. Zwischen den beiden Zeitpunkten 1978 und 1985 ergibt sich ein erheblicher positiver Saldo, der sich über alle Sektoren der Abteilung verteilt:
- BRD: +11,5% bzw. 82.800 Beschäftigte bei 'Kreditinstituten', +19,9% bzw. 643.800 Beschäftigte bei 'Dienstleistungen a.n.g.';
- KVR: +13,6% bzw. 5.300 Beschäftigte bei 'Kreditinstituten', +13,8% bzw. 35.682 Beschäftigte bei 'Dienstleistungen a.n.g.';
- HH: -1,4% bzw. -725 Beschäftigte bei 'Kreditinstituten', +10,2% bzw. 16.266 Beschäftigte bei 'Dienstleistungen a.n.g.';
- Umlandrandkreis von Hamburg (Herzogtum Lauenburg): +18,8% bzw. 153 Beschäftigte bei 'Kreditinstituten', +30,4% bzw. 1.705 Beschäftigte bei 'Dienstleistungen a.n.g.'.

Bei näherer Betrachtung der einzelnen Sektoren der Wirtschaftsabteilungen (vgl. Abb. 7 und Abb. 8) fällt insbesondere der Gesundheitsbereich auf, der mit einem Gewicht zwischen 35% und 50% ein deutliches Maximum in fast allen Gebietseinheiten aufweist

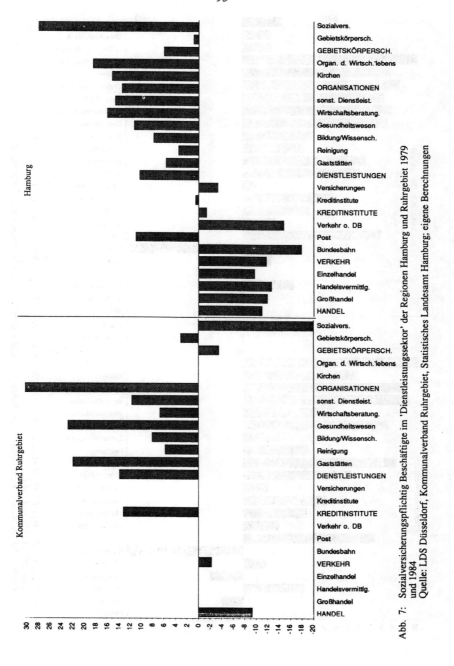

Abb. 7: Sozialversicherungspflichtig Beschäftigte im 'Dienstleistungssektor' der Regionen Hamburg und Ruhrgebiet 1979 und 1984
Quelle: LDS Düsseldorf, Kommunalverband Ruhrgebiet, Statistisches Landesamt Hamburg; eigene Berechnungen

94

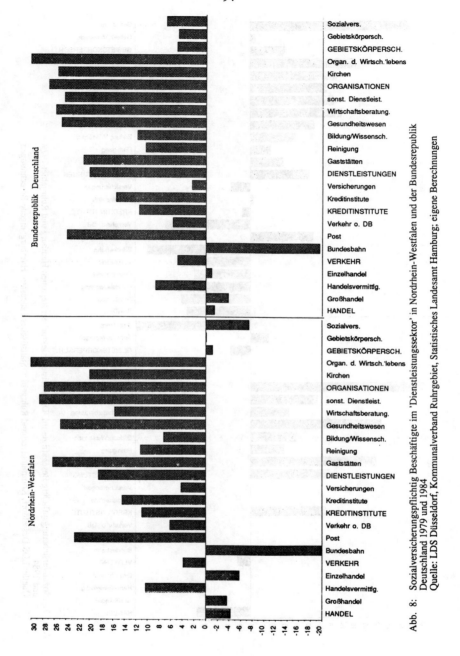

Abb. 8: Sozialversicherungspflichtig Beschäftigte im 'Dienstleistungssektor' in Nordrhein-Westfalen und der Bundesrepublik Deutschland 1979 und 1984
Quelle: LDS Düsseldorf, Kommunalverband Ruhrgebiet, Statistisches Landesamt Hamburg; eigene Berechnungen

Gefolgt wird dieser Sektor, in Bezug auf die absoluten Anteile, von den 'Rechts-und Wirtschaftsberatungen' und den 'sonstigen Dienstleistungen'. Nur eingeschränkt positiv kann allerdings die vergleichsweise gute Entwicklung in dem Sektor 'Reinigung' betrachtet werden. So ist inzwischen deutlich geworden, daß hierdurch weder die Gesamtbeschäftigung erhöht wird (Privatisierung staatlicher Dienstleistungen) noch eine qualitative Verbesserung der Arbeit stattfindet. Des weiteren ist davon auszugehen, daß sich der in den 70er und 80er Jahren deutlich ausgeweitete private Gesundheitssektor durch Finanzierungsprobleme und Kostendämpfungsbemühungen in Zukunft nicht weiter ausdehnen wird. Ebenfalls ergeben sich im stark einkommensabhängigen 'Gaststättengewerbe' für die Zukunft keine wesentlich positiveren Tendenzen der Beschäftigungsentwicklung. Wenn häufig von einem gewünschten Übergang zur Dienstleistungsgesellschaft gesprochen wird, so können in Bezug auf die anzuhebende Qualität der Beschäftigung nur 'Rechts- und Wirtschaftsberatungen', 'Wissenschaft und Bildung' sowie 'sonstige Dienstleistungen' genannt werden. Da der Sektor 'Wissenschaft und Bildung' sowie die Beschäftigung im Bereich des 'privaten Gesundheitswesens' stark von der Beschäftigungspolitik des Staates bzw. der Kommunen und dem Verhalten der Sozialversicherungsträger abhängt, wird dieser Bereich wahrscheinlich in Zukunft keine deutlichen Beschäftigungszuwächse mehr zeigen. Somit fallen bei der Beurteilung von Wachstumschancen für den Dienstleistungsbereich die größten Möglichkeiten auf die 'Rechts- und Wirtschaftsberatungen' sowie die 'sonstigen Dienstleistungen'. Diese müßten wiederum - was nach dieser Untergliederung nicht möglich ist - nach konsum- und unternehmensorientierter Nachfrage unterschieden werden, denn die Vergangenheit hat gezeigt, daß die konsumorientierten Bereiche (z.B. Gaststätten) und die persönlichen Dienstleistungen (z.B. Friseure) sich sehr viel verhaltener entwickelt haben, als die unternehmensorientierten Dienstleistungen (z.B. 'Rechts- und Wirtschaftsberatungen' sowie einige Sektoren der 'sonstigen Dienstleistungen'), wie aus einer Studie der Hamburgischen Landesbank[1] hervorgeht.

Die räumliche Differenzierung weist für den Stadtstaat Hamburg verhaltenere aber dennoch deutlich positive Entwicklungen in den einzelnen Sektoren auf als für die Umlandkreise. Hier spielt sowohl das sehr hohe Niveau der Beschäftigung als auch eine in bestimmten Sektoren zu vermutende Sättigungstendenz eine große Rolle.

---

[1] vgl. HAMBURGISCHE LANDESBANK (1985).

Im Ruhrgebiet sieht die Situation erheblich anders und innerregional sehr differenziert aus. So weisen die sogenannten zukunftsträchtigen Sektoren 'Wissenschaft', 'Wirtschafts- und Rechtsberatung' sowie die 'sonstigen Dienstleistungen'erheblich geringere Steigerungen als im Bundesdurchschnitt auf. Lediglich der 'private Gesundheitssektor' konnte mit der positiven Bundes- und Landesentwicklung mithalten. Eine eindeutige Zonierung oder eine Abgrenzung in Kern- und Ballungsrandzone ist hier nicht möglich. So weisen die Kreise zwar im allgemeinen keine Einbrüche in den Bereichen 'sonstige Dienstleistungen' oder 'Rechts- und Wirtschaftsberatung' auf, wie einige Städte der Kernzone (Essen bzw. Dortmund), doch kann die Veränderung auch hier nicht mit der Bundesentwicklung oder dem Trend der Hamburger Randkreise mithalten.

4.4 Zur Shift-Analyse des Dienstleistungssektors

Die Strukturkomponente, auf die zunächst eingegangen wird, trägt in den Untersuchungsregionen nur sehr begrenzt zu der Erklärung der regionalen Differenzierung bei. Auffällig erscheint nur, daß lediglich Hamburg einen negativen Struktureffekt aufweist. Obwohl der Dienstleistungssektor bei der Shift-Analyse mit allen Wirtschaftssektoren dafür gesorgt hat, daß der Struktureffekt positiv ausfällt, sind die stark wachsenden Dienstleistungsbereiche hier relativ unterrepräsentiert. Ebenso weisen alle Umlandrandkreise Hamburgs und die Kreise der Ergänzungszone des KVR positive Struktureffekte auf. Die Standortkomponente weist dagegen sowohl für fast alle größeren Städte als auch für alle Kreise der Ergänzungszone des KVR Werte <1 auf. Am langsamsten entwickelten sich die Dienstleistungen in Herne (0,7405), im Ennepe-Ruhr-Kreis (0,8920), in Mühlheim (0,9035) und Hamburg (0,9165). Positive Abweichungen des Dienstleistungssektors verzeichneten dagegen mit Ausnahme des Kreises Pinneberg die Umlandrandkreise Hamburgs (vgl. Karte 3).

Der Gesamtshift zeigt ein ähnliches Bild wie bei der Shift-Analyse des 'Produzierenden Gewerbes':

- Hamburg und die meisten Großstädte des Ruhrgebiets blieben in ihrer Dienstleistungsentwicklung hinter der des Bundes zurück;

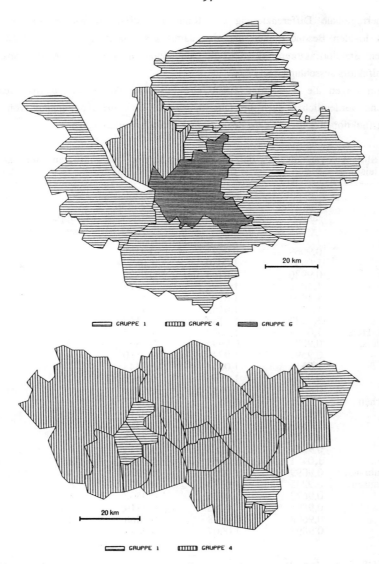

Karte 3: Ergebnisse der Shift-Analyse des 'Dienstleistungssektors' nach Gruppen in den Kreisen und kreisfreien Städten der Regionen Hamburg und Ruhrgebiet, Quelle: LDS Düsseldorf, Kommunalverband Ruhrgebiet, Statistisches Landesamt Hamburg; eigene Berechnungen

- die innerregionale Differenzierung der Regionalfaktoren im Ruhrgebiet läßt sich nur mit lokalen Besonderheiten und den damit zusammenhängenden positiven oder negativen Standortfaktoren erklären, die schließlich auch für die Ausprägung des Regionalfaktors ausschlaggebend sind;
- wiederum zeigen die Hamburger Randkreise mit einer Ausnahme positive Gesamt-shifts und verdeutlichen auch im Dienstleistungsbereich die Angleichung von Versorgungsfunktionen zwischen dem Zentrum und seiner Erweiterungszone.

Tab. 10: Shift-Analyse der sozialversicherungspflichtig Beschäftigten im Dienstleistungssektor

Region	Regional-faktor	Struktur-effekt	Standort-effekt	Gruppe
Hamburg	0,9069	0,9895	0,9165	6
Lauenburg	1,0892	1,0050	1,0837	1
Pinneberg	0,9930	1,0104	0,9829	4
Segeberg	1,1089	1,0198	1,0874	1
Stormarn	1,1661	1,0103	1,1542	1
Harburg	1,1181	1,0153	1,1013	1
Stade	1,1277	1,0144	1,1117	1
Land Schl.-Hols.	1,0198	1,0073	1,0124	1
Land Nieders.	0,9871	0,9995	0,9875	6
Bochum	0,9597	1,0049	0,9550	4
Bottrop	1,0514	1,0068	1,0443	1
Duisburg	0,9849	1,0159	0,9695	4
Essen	0,9567	1,0195	0,9384	4
Gelsenkirchen	0,9535	1,0115	0,9427	4
Hagen	1,0331	1,0118	1,0211	1
Hamm	1,0648	1,0180	1,0461	1
Herne	0,7572	1,0225	0,7405	4
Mülheim	0,9227	1,0213	0,9035	4
Oberhausen	1,0451	1,0081	1,0367	1
Ennepe-Ruhr-Kr.	0,9099	1,0201	0,8920	4
Recklinghausen	0,9935	1,0133	0,9804	4
Unna	0,9622	1,0126	0,9502	4
Wesel	0,9896	1,0182	0,9719	4
KVR	0,9608	1,0148	0,9468	4
NRW	0,9893	1,0007	0,9886	4

Quelle: LDS Düsseldorf, Kommunalverband Ruhrgebiet, Statistisches Landesamt Hamburg; eigene Berechnungen.

5. Weiterreichende Erklärungen über Aggregate der 'Volkswirtschaftlichen Gesamtrechnung'

Nachdem in den vergangenen Abschnitten auf die Beschäftigungssituation in den Untersuchungsregionen eingegangen wurde, und vor allem in den Kernbereichen beider Regionen eine sehr schlechte Entwicklung in einigen Teilen des 'Produzierenden Gewerbes' festgehalten wurde, sollen im folgenden ökonomische Vergleichsgrößen zur Messung der regionalen wirtschaftlichen Leistungskraft herangezogen werden, um folgende Leitfragen zu überprüfen:

- Beruht die zurückbleibende Beschäftigungsentwicklung auf einer Wachstumsschwäche der regionalen Ökonomie oder vielmehr auf einer überdurchschnittlichen Entwicklung der Arbeitsproduktivität ?
- Wie läßt sich eine eventuelle überdurchschnittliche Entwicklung der Arbeitsproduktivität erklären ?
- Läßt sich, falls eine Wachstumsschwäche nachgewiesen werden kann, ein regional und sektoral differenziert stattfindender Rückgang der Bruttowertschöpfung feststellen ?

5.1 Die Entwicklung der Bruttowertschöpfung zu Marktpreisen in den Untersuchungsregionen

Angelehnt an die Leitfragestellung, ob sich die Krise der untersuchten Industrieregionen als Kapitalkrise oder als rationalisierungsorientierte Arbeitsmarktkrise einstufen läßt, wird im folgenden zunächst anhand der Daten der Bruttowertschöpfung zu Marktpreisen[1] untersucht, wo ein regional differenziertes Wachstum der Wirtschaft stattgefunden hat. Von besonderem Interesse ist in diesem Zusammenhang, wie die divergierenden Entwicklungslinien der Produktivität und der Bruttowertschöpfung zu

---

[1] Die Wertschöpfung zu Marktpreisen ist ein Maß für den Wert der volkswirtschaftlichen Leistung, die innerhalb eines als 'Inland' bezeichneten Gebietes (z.B. Kreise oder Bundesländer) erbracht wurde. Die gesamtwirtschaftliche Wertschöpfung wird aus der Summe der Wertschöpfung aller zu Sektoren (Unternehmen, Staat, private Haushalte einschließlich privater Organisationen ohne Erwerbszweck) oder zu Wirtschaftsbereichen zusammengefaßten wirtschaftlichen Institutionen ermittelt. Die Wertschöpfung der einzelnen Sektoren wird grundsätzlich als Differenz zwischen dem Bruttoproduktionswert (Summe aus Umsatz, Wert der Anlagen und der unfertigen Erzeugnisse) und den Vorleistungen (Materialverbrauch) errechnet. Da die Abschreibungen noch in der so ermittelten Wertschöpfung enthalten sind, wird sie als Bruttowertschöpfung bezeichnet.

erklären sind. Des weiteren soll überprüft werden, wie stark die regional unterschiedliche Dynamik der Wirtschaft in einem Zusammenhang mit der regionalen Spezialisierung, also den unterschiedlichen Anteilen der einzelnen Sektoren an der Gesamtwertschöpfung steht. Wirkt sich das Nachlassen der wirtschaftlichen Leistungskraft
im 'Produzierenden Gewerbe' direkt oder indirekt auf das Wachstum in den Dienstlei-
stungsbereichen aus?

Da die einzelnen Gebietseinheiten aufgrund ihrer spezifischen Wirtschaftsstrukturen-
insbesondere der unterschiedlichen Anteile des tertiären Sektors - nicht in ihren
Absolutausprägungen der Wertschöpfung verglichen werden können, werden hier zunächst die Wachstumsraten zwischen 1980 und 1984 gegenübergestellt. Anders als es
die überdurchschnittlichen Beschäftigungsverluste vermuten lassen, ist bei der Beurteilung der Gesamtwertschöpfung der Untersuchungsgebiete im Vergleich zur bundesdurchschnittlichen Entwicklung keine gravierende Entwicklungsschwäche ausmachen. In den Jahren 1980 bis 1984 ist das Wachstum der Bruttowertschöpfung zu
Marktpreisen in den Untersuchungsregionen allerdings sehr unterschiedlich verlaufen
(vgl. Tab. 11).

Sowohl der Stadtstaat Hamburg (6,0%) als auch der Kommunalverband Ruhrgebiet
(12,7%) haben in diesem Zeitraum eine höhere Wachstumsrate der Bruttowertschöpfung zu verzeichnen, als das Bundesgebiet (3,8%). Insbesondere die deutlich positive
Entwicklung im KVR läßt anhand dieses Indikators keine Rückschlüsse auf ein Zurückbleiben der regionalen Wirtschaftskraft zu. Regional differenziert lassen sich
wieder jene Tendenzen nachweisen, die sich auch bei der Analyse der sozialversicherungspflichtig Beschäftigten ergaben. Die Wachstumsraten der Bruttowertschöpfung zu
Marktpreisen verhielten sich in den Kernbereichen Hamburg und in einigen Kernstädten des Ruhrgebiets wie z.B. Duisburg (6,4%) zwar auch besser als im Bundesdurchschnitt, doch wie erwartet haben einige Kreise der Ergänzungszone des Ruhrgebiets und die Randkreise Hamburgs erheblich größere Wachstumsraten der Bruttowertschöpfung zu verzeichnen (Nordumland 22,7% oder Hamm 16% bzw. Wesel 10%).

Tab. 11: Wachstumsraten der Bruttowertschöpfung zu Marktpreisen in Prozent

Wachstumsraten der Produktivität in Prozent
Anteile der Bruttowertschöpfung der Wirtschaftsabteilungen an der
Gesamtwertschöpfung in Prozent

	Landwirt./ Forstw.	Warenprod. Gewerbe	Produz. Bereich	Handel/ Verkehr	Übrige Dienstl.	Gesamte Dienstl.	Gesamt
HH	-4,5	-4,3	-4,2	7,5	9,9	9,0	6,0
	7,3 0,3	7,6 26,1	7,6 26,4	21,1 25,8	5,5 37,8	12,6 63,6	12,6
NU	19,7	15,3	1,1	31,1	28,3	29,1	22,7
	26,3 4,6	22,5 40,7	7,4 45,3	16,9 15,5	9,7 39,2	12,4 54,6	18,8
KVR	12,9	5,9	6,0	11,4	24,2	20,0	12,7
	11,1 0,4	21,5 48,1	21,4 48,5	15,9 35,5	15,9 35,5	19,0 51,4	21,0
DUI	-15,4	-5,9	-5,9	10,2	24,7	18,5	6,4
	3,3 0,2	23,9 44,1	23,8 44,3	23,4 22,1	11,9 33,7	18,9 85,8	24,8
WES	15,9	0,4	0,9	19,2	26,0	24,2	10,6
	-2,4 2,3	-11,0 51,0	-10,6 53,3	19,6 12,2	20,9 34,5	21,1 46,7	1,9
HAM	23,5	7,7	8,0	9,7	30,1	23,9	16,0
	14,1 1,0	13,4 45,4	13,5 46,4	20,1 14,4	17,4 39,2	20,8 53,6	17,7
BRD	17,2	-1,7	-0,8	6,6	10,1	9,0	3,8
	12,4 2,3	9,8 40,5	10,4 42,8	12,7 15,6	3,2 38,3	7,0 54,0	8,7

Quelle: Statistisches Bundesamt, Statistische Landesämter Statistische Berichte, P II 1; eigene Berechnungen

5.2   Der Strukturvergleich nach Hauptwirtschaftsbereichen

5.2.1   Einbrüche der Bruttowertschöpfung im 'Warenproduzierenden Bereich' in den Kernbereichen der Untersuchungsregionen

Wesentlich aussagekräftiger als die Entwicklung der Gesamtwertschöpfung sind die Strukturvergleiche nach Hauptwirtschaftsbereichen. Insbesondere der zusammengefaßte Bereich des 'Warenproduzierenden Gewerbes' ('Energie, Bergbau', 'Verarbeitendes Gewerbe' und 'Baugewerbe') nimmt innerhalb der Wirtschaft der Untersuchungsregionen (mit Ausnahme Hamburgs) den größten Teil der Bruttowertschöpfung ein. Lediglich in den Kernregionen nimmt die Bruttowertschöpfung des 'Warenproduzierenden Gewerbes' ab (Hamburg -4,3%, Duisburg -5,9%, Bundesebene 1,7%).

Die Randkreise Hamburgs und des Ruhrgebiets entwickelten sich in Bezug auf die Wertschöpfung des 'Warenproduzierenden Gewerbes' entsprechend der guten Beschäftigungsentwicklung entweder deutlich positiv oder zumindest ausgeglichen (Nordumland von Hamburg 15,3%, Kreis Hamm 7,7%, Kreis Wesel +/- 0%). Interessanterweise zeigt hier das Ruhrgebiet bei einem Anteil von 48,1% dieses Wirtschaftsbereichs an der Wertschöpfung eine mit 5,9% doch deutlich positive Entwicklung, die der negativen Beschäftigungsentwicklung entgegenläuft. Hierin liegen noch zu überprüfende Hinweise auf in den letzten Jahren verstärkt einsetzende Rationalisierungsinvestitionen.

Natürlich müssen gerade im Ruhrgebiet solche Aussagen über die wirtschaftliche Entwicklung des 'Produzierenden Gewerbes' vor dem Hintergrund der kapitalintensiven montanindustriellen, Struktur gesehen werden, die darüber hinaus auch noch durch die vorherrschende Subventionspolitik zu verfälschten Aussagen über die tatsächliche wirtschaftliche Leistungskraft dieser Wirtschaftsabteilung im Ruhrgebiet führen kann. Übereinstimmung besteht in allen Teilregionen der Untersuchungsgebiete in bezug auf die Entwicklung der Anteile des 'Warenproduzierenden Gewerbes' an der Gesamtbruttowertschöpfung. Sowohl in den Regionen, die eine positive Beschäftigungsentwicklung aufweisen als auch in denjenigen mit einer Negativentwicklung fielen die Anteile des 'Warenproduzierenden Gewerbes' an der Gesamtbruttowertschöpfung um durchschnittlich 3% bis 6%.

5.2.2 Hohe Wachstumsraten der Bruttowertschöpfung im tertiären Sektor, im zusammengefaßten Wirtschaftsbereich der 'Privaten Dienstleistungen' sowie beim 'Staat'

Als weiterer Bereich wird an dieser Stelle der tertiäre Sektor sowie der darin enthaltene Bereich der 'übrigen Dienstleistungen'[1] näher betrachtet. Hier waren erwartungsgemäß in dem Zeitraum von 1980 bis 1984 die größten Wachstumsraten zu verzeichnen.

Die Sonderstellung Hamburgs in bezug auf die Ausprägung der Sektorstruktur-Hamburg hält einen überdurchschnittlich hohen Anteil der Dienstleistungsbereiche an der Gesamtwertschöpfung von 63,6% - wirkt sich hier erheblich auf die Wachstumsraten in diesem Zeitraum aus. Sie verlaufen in Hamburg mit 9% lediglich bundesdurchschnittlich. Dieses birgt einen Hinweis darauf, daß hohe Ausgangsniveaus häufig von einer niedrigen relativen Zunahme begleitet sind. Die anderen Teilregionen der Untersuchungsgebiete weisen bei leicht steigenden Anteilen um 50% dieser Wirtschaftsbereiche an der Gesamtwertschöpfung deutlich höhere Wachstumsraten auf (Nordumland von Hamburg 28,3%, KVR 20%, Duisburg 18,5%). Eine weitere Differenzierung des tertiären Sektors wird in der 'Volkswirtschaftlichen Gesamtrechnung' über den Ausschluß der Bereiche 'Handel' und 'Verkehr' vorgenommen und als 'übrige Dienstleistungen' gekennzeichnet. Zwar läßt diese Untergliederung keine genauen Rückschlüsse auf die Bruttowertschöpfung der einzelnen Bereiche innerhalb dieser Aggregation zu. Doch laut BÖHM[2] beträgt der Anteil des 'Staates', der 'privaten Haushalte' sowie der 'privaten Organisationen ohne Erwerbscharakter' an der Gesamtwertschöpfung lediglich 10% bis 15%. Insofern ist davon auszugehen, daß der weit überwiegende Teil der Bruttowertschöpfung dieses zusammengefaßten Wirtschaftsbereiches durch die Dienstleistungsunternehmen, also die Wirtschaftsbereiche 'Kreditinstitute und Versicherungsgewerbe' sowie die 'Dienstleistungen a.n.g.' abgedeckt werden.

In diesem zusammengefaßten Wirtschaftsbereich haben sich die größten Wachstumsraten der Bruttowertschöpfung ergeben. Sie liegen in fast allen Gebietseinheiten

---

[1] Hierunter fallen die Wirtschaftsbereiche 'Kreditinstitute und Versicherungsgewerbe', die 'Dienstleistungen a.n.g.', die 'Organisationen ohne Erwerbschrakter und privaten Haushalte' sowie die 'Gebietskörperschaften und Sozialversicherungen'.

[2] vgl. BÖHM (1985, 80).

noch um einige Prozentpunkte höher als die des zusammengefaßten tertiären Sektors. Parallelen finden sich zum tertiären Sektor insofern, als Hamburg wieder lediglich bundesdurchschnittliche Wachstumsraten zu verzeichnen hat (10%) und sowohl die Randkreise Hamburgs als auch fast alle Gebietseinheiten des KVR wiederum weit überdurchschnittliche Steigerungsraten aufweisen (KVR 24,2%, NU 28,3%).

Deutlich wird in diesem Zusammenhang, daß der Gesamtraum KVR sehr hohe Wachstumsraten - vergleichend zur positiven Entwicklung im Hamburger Umland - zu verzeichnen hat. Diese Tatsache ist um so überraschender, als auch die Beschäftigungsentwicklung im Dienstleistungssektor nach den Ergebnissen der Shift-Analyse in den meisten Städten des Ruhrgebiets hinter der Bundesentwicklung zurückgeblieben ist. Aus den Daten der Bruttowertschöpfung läßt sich für das Ruhrgebiet sowohl für das 'Verarbeitende Gewerbe' als auch für den Dienstleistungsbereich keine verminderte wirtschaftliche Leistungskraft feststellen. Durch diese Fakten kann die These einer durch vermindertes Wirtschaftswachstum und durch Desinvestitionen hervorgerufenen Regionalkrise zunächst einmal nicht gestützt werden.

Anschließend wird auf den in diesem Zusammenhang wichtigen Indikator 'Produktivität' eingegangen, um zu überprüfen, ob die Krise des Ruhrgebiets in erster Linie eine Kapitalkrise oder vielmehr eine rationalisierungsorientierte Arbeitsmarktkrise ist.

5.3 Räumlich und sektoral differenzierte Wachstumsraten der Produktivität in den Untersuchungsregionen

Die vorangegangenen Aussagen über die Entwicklung der Bruttowertschöpfung zu Marktpreisen nach Wirtschaftsabteilungen ergaben - sektoral differenziert - insbesondere für den Kommunalverband Ruhrgebiet und die Umlandrandkreise Hamburgs positive Ergebnisse. Die positiven Wachstumsraten in den prosperierenden Umlandrandkreisen bewegen sich im erwarteten Rahmen. Im Ruhrgebiet fallen die Wachstumsraten der Bruttowertschöpfung jedoch besonders auf. Aufgrund der krisenanfälligen Montanstruktur und dem damit verbundenen drastischen Beschäftigungsrückgang im produzierenden Bereich wäre in dieser Region eher eine Wachstumsschwäche vermutet worden.

Die Produktivitätsentwicklung stellt einen weiteren Indikator zur Messung der regionalwirtschaftlichen Leistungskraft dar. Hieran lassen sich vor allem zwei Sachverhalte näher analysieren. Zum einen die Frage, inwieweit die wirtschaftliche Dynamik an eine positive Beschäftigungsentwicklung gekoppelt ist; zu anderen, ob eine überdurchschnittliche Entwicklung der Produktivität zu positiven oder eher zu negativen Interpretationen veranlaß. Dieses könnte entweder im Sinne von Modernisierungsanstrengungen einer Branche und damit zusammenhängender Steigerung der Konkurrenzfähigkeit verstanden werden oder vielmehr als ein von der Beschäftigung abgekoppelter Wachstumsprozeß der regionalen Ökonomie.

Bei der Betrachtung der Produktivitätsdaten lassen sich die bei der Entwicklung der Bruttowertschöpfung dargelegten Raummuster mit ihren deutlichen Unregelmäßigkeiten in einigen Teilregionen in ein anderes Licht rücken und darüber hinaus weitere Erklärungshinweise in Bezug auf die spezifischen Problemstrukturen herausarbeiten. So hat es im Stadtstaat Hamburg eine leicht über dem Bundesdurchschnitt liegende Entwicklung der Bruttowertschöpfung (BWS) von 6,0% und eine mit 12,6% im Vergleich mit den anderen Teilregionen mittlere Entwicklung der Produktivität gegeben. Dagegen trat im Kommunalverband Ruhrgebiet bei einem starken Ansteigen der BWS um 12,7% und einer Abnahme der Beschäftigung um 6,7% eine überdimensional starke Entwicklung der Produktivität um 21% auf. Tendenzen, die die Entwicklungen in den Kernregionen des Ruhrgebiets noch verstärken, sind z.B. in Duisburg festzumachen. Hier hat bei einer durchschnittlichen Entwicklung der BWS und einer stark negativen Beschäftigungsentwicklung von -7,4% ein mit 24,8% noch erheblich stärkeres Wachstum der Produktivität stattgefunden. Wie auch bei der Analyse der Beschäftigungssituation der Kreise des KVR (-5%) dargelegt wurde, stellt sich die wirtschaftliche Situation mit Ausnahme der des Kreises Wesel nicht wesentlich besser dar als die des Gesamtraumes. Zwar war die durchschnittliche Bruttowertschöpfung höher und das Wachstum der Produktivität geringer, doch ging dieser Trend im KVR voll zu Lasten der Beschäftigungssituation. In Bezug auf die Art der wirtschaftlichen Dynamik stellen sich angesichts des recht hohen Produktivitätsanstiegs bei gleichzeitig negativer Beschäftigungsentwicklung somit die gleichen Probleme und Fragen wie im Gesamtraum Ruhrgebiet.

Dagegen spiegelt sich die erheblich bessere Raumentwicklung in den Randkreisen Hamburgs sowohl in den hohen Wachstumsraten der BWS (Nordumland 22,7%) als auch in den hohen Produktivitätssteigerungen (Nordumland 18,8%) wider. Hier hat das wirtschaftliche Wachstum neben einem erheblichen Anstieg der Produktivität zu hohen Beschäftigungszuwächsen von bis zu 10% geführt.

5.3.1 Die Entwicklung der Produktivität im 'Warenproduzierenden Gewerbe'

Da der Anteil des 'Warenproduzierenden Gewerbes' an der Gesamtwertschöpfung zwischen 40% und 48% liegt, hat dieser Wirtschaftsbereich entscheidenden Anteil an der konjunkturellen Gesamtentwicklung und erlaubt damit detaillierte Angaben über positive bzw. negative Verursachungen an der gesamtregionalwirtschaftlichen Entwicklung. In Hamburg jedoch lag BWS im 'Warenproduzierenden Bereich' bei nur 26,1%. Außerdem sank die Beschäftigungsquote um 4,3% auf 13,4%. Das Wachstum der Produktivität entwickelte sich in diesem Sektor mit 7,6% unterdurchschnittlich, beeinflußte aber aufgrund seines geringen Anteils an der Gesamtwertschöpfung die Gesamtproduktivität nicht in dem Maße wie in den anderen Teilregionen.

Dagegen nahm die Produktivität im 'Warenproduzierenden Gewerbe' des Ruhrgebiets bei einer überdurchschnittlichen Entwicklung der BWS um 21,5% zu. Wesentlich stärker noch als im Gesamtraum spiegelt sich diese Situation des 'Warenproduzierenden Gewerbes' in den Kernräumen wieder, wo es z.B. in Duisburg eine Verminderung der BWS um 5,9% bei einer Steigerung der Produktivität um 23,9% gab.

Positive Entwicklungen dagegen gab es im Hamburger Umland; hier hat das 'Warenproduzierende Gewerbe' mit einem Wachstum der BWS um 15,3% und einer Steigerung der Produktivität um 22,5% die besten Ergebnisse vorzuweisen. Auch in den meisten Kreisen des Ruhrgebiets entwickelte sich dieser Wirtschaftsbereich positiver als im Kernraum. Als Beispiel sei hier der Kreis Hamm genannt, der bei einem Wachstum der BWS von 7,7% eine erheblich geringere Steigerung der Produktivität aufweist. Regional differenzierte Aussagen zur Entwicklung des 'Warenproduzierenden Gewerbes' in den Untersuchungsregionen lassen sich anhand der Daten der Bruttowertschöpfung und der Produktivität nur eingeschränkt machen, verweist doch die vergleichende Interpretation beider Variablen auf unterschiedliche Problemlagen in den Teilregionen:
- der Rückgang der BWS bei nur leichtem Anstieg der Produktivität wie es in Hamburg der Fall ist, verweist auf eine deutliche Wachstumsschwäche des 'Warenproduzierenden Gewerbes'. Auswirkungen hat diese Entwicklung vor allem auf die Beschäftigungssituation der Region;
- im Kommunalverband Ruhrgebiet dagegen hat eine erstaunlich positive Entwick-

lung der Bruttowertschöpfung im 'Warenproduzierenden Bereich' stattgefunden. Das industrielle Wachstum ist hier mit 5,9% erheblich vom Bundestrend (-1,7%) abgewichen. Diese Tatsache erscheint zunächst angesichts der oben geschilderten stark rückläufigen Zahl der Arbeitsplätze ausgesprochen unerwartet. Die Wachstumskomponente 'Produktivität' wirft dagegen verstärkt ein Licht auf die Richtung dieses wirtschaftlichen Wachstums. So läßt sich bei rein statistischer Zurechnung der Wachstumskomponenten 'Wertschöpfung' und 'Produktivität' feststellen, daß der weit überwiegende Teil der zurückbleibenden Beschäftigungsentwicklung im 'Warenproduzierenden Bereich' des Ruhrgebiets von der überproportionalen Produktivitätssteigerung und nur zu einem sehr geringen Teil von einer Wachstumsschwäche bestimmt ist. Darin gründet in Anbetracht der Anteile dieser Wirtschaftsabteilung an der Bruttowertschöpfung von 48% eine negative Tendenz. In unterschiedlicher Weise trifft diese Aussage auch auf die einzelnen Teilräume des Ruhrgebiets zu. Duisburg als Beispiel weist eine Wachstumsschwäche der BWS, aber gleichzeitig ein starkes Wachstum der Produktivität auf. Etwas positiver sieht die Situation in den Kreisen des Ruhrgebietes aus. Im Kreis Hamm lag die BWS mit einer Zunahme von 7,7% deutlich höher als im Gesamtraum, jedoch ging hier die Wachstumsentwicklung nur sehr viel geringer zu Lasten der Beschäftigung.

- Die einzig positive Entwicklung im 'Warenproduzierenden Bereich' - im Hinblick auf die Beschäftigungssituation - fand im Hamburger Umland statt. Hier lassen sich bei einer hohen Produktivitätssteigerung gleichzeitig ein Anstieg der BWS und der Beschäftigung feststellen.

Ohne Berücksichtigung der dahinter stehenden Branchenstrukturen bedeutet dieses Ergebnis, daß sich die an das Produktionswachstum des 'Warenproduzierenden Gewerbes' geknüpften Erwartungen hinsichtlich der Beschäftigten- und Arbeitsplatzentwicklung im KVR nicht erfüllt haben. In Hamburg entwickelten sie sich im Vergleich dazu entsprechend der Wachstumsschwäche erwartungsgemäß negativ. Dieses kann darauf zurückzuführen sein, daß sowohl die Industrien im KVR als auch -in abgeschwächter Tendenz - die im Stadtstaat Hamburg mehr auf solche Produktionszweige und Produkte spezialisiert sind, die in stärkerem Maße einem Preiswettbewerb ausgesetzt sind. Diese Spezialisierung soll ergänzend dazu anhand der Branchenstruktur im 'Verarbeitenden Gewerbe' analysiert werden. Eine erste branchenspezifische Betrachtung der Beschäftigtenentwicklung belegt für das Ruhrgebiet, daß die überdurchschnittliche Produktivitätsentwicklung nur zum Teil auf das hohe Gewicht kapitalintensiver Industriezweige zurückzuführen ist.

5.3.2 Die Entwicklung der Produktivität im Dienstleistungsbereich

Hamburg repräsentiert bei bundesdurchschnittlichem Wachstum der Bruttowertschöpfung auf Grund des starken Produktivitätsanstiegs im Bereich 'Handel und Verkehr' (21,1%) einen mit 12,6% überdurchschnittlichen Anstieg der Produktivität im Dienstleistungssektor[1]. Der Bundesdurchschnitt liegt bei nur 7%. Allerdings nimmt sich dieser Anstieg im Vergleich zu den anderen Teilregionen noch verhältnismäßig gering aus. Im Hamburger Umland gab es entsprechend der hohen Beschäftigungszuwächse auch Wachstumsraten der Bruttowertschöpfung. Die Produktivität war der im Stadtstaat vergleichbar. Vor allem der Bereich 'Handel und Verkehr' hat sich im Gegensatz zu allen anderen Gebietseinheiten in Bezug auf das Verhältnis von BWS (31,1%) und Produktivität (16,9%) positiv entwickelt.

Im KVR gab es dagegen (vergleichend zur Entwicklung im 'Warenproduzierenden Bereich') bei weit überdurchschnittlichen Wachstumsraten der Bruttowertschöpfung im Dienstleistungsbereich auch einen hohen Zuwachs der Produktivität, der aber im Gegensatz zum Stadtstaat Hamburg nicht allein durch den Anstieg der Produktivität im Bereich 'Handel und Verkehr' zustande kam, sondern auch durch die 'übrigen Dienstleistungen' bewirkt wurde. Wiederum ist festzustellen, daß die überproportionale Wachstumsstärke der Dienstleistungsbereiche im Ruhrgebiet nicht mit der zu erwartenden umfangreichen Ausweitung der Beschäftigung einhergeht. Vor allem in dem Bereich der 'übrigen Dienstleistungen' fand im Vergleich zu anderen Regionen ein ungewöhnlich hohes Wachstum der Produktivität statt.

Zusammenfassend lassen sich folgende Aussagen zu den verwendeten Aggregaten der 'Volkswirtschaftlichen Gesamtrechnung' (Bruttowertschöpfung und Produktivität) treffen:
- der Stadtstaat Hamburg weist niedrige Wachstumsraten der Bruttowertschöpfung bei mittlerer Entwicklung der Produktivität auf. Diese Entwicklung ist zu einem erheblichen Teil auf den stark degressiven Trend im 'Warenproduzierenden Gewerbe' zurückzuführen, während sich die Entwicklung der Dienstleistungsbereiche etwa bundesdurchschnittlich verhält;

---

[1] Obwohl die Messung der BWS und Produktivität in den Wirtschaftsbereichen 'übrige Dienstleistungen', wo die 'Gebietskörperschaften und Sozialversicherungen' einen Anteil von etwa 30% halten, problematisch ist, da hier keine exakte Quantifizierung möglich ist, soll hier doch kurz auf diese Daten eingegangen werden.

- das Ruhrgebiet dagegen weist bei hohem Wachstum der BWS auch ein vergleichsweise hohes Wachstum der Produktivität auf; im Gegensatz zum Stadtstaat Hamburg ist im Ruhrgebiet - mit Ausnahme einiger Kernstädte - auch im 'Warenproduzierenden Bereich' ein zum Teil starkes Wachstum der BWS zu verzeichnen.
Dieses wirkt sich bei hoher Steigerung der Produktivität negativ auf die Beschäftigung aus. Es ist also die negative Beschäftigungsentwicklung nicht auf das ausbleibende Wachstum zurückzuführen, sondern auf überdurchschnittlich hohe Rationalisierungsanstrengungen;
- in den Kernbereichen des Ruhrgebiets sieht die Situation etwas anders aus. Hier
findet aufgrund der Tatsache, daß sich der 'Warenproduzierende Bereich' sehr
ungünstig entwickelt, ein insgesamt schwächeres wirtschaftliches Wachstum statt,
welches auch durch günstige Entwicklungen im Dienstleistungsbereich nicht aufgefangen werden kann;
- das Hamburger Umland steht mit hohen Wachstumsraten der Bruttowertschöpfung
und der Produktivität bei gleichzeitigem Beschäftigungszuwachs als Gebiet mit der
größten wirtschaftlichen Dynamik dar.

6. Die Investitionstätigkeit als maßgeblicher Faktor in der negativen wirtschaftlichen Entwicklung der Untersuchungsgebiete

Insbesondere im Bereich des 'Verarbeitenden Gewerbes' hat die Analyse der wirtschaftlichen Leistungskraft (Bruttowertschöpfung und Produktivität) die unterschiedlichen Problemlagen der einzelnen Regionen und Teilregionen deutlich werden lassen.
So konnte am Beispiel des 'Verarbeitenden Gewerbes' gezeigt werden, daß das Wachstum der wirtschaftlichen Leistungskraft, wie im Ruhrgebiet exemplarisch gezeigt
wurde, nicht von einer positiven Beschäftigungsentwicklung begleitet sein muß, sondern gerade durch hohe Produktivitätssteigerungen erreicht wurde. Wie im Stadtstaat
Hamburg sowie den industriell geprägten Kernbereichen des Ruhrgebiets gezeigt,
wurde auch deutlich, daß eine verminderte Bruttowertschöpfung in jedem Fall zu
Beschäftigungsverlusten führt.

Ausgehend von diesen Bedingungen in der Entwicklung der regionalwirtschaftlichen
Leistungskraft, wird im folgenden der Frage nachgegangen, inwieweit ein direkter
oder indirekter Zusammenhang zwischen den regionalen Investitionsaufwendungen im

'Verarbeitenden Gewerbe' und der Entwicklung der regionalwirtschaftlichen Leistungskraft besteht. Als Hypothese kann hier formuliert werden, daß die im Vergleich zum
Bundesdurchschnitt erheblich geringere wirtschaftliche Leistungskraft sowohl im
Ruhrgebiet als auch in Hamburg maßgeblich durch die stark verminderte Investitionstätigkeit hervorgerufen wird.

Der Vorteil bei der Betrachtung der Daten zur Investitionstätigkeit besteht darin,
daß hier der Bereich des 'Verarbeitenden Gewerbes' weiter in Wirtschaftsunterabteilungen differenziert werden kann, um ein genaues Bild derjenigen Bereiche zu erhalten, die für die Entwicklung der Investitionstätigkeit verantwortlich sind. Erst anhand
dieser Daten ist es möglich, Wachstumsfelder zu definieren, also diejenigen Branchen
zu bestimmen, die innerhalb des 'Verarbeitenden Gewerbes' aufgrund ihrer Investitionstätigkeit für diesen Trend verantwortlich zu machen sind[1].

An dieser Stelle muß kurz angemerkt werden, daß im Rahmen dieser Erhebung Unternehmen des 'Bergbaus' und des 'Verarbeitenden Gewerbes' mit 20 und mehr Beschäftigten erfaßt werden. Die Erhebungen erstrecken sich auf die Industrie und das Handwerk. Als Beschäftigte werden die tätigen Inhaber und tätigen Mitinhaber gezählt,
außerdem unbezahlt mithelfende Familienangehörige sowie alle Personen, die in einem
arbeitsrechtlichen Verhältnis zum Betrieb stehen, einschließlich der Auszubildenden.
Als Investitionen werden die 'Bruttozugänge an Sachanlagen' also u.a. die Herstel-
lungskosten der selbsterstellten Anlagen, der im Bau befindlichen Anlagen und der
Leasing-Güter bezeichnet. Nicht zu den Investitionen zählen der Erwerb von Beteili-
gungen, Wertpapieren usw. oder der Erwerb von ganzen Unternehmen oder Betrieben
im Ausland.

---

[1] Allerdings muß dieser Teil der Untersuchung des 'Verarbeitenden Gewerbes' aus
Gründen des Datenschutzes lediglich auf den Stadtstaat Hamburg sowie das Ruhrgebiet als Gesamtregion und die Bundesrepublik als Vergleichsregion beschränkt
bleiben.
Anhand der Bundesländerdaten der Investitionen im Verarbeitenden Gewerbe konnte
nachgewiesen werden, daß die Investitionen im wesentlichen kontinuierliche Entwicklungslinien aufweisen und damit die jährlichen Schwankungen der Investitionen
als relativ unbedeutend beurteilt werden können. Daher erscheint es gerechtfertigt,
in diesem Teil der Untersuchung eine Beschränkung auf Daten der Jahre 1980 und
1984 vorzunehmen.

Die Statistik des 'Produzierenden Gewerbes' gliedert sich nach der SYPRO-Systematik in vier Wirtschaftsgruppen und verschiedene untergeordnete Wirtschaftszweige. Aus Gründen der Datenlage und des Datenschutzes fand eine Beschränkung auf die in Tab. 12 aufgeführten Wirtschaftszweige statt, die aber dennoch die wirtschaftliche Dynamik in ihrer Differenziertheit darstellen.

Tab. 12: Systematik des 'Produzierenden Gewerbes'

GRUNDSTOFF- UND PRODUKTIONSGÜTERINDUSTRIE
Bergbau
Mineralölverarbeitung
Gewinnung und Verarbeitung von Steinen und Erden
NE-Metallerzeugung, NE-Metallhalbzeugwerke
Chemische Industrie
Holzbearbeitung
Gummiverarbeitung

INVESTITIONSGÜTER-PRODUZIERENDES GEWERBE
Stahlverformung, Oberflächenveredelung
Stahl- und Leichtmetallbau, Schienenfahrzeugbau
Maschinenbau
Straßenfahrzeugbau, Reparatur von Kraftfahrzeugen u.a.
Schiffbau
Elektrotechnik
Feinmechanik, Optik
Herstellung von Eisen-, Blech- und Metallwaren

VERBRAUCHSGÜTER-PRODUZIERENDES GEWERBE
Herstellung von Musikinstrumenten, Spielwaren u.a.
Herstellung und Verarbeitung von Glas
Holzverarbeitung
Papier- und Pappeverarbeitung
Druckerei, Vervielfältigung
Herstellung von Kunststoffwaren
Textilgewerbe
Bekleidungsgewerbe

NAHRUNGS- UND GENUSSMITTELGEWERBE
Herstellung von Backwaren
Obst- und Gemüseverarbeitung
Herstellung von Süßwaren
Ölmühlen, Herstellung von Speiseöl
Fleischwarenindustrie
Fleischerei
Fischverarbeitung
Verarbeitung von Kaffee und Tee
Brauerei
Mineralbrunnen, Herstellung von Mineralwasser
Herstellung von Futtermitteln

Die Problematik besteht auch bei dieser Statistik wieder darin, daß lediglich auf der Ebene der Bundesländer die Daten für Wirtschaftszweige zur Verfügung stehen und sogar auf Kreisebene zwischen Niedersachsen und Schleswig-Holstein Veröffentlichungsunterschiede dieser Daten auf Kreisebene bestehen. Während für die schleswig-holsteinischen Randkreise Hamburgs die Daten nach Wirtschaftsabteilungen zur Verfügung stehen, wurden für die niedersächsischen Randkreise lediglich Gesamtdaten freigegeben. Für den Kommunalverband Ruhrgebiet bestehen die gleichen Probleme, da lediglich tiefgegliederte Daten für das gesamte Verbandsgebiet zur Verfügung stehen.

6.1 Die differenzierten Ergebnisse in den Untersuchungsregionen Hamburg und Ruhrgebiet

Betrachtet man die Gesamtinvestitionen in den Untersuchungsgebieten, so vollzieht sich im Zeitraum 1980 bis 1984 in Hamburg (-14,6%) und im Ruhrgebiet (-5,9%) eine erheblich schlechtere Entwicklung als auf Bundesebene (-0,6%). Dabei ist besonders auffällig, daß - im Unterschied zur allgemein erwarteten Entwicklung - das Ruhrgebiet entsprechend der Entwicklung der Bruttowertschöpfung auch bei der Entwicklung der Investitionen im 'Verarbeitenden Gewerbe' eine weniger negative Entwicklung als der Stadtstaat Hamburg zeigt.

Beim Vergleich der Daten der einzelnen Wirtschaftsabteilungen wird deutlich, daß die negative Entwicklung insbesondere in Hamburg mit Ausnahme des 'Nahrungs- u. Genußmittelgewerbes' durchgängig durch alle Abteilungen verläuft. Im Stadtstaat fällt der starke Rückgang im 'Investitionsgütergewerbe' (-34,5%) besonders ins Gewicht. Hier kumulierten die Problembranchen 'Schiffbau', 'Stahlbau', 'Maschinenbau' sowie 'Feinmechanik', außerdem erfolgten hier auch die größten Einbrüche bei den Investitionsaufwendungen. Darüber hinaus verlief auch bei der Grundstoffindustrie (-12,1%) sowie der Verbrauchsgüterindustrie (-16%) der Trend deutlich negativ. Während die Entwicklung in der Grundstoffindustrie etwa bundesdurchschnittlich verlief, wich die Entwicklung im 'Investitionsgüter- und Verbrauchsgütergewerbe' doch in erheblichem Maße negativ von der Bundesentwicklung ab.

Innerhalb des 'Grundstoff- und Produktionsgütergewerbes' waren vor allem die Mineralölindustrie, die Eisenschaffende- und die Chemische Industrie für den Investitionsrückgang verantwortlich. Im Bereich des 'Verbrauchsgütergewerbes' waren besonders die Investitionsrückgänge der Papierindustrie und die bei der Herstellung von Druckerzeugnissen und Kunststoffen ausschlaggebend. Der einzige Aufwärtstrend fand im 'Nahrungs-und Genußmittelgewerbe' (32,3%) statt und hob sich damit deutlich von der Bundesentwicklung (4,1%) ab.

Im Kommunalverband Ruhrgebiet verlief die Entwicklung der Investitionen in den Wirtschaftsabteilungen sehr unterschiedlich. Während sie bei der Grundstoff- und Produktionsgüterindustrie (-17,2%) erwartungsgemäß sehr schlecht war, verhielt sich das 'Investitionsgütergewerbes' mit 12% erstaunlich positiv. Auch im Bereich des 'Nahrungs- und Genußmittelgewerbes' (10,1%) gab es vergleichend zur Bundesentwicklung (4,1%) positive Tendenzen, aber das 'Verbrauchsgütergewerbe' (-11,7%) entwickelte sich im Kommunalverband Ruhrgebiet annähernd so schlecht wie im Stadtstaat Hamburg.

Verantwortlich für den erheblichen Investitionsrückgang im Grundstoff- und Produktionsgüterbereich des Ruhrgebiets sind in überwiegendem Maße die 'Eisenschaffende Industrie', die 'Industrie von Steinen und Erden' sowie die 'Mineralölindustrie'. Beim 'Investitionsgütergewerbe' gab es größere Investitionseinbrüche lediglich im Bereich 'Stahlbau', wogegen sich vor allem die 'Automobilindustrie' und die 'Elektrotechnische Industrie' sowie die 'EBM-Waren' deutlich positiv darstellten. Besonders signifikant ist die im Vergleich zu Hamburg stabile Investitionsentwicklung im 'Maschinenbau'. Im Bereich des 'Verbrauchsgütergewerbes' waren - wie im Raum Hamburg - vor allem 'Papierherstellung' und 'Druckereierzeugnisse' für die schlechte Entwicklung verantwortlich.

Tab. 13: Investitionen im 'Verarbeitenden Gewerbe' Entwicklung 1980 bis 1984 in Prozent

Abteilung	HAMBURG	KVR	BRD
GRUNDSTOFF/PROD.	-12,1	-17,2	-10,3
Bergbau	-	1,7	16,2
Mineralöl	-22,7	-57,5	-3,9
Steine, Erden	-59,0	-18,2	-18,9
Eisenschaff.Ind.	-25,4	-18,2	1,0
Chemische Ind.	-13,4	-4,0	-3,2
Holzbearbeitung	-82,5	59,2	-7,0
Gummiverarbeitung	-36,0	-	4,7
INVESTITIONSGÜTER	-34,5	12,0	3,7
Stahlbau	-95,0	-52,5	-25,1
Maschinenbau	-33,5	2,0	-4,9
Automobilbau	56,5	35,9	-0,3
Schiffbau	-55,7	-	-26,6
Elektrotechnik	14,7	49,5	22,6
Feinmechanik	-54,2	86,9	4,1
EBM-Waren	-23,0	32,5	15,7
VERBRAUCHSGÜTER	-16,0	-11,7	4,6
Holzverarbeitung	77,1	-47,6	-11,6
Papierverarbeitung	-53,2	-25,4	-7,9
Druckereien	-11,7	-15,3	-1,0
Kunststoffwarenprod.	-24,7	4,5	19,4
Textilgewerbe	-2,6	51,6	2,0
NAHRUNGSMITTEL	32,3	10,1	4,1
GESAMT	-14,6	-5,9	-0,6

Quelle: Statistisches Bundesamt Fachserie 4.4.1.4; Statistische Landesämter, Statistische Berichte E I 1-j, E I 1-m, Landesamt für Datenverarbeitung und Statistik des Landes Nordrhein-Westfalen; eigene Berechnungen

6.2 Der Zusammenhang zwischen der Entwicklung der Investitionen und der wirtschaftlichen Leistungskraft

Ausgehend von der Hypothese, daß die - im Vergleich zum Bundesdurchschnitt erheblich geringere - wirtschaftliche Leistungskraft in den Untersuchungsregionen maßgeblich durch die stark verminderte Investitionstätigkeit hervorgerufen wird, können folgende Aussagen für den Zeitraum von 1980 bis 1984 gemacht werden.

Im Kommunalverband Ruhrgebiet verhalten sich die Gesamtinvestitionen mit -6% zwar deutlich ungünstiger als der Bundesdurchschnitt, aber dennoch positiver als im Stadtstaat Hamburg. Dieses hat im Zeitraum von 1980 bis 1984 keine negativen Auswirkungen auf die Entwicklung der wirtschaftlichen Leistungskraft (Bruttowertschöpfung). Sie steigt im 'Produzierenden Bereich' um 6%. Allerdings wird die positive Entwicklung der Bruttowertschöpfung im Ruhrgebiet durch eine weit überdurchschnittliche Steigerung der Produktivität erzielt. Weil die Bruttowertschöpfung des 'Produzierenden Bereichs' im Ruhrgebiet einen Anteil von 48,5% hat, geht diese Produktivitätssteigerung voll auf Kosten der Beschäftigung. Die Beschäftigungsverluste sind dementsprechend mit -15% bzw. knapp 100.000 Beschäftigten im besagten Zeitraum sehr hoch.

In Hamburg ist die Situation im Untersuchungszeitraum anders. Hier entwickeln sich die Investitionen, wie oben schon erwähnt mit -14,6% in erheblich stärkerem Maße negativ. Dieses wirkt sich viel stärker auf die Verschlechterung der wirtschaftlichen Leistungskraft (-4,2%) aus, weil es, wie im Ruhrgebiet geschehen, mit nur 7,9% nicht zu einem steilen Anstieg der Produktivität kommt.

Aus diesen unterschiedlichen Determinanten in der regionalwirtschaftlichen Entwicklung lassen sich folgende Schlußfolgerungen ziehen:

- Die leichte Verminderung der Investitionen im Ruhrgebiet hat sich mittelfristig nicht negativ auf die Entwicklung der wirtschaftlichen Leistungskraft ausgewirkt, die Investitionen in erheblichem Maße in Rationalisierungen oder was auch zu vermuten ist, in den Abbau von sogenannte unproduktiven Unternehmensbereichen geflossen sind. Es kann unterstellt werden, daß die immer noch voll anhaltenden Rationalisierungen in der Stahlindustrie, die Konzentration von Stahlstandorten sowie die Krise des Bergbaus als spezifische Ruhrgebietsstrukturprobleme für diese Entwicklung verantwortlich sind. Die Grundstoff- und Produktionsgüterindustrie verzeichnete aus diesen Gründen auch einen weit überdurchschnittlichen Investitionsrückgang von 17,2%.
- In Hamburg ist die Verschlechterung der wirtschaftlichen Leistungskraft im 'Produzierenden Bereich' vor allem dadurch gekennzeichnet, daß die Produktivität nicht in dem Maße erhöht werden konnte, wie im Ruhrgebiet. Dieses hat folgende Gründe: zum einen sind im Bereich der 'Grundstoff- und Produktionsgüterindustrie', der die absolut größten Investitionsrückgänge aufzuweist, wie der Mineralölindustrie,

nicht in dem Maße Produktivitätsverbesserungen möglich wie in einigen Branchen der Grundstoffindustrie des Ruhrgebiets. Desweiteren hat - wie oben dargestellt- ein Investitionsrückgang in fast allen Branchen des 'Investitionsgütergewerbes' vor allem im Stahl- und Schiffbau stattgefunden, der sich ebenfalls nicht in dem Maße wie die Montanindustrie des Ruhrgebietes zur Erhöhung der Produktivität anbietet.

- Von einigen Regionalwissenschaftlern wird die These vertreten, daß es durch die Krise der Montanindustrie in großen Teilen der Ruhrwirtschaft zu umfassenden Abwertungsprozessen und verminderten Investitionen gekommen sei. Bei Beurteilung der für diese Arbeit herangezogenen ökonomischen Daten kann diese These aber nicht bestätigt werden. So entwickelten sich gerade im Investitionsgüterbereich die Daten in vielen wichtigen Branchen deutlich positiv und trugen damit erheblich zur Verbesserung des Gesamtergebnisses bei, welches vor allem durch die negative Entwicklung im Grundstoff- und Produktionsgüterbereich beeinträchtigt wurde.

- Die überdurchschnittliche Steigerung der Produktivität im Ruhrgebiet ist differenziert zu bewerten. Sie verdeutlicht die nach wie vor erheblichen Möglichkeiten der Modernisierung von Produktionsbereichen im Revier. Die Strukturanpassung wird sicherlich aufgrund der Großbetriebe gerade im Montanbereich und in vielen Branchen des 'Investitionsgütergewerbes' noch länger andauern. Der Vergleich der Werte läßt vermuten, daß in allen Wirtschaftsbereichen noch erhebliche Produktivitätsreserven vorhanden sind, so daß der starke Abbau der Beschäftigung trotz überdurchschnittlichem Wachstum und überdurchschnittlicher Produktivität nicht überrascht. Außerdem lassen sich auch Rückschlüsse auf die Produktpalette im Ruhrgebiet ziehen: Bedingt durch die Entwicklungsstufe vieler Produkte waren erhebliche Modernisierungs- und Rationalisierungsanstrengungen notwendig, um die Konkurrenzfähigkeit zu bewahren oder wieder herzustellen. Die hohe Entwicklung der Produktivität läßt darüber hinaus befürchten, daß mit dem Zuwachs des Investitionsvolumens im Ruhrgebiet kaum Produktinnovationen verbunden sind. Die beschäftigungspolitische Bedeutung dieser Entwicklung wird im folgenden Kapitel noch eingehender untersucht.

- Die mit 7,6% nur unterdurchschnittliche Produktivitätssteigerung im 'Produzierenden Bereich' des Stadtstaats Hamburg läßt sich insofern negativ beurteilen, als daß sie mit hoher Wahrscheinlichkeit eine Folge der durchweg und insbesondere im Investitionsgüterbereich negativen Entwicklung der Investitionen ist. Es war der Hamburger Industrie offensichtlich nicht möglich, die notwendigen umfangreichen Prozeßinnovationen bei stagnierendem Produktionsvolumen vorzunehmen.

7. Die Arbeitsmarktentwicklung in den Fallregionen

Zentraler Ansatzpunkt dieser Arbeit ist die Frage, wie es zur Ungleichmäßigkeit der regionalwirtschaftlichen Entwicklung kam, und wie diese sich in regionalen Krisen unterschiedlicher Intensität widerspiegelt. Anhand verschiedener Thesen wurde mittels einiger Indikatoren in diesem Teil zunächst die Beschäftigungs- und Wirtschaftsentwicklung untersucht, um die spezifischen regionalen Komponenten des Strukturwandels zu bestimmen. Dabei konnten Erklärungen dafür gegeben werden, warum sich die Regionalwirtschaft in den Untersuchungsregionen schlechter als auf Bundesebene entwickelt hat. Es wurde insbesondere danach gefragt, welche Faktoren dafür verantwortlich zu machen sind, daß die regionalwirtschaftliche Struktur die gesamtwirtschaftlichen Faktoren überlagert.

In der vorangegangenen Analyse wurde (ausgehend von der Entwicklung der sozialversicherungspflichtig Beschäftigten) zunächst die Hypothese überprüft, ob und in welcher Weise sich die Restrukturierung bedeutender Wirtschaftsbranchen regional unterschiedlich auf die Beschäftigungssituation auswirkt. Hierbei konnten mit Hilfe der detaillierten Shift-Analyse des 'Verarbeitenden Gewerbes' und der 'Dienstleistungsbereiche', der regionalisierten 'Volkswirtschaftlichen Gesamtrechnung' sowie Ergebnissen aus der Statistik des 'Produzierenden Gewerbes' Komponenten bestimmt werden, die für den regionalen Strukturwandel verantwortlich sind.

In dem folgenden Teil der Analyse wird aufgezeigt, welche Auswirkungen die Restrukturierungskrise auf die regionalen Arbeitsmärkte und deren Strukturen haben. Regionale Arbeitsmarktindikatoren werden nicht nur in der Theoriediskussion als maßgebliche Krisenindikatoren angesehen, sondern dienen auch in regionalpolitischen Programmen als zentrale Förderindikatoren, z.B. bei der Diskussion um die Neufestlegung der Fördergebiete im Rahmen der 'Gemeinschaftsaufgabe Verbesserung der regionalen Wirtschaftsstruktur').

Darüber hinaus hat die Arbeitsmarktentwicklung der letzten Jahre deutlich gemacht, daß anhaltend hohe Arbeitslosigkeit nicht nur ein quantitatives Problem ist, sondern auch soziale und regionale Verteilungsprobleme nach sich zieht. Der soziale Aspekt ist gekennzeichnet durch die Konzentration der Arbeitslosigkeit auf bestimmte Gruppen des Arbeitsmarktes (Strukturalisierung)[1]. Die Zugänge in Arbeitslosigkeit unterliegen Selektionsprozessen, wobei in besonderem Maße Personen mit chancenmindernden Eigenschaften wie ältere Arbeitslose, Langzeitarbeitslose, Jugendliche und Frauen besonders stark betroffen sind.

Während die sozialen Wirkungen mittlerweile vielfach problematisiert worden sind, wurde der räumlichen Verteilungsdynamik hoher Arbeitslosigkeit und der damit verbundenen Gefahr der Verstärkung räumlicher Disparitäten erst in jüngerer Zeit Aufmerksamkeit geschenkt[2]. Eine regional unterschiedlich verlaufende Wirtschafts- und Arbeitsmarktentwicklung geht mit funktionsräumlicher Differenzierung einher, deren Folge Disparitäten in der Verteilung von Lebenschancen sind. Darüber hinaus sind durch die Kombination sozialer und regionaler Benachteiligungen kummulative Effekte zu Lasten von Problemgruppen in diesen Räumen zu erwarten.

7.1 Räumliche Differenzierung und Strukturalisierung der Arbeitslosigkeit

Die untersuchten Ballungsgebiete gelten spätestens seit Ende der 70er Jahre als Regionen, die durch die Veränderung der Raumstrukturen benachteiligt sind. Die damit verbundenen Fragen sind raumordnungspolitisch von zunehmender Bedeutung:
- führt die veränderte regionale Verteilungsdynamik hoher Arbeitslosigkeit analog zur Entwicklung der Beschäftigungssituation zu einer weiteren Aufhebung des klassischen Zentrum-Peripherie-Gefälles zuungunsten der Kernzonen der Ballungsräume?
- welche Konsequenzen ergeben sich für die Regionalpolitik in den Problemregionen, wenn die Strukturalisierung der Arbeitslosigkeit weiter fortschreitet?

Der empirische Teil der Arbeitsmarktanalyse in dieser Untersuchung konzentriert sich auf die räumlich differenzierten Arbeitsmarktstrukturen und -entwicklungen.

---

[1] Laut HURLER (1984, 199) beschreibt der Begriff der 'Strukturalisierung' die zunehmende Konzentration von Arbeitslosigkeit auf bestimmte sozio-demographische Gruppen. Im Verlauf dieses Prozesses finden Selektionsprozesse zu Lasten von Randgruppen statt und im Arbeitslosenbestand sind nach und nach Personen mit bestimmten 'Merkmalen' überrepräsentiert.

[2] vgl. HURLER (1984, 4ff).

Dabei werden jeweils sowohl die innerregionale Verteilung und Entwicklung in den Untersuchungsregionen als auch die interregionalen Unterschiede zwischen der Region Hamburg und dem Ruhrgebiet sowie zur Bundes- und teilweise auch Landesentwicklung berücksichtigt. Weiterhin wird gefragt, welche Unterschiede und spezifischen Verlaufsmuster sichtbar werden. Des weiteren wird untersucht, ob systematische Zusammenhänge zwischen dem Niveau und den Strukturmerkmalen der Arbeitslosigkeit in den Untersuchungsregionen nachgewiesen werden können[1].

Folgende Fragen stehen dabei im Mittelpunkt:
- durch welche Strukturmerkmale wird die Arbeitslosigkeit in den Untersuchungsgebieten gekennzeichnet?
- stehen die Strukturmerkmale der Arbeitslosigkeit in einem signifikanten Zusammenhang zu den Ausprägungen hoher Arbeitslosigkeit?
- lassen sich Aussagen über das Niveau der strukturellen Arbeitslosigkeit treffen?

7.2 Zur Entwicklung der Arbeitslosigkeit

Der am häufigsten verwendete Indikator zur Darstellung der Arbeitslosigkeit und für interregionale Vergleiche ist die 'Arbeitslosenquote'(ALQ). Sie dient nicht nur zur Messung von Unterschieden in der regionalen Entwicklung, sondern auch zur Abgrenzung von Gebieten mit Strukturproblemen (z.B. im Rahmen der Kontroverse um die Neuabgrenzung der Fördergebiete der 'Gemeinschaftsaufgabe Verbesserung der regionalen Wirtschaftsstruktur'). Neumann sieht in der ALQ als Indikator den "... wichtigsten Orientierungspunkt für regionalpolitisches Handeln".[2]

---

[1] Die hier verwendeten Statistiken der Bundesanstalt für Arbeit umfassen folgende Merkmale:
- Arbeitslosenquote;
- Bestand an Arbeitslosen nach Wirtschaftsabteilungen;
- Arbeitslose nach Altersgruppen;
- Dauer der Arbeitslosigkeit.

[2] vgl. NEUMANN (1985, 97ff).

In der offiziellen Definition beschreibt die Arbeitslosenquote den prozentualen Anteil der registrierten Arbeitslosen an den abhängig Erwerbstätigen[1]. Obwohl mit dieser Berechnungsmethode eine vermeintliche Exaktheit suggeriert wird, ist sie folgender grundsätzlichen Kritik ausgesetzt: Zähler und Nenner des Quotienten sind nicht eindeutig bestimmbar, denn es gibt mehrere Berechnungsarten für die Faktoren und damit auch unterschiedliche statistische Grundlagen. Die Berechnung der ALQ auf Länderebene beruht auf der sehr wagen 1%-Stichprobe des Mikrozensus. Die Berechnung auf der Ebene der AA-Bezirke und ihrer Nebenstellen (Arbeitsmarktkonzept) fußt auf der veralteten Arbeitnehmerquote aus der Volkszählung von 1970. Das führt zum einen wegen der unsicheren Fortschreibungszahlen der Wohnbevölkerung und zum anderen wegen der ungenauen Einschätzung des geänderten Erwerbsverhaltens zu fehlerhaften regionalen Arbeitslosenquoten. Sie beschreiben vor allem das Niveau der Arbeitslosigkeit nur unzureichend. Gerade durch die Nichterfassung der "stillen Reserve" wird eine Unterschätzung der realen Arbeitslosigkeit bewirkt. Dazu stellen Aust und Kersting fest:

> "Es ist ... zu vermuten, daß in ökonomisch, politisch und sozial unterschied-
> lich strukturierten Gebieten der Anteil der "stillen Reserve" unterschiedlich
> ausgeprägt ist. Dies könnte z.B. durch unterschiedliche schulische u.a.
> weiterbildende Maßnahmen oder durch Ausweitung von ABM-Stellen hervor-
> gerufen sein." (AUST; KERSTING 1986, 50 ff)

Die mit dieser Beschreibung der verschiedenen Aspekte der Arbeitslosigkeit nur angedeutete Diskussion um die Aussagekraft von sogenannten Bestandsdaten (an einem Stichtag erhobene Daten), soll an dieser Stelle nicht geführt werden. Deutlich wird jedoch, daß Bestandsdaten nicht die gesamte Problematik der Arbeitslosigkeit wider-spiegeln. Nur zeitraumbezogene Daten können hier weitergehende Informationen liefern, denn rein statistisch gesehen sind Bestandsdaten nur für den Erhebungszeit-punkt gültig.

Auf die Verwendung von Arbeitslosenquoten soll in dieser Arbeit aber nicht verzich-tet werden, obwohl - wie für die Region Hamburg nachgewiesen - verschiedene Berechnungsarten die regionalen Quoten erheblich schwanken lassen[2]. Analog zum Vorgehen bei der Analyse der Beschäftigten wird zum Einstieg in die Interpretation

---

[1] vgl. FRIEDRICH; BAUER (1985, 13).

[2] vgl. dazu MÜLLER; MEHNERT; SCHWABE (1985, 229); MAASS (1986, 35).

von Kennziffern aus der Arbeitslosenstatistik ein Vergleich der Arbeitslosenquoten der Untersuchungsräume vorgenommen.

Die Daten zeigen, daß die Arbeitslosigkeit im Ruhrgebiet mit einer Quote von 13,9% (1984) erheblich gravierender als in Hamburg (11,2%) und im Bundesgebiet (9,1%) ist. Die Werte zeigen das unterschiedliche Niveau des Ruhrgebiets gegenüber den Vergleichsregionen. Im Verhältnis zur Region Hamburg hat das Ruhrgebiet über den Zeitraum von 1980 bis 1984 ungünstigere Arbeitslosenquoten gehabt. Dieses verdeutlicht auch die Abb. 9. Dargestellt werden die Kernstädte und die Minima und Maxima der Dienststellen der Arbeitsverwaltung in den Umländern bzw. Eränzungszonen. Die Quoten der Dienststellen im Ruhrgebiet liegen bis auf wenige Ausnahmen wesentlich über denen der Region Hamburg (RHH). Auffällig ist, daß die ALQ in der Stadt Hamburg eine andere Entwicklung aufweist als die des Ruhrgebiets und des Bundesgebietes. Die ALQ der Hansestadt ist 1983/84 noch stark gestiegen, während sie sich im Ruhrgebietsdurchschnitt nur leicht erhöhte und im Bundesgebiet konstant blieb.

Auf die intraregionale Verteilung und Entwicklung der ALQ wird im Folgenden näher eingegangen. Die Karten 4 und 5 geben für die Untersuchungsregionen ein relativ differenziertes Zustandsbild wieder. Sie stellen jeweils für eine Region die Arbeitslosenquoten des Jahres 1985 sowie die Entwicklung der Arbeitslosenbestände (absolute Zahl der Arbeitslosen) in den Jahren 1980-1985 dar (Septemberwerte).[1] Der Stand im Jahr 1985 zeigt für die Stadt Hamburg die zweithöchste Position der AA-Dienststellen der Region. Am besten schneiden die an die Kernstadt angrenzenden Dienststellen desnördlichen Umlandes ab, die alle in der Gruppe zwischen 7,5% bis 9,5% Arbeitslosigkeit liegen. Besonders auffällig ist hier das gute Abschneiden der AA-Dienststellen des Kreises Lauenburg, die alle in der besten Gruppe liegen. Die Situation der Kreise Pinneberg und Segeberg ist allerdings - bis auf die Werte für die kernstadtnahen Dienststellen - negativ. Das gleiche gilt für die Dienststelle Stade und in etwas abgeschwächter Form für die Dienstelle Winsen. Das besonders gute Abschneiden der AA-Dienststellen des Kreises Lauenburg läßt sich u.a. auf die positiven Effekte der regionalen Wirtschaftsförderung zurückführen.

---

[1] Die Grenzen der AA-Dienststellen sind nur teilweise kreisscharf.

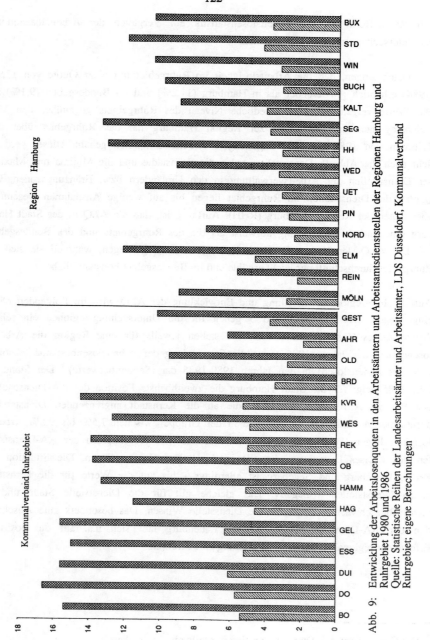

Abb. 9: Entwicklung der Arbeitslosenquoten in den Arbeitsämtern und Arbeitsamtsdienststellen der Regionen Hamburg und Ruhrgebiet 1980 und 1986
Quelle: Statistische Reihen der Landesarbeitsämter und Arbeitsämter, LDS Düsseldorf, Kommunalverband Ruhrgebiet; eigene Berechnungen

123

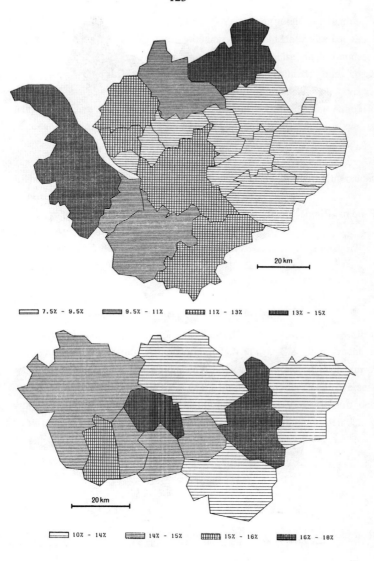

Karte 4: Arbeitslosenquoten 1985 in den Arbeitsämtern und Arbeitsamts-
dienststellen der Regionen Hamburg und Ruhrgebiet,
Quelle: Statistische Reihen der Landesarbeitsämter und Arbeitsämter,
LDS Düsseldorf, Kommunalverband Ruhrgebiet; eigene Berechnungen

124

100% - 150%
250% - 300%
150% - 200%
> 300%
200% - 250%

20 km

100% - 120%   120% - 150%   150% - 170%   170% - 180%

Karte 5: Entwicklung der Arbeitslosenbestände 1978 bis 1985 in den Arbeitsämtern
          und Arbeitsamtsdienststellen der Regionen Hamburg und Ruhrgebiet,
          Quelle: Statistische Reihen der Landesarbeitsämter und Arbeitsämter,
          LDS Düsseldorf, Kommunalverband Ruhrgebiet; eigene Berechnungen

Die Entwicklung der Arbeitslosenbestände[1] der Jahre 1978 bis 1985 ist sehr uneinheitlich. Hamburg zeigt bezüglich seiner Änderungsrate eine mittlere Position (etwas mehr als verdreifacht). Den geringsten Zuwachs der Arbeitslosenbestände hat Kaltenkirchen, gefolgt von mehreren AA-Dienststellen des Kreises Pinneberg (Wedel, Pinneberg) sowie Buxtehude und Buchholz im Süden Hamburgs. Interessant ist in jedem Fall, daß sowohl Dienststellen, die 1985 eine hohe Arbeitslosigkeit als auch solche, die eine niedrige Arbeitslosigkeit aufweisen, über hohe Änderungsraten verfügen (vgl. Karte 5).

Im Ruhrgebiet läßt sich anhand der Arbeitslosenquoten eine klare Zonierung ableiten. Es zeigen erwartungsgemäß die Arbeitsamtsbezirke Dortmund und Gelsenkirchen die höchsten Quoten, gefolgt vom AA-Bezirk Duisburg. Vergleichsweise günstiger schneiden die AA-Bezirke der Hellwegzone (Bochum, Essen, Oberhausen) sowie die westliche Ergänzungszone des Ruhrgebiets ab. Deutlich besser verhält sich die Situation in den Kreisen der Ergänzungszone (AA-Recklinghausen, AA-Hamm, AA-Hagen).

Folgende Strukturen der Arbeitslosigkeit lassen sich im Ruhrgebiet identifizieren: es ergibt sich ein erheblich besseres Abschneiden der Ballungsrandzone (mit abgeschwächter Tendenz für den Kreis Wesel). Schwerpunkte der Arbeitslosigkeit liegen vor allem im östlichen Stahlzentrum des Ruhrgebiets (AA-Dortmund) und in der Emscherzone (AA-Gelsenkirchen). Etwas günstigere Entwicklungen als in der Emscherzone gab es im westlichen Stahlzentrum (AA-Duisburg) sowie vor allem in der Hellwegzone. Es läßt sich in Bezug auf den Indikator Arbeitslosenquoten sowohl eine Ost-West- als auch eine Nord-Süd-Zonierung feststellen.

Während die Arbeitslosenquoten im KVR zum Teil weit über denen der Region Hamburg lagen, haben sich die relativen Veränderungsraten in kleineren Größenordnungen bewegt[2]. Es ergibt sich auch in dieser Region ein Muster, daß mit der Situation des Jahres 1985 nur teilweise übereinstimmt. Auch im Ruhrgebiet gibt es AA-Dienststellen, deren Änderungsrate und aktueller Stand günstig sind (AA-Wesel, AA-Unna) und solche, die sowohl eine negative Änderungsrate als auch einen schlechten Stand 1985

---

[1] Auf die Arbeitslosenbestände wurde deshalb zurückgegriffen, weil - statistisch gesehen - die relative Veränderung der ALQ eine größere Ungenauigkeit als die der Arbeitslosenbestände bedeutet hätte.

[2] Um hier überhaupt regional differenziert arbeiten zu können, mußten die Intervalle wesentlich enger gesetzt werden als bei der Karte zur Region Hamburg.

aufweisen (AA-Dortmund). Darüber hinaus gibt es mit dem AA-Bezirk Gelsenkirchen auch solche Gebiete, in denen schon seit langem eine Verfestigung hoher Arbeitslosenzahlen stattgefunden hat. Deutlicher Hinweis auf diesen Sachverhalt im Ruhrgebiet ist auch die Tatsache, daß die Veränderungsraten aufgrund des schon 1978 sehr hohen Niveaus viel geringer ausgefallen sind als in der Region Hamburg.

7.3 Die Entwicklung der Arbeitlosenbestände nach 10 Wirtschaftsabteilungen

Um die Arbeitslosenquoten und die Veränderung der Arbeitslosenbestände noch weiter im Hinblick auf die verursachenden Wirtschaftsabteilungen zu untersuchen, wird im folgenden eine strukturell gegliederte Analyse der Entwicklung der Arbeitslosenbestände nach zehn Wirtschaftsabteilungen durchgeführt[1].

Der Bestand an Arbeitslosen nach Wirtschaftsabteilungen[2] gibt die Zuordnung der letzten Tätigkeit vor Eintritt der Arbeitslosigkeit an. Diese Ergebnisse sind allerdings wegen des anderen Zeitbezugs nicht mit den Werten aus den vorherigen Karten direkt vergleichbar. Deshalb sind die aus den Graphiken zu entnehmenden Informationen unter der Zielsetzung einer regional differenzierten, auf der Ebene der Untersuchungsgebiete durchzuführenden Betrachtungsweise nur begrenzt brauchbar. Trotz dieser Einschränkung können wichtige Hinweise zu wirtschaftsstrukturellen Unterschieden in der Entwicklung der Arbeitslosigkeit gegeben werden.

Aufgegliedert nach Wirtschaftsabteilungen bietet sich bei den jeweiligen absoluten Veränderungen ein unterschiedliches Bild, das allerdings eines gemein hat, nämlich die in der Regel günstigere bundesdurchschnittliche Entwicklung (vgl. Tab. 14). So

---

[1] Die Daten entstammen den Strukturanalysen der Arbeitsämter; sie liegen lediglich für die Arbeitsämter (nicht auf Dienststellen-Ebene) der Region Hamburg vollständig vor. Diese Quelle bringt es mit sich, daß für die Region Hamburg nach genauer Kreisabgrenzung keine Werte vorliegen und mit vertretbarem Aufwand auch nicht durch die Aggregation von Teilräumen berechnet werden können. Durch diese Regionalisierung wurden auch nicht-regionszugehörige Räume einbezogen. Für den Kommunalverband Ruhrgebiet liegen aus Gründen der Datengeheimhaltung lediglich Ergebnisse für das gesamte Verbandsgebiet vor.

[2] Aus Gründen der Vergleichbarkeit der einzelnen Regionen in dem Ausmaß ihrer Betroffenheit wurde hier nicht mit relativen Veränderungsraten, sondern mit Absolutzahlen gearbeitet.

Tab.: 14: Arbeitslose nach 10 Wirtschaftsabteilungen

Anteile an Gesamtarbeitslosen der Gebietseinheit 1980 und 1985
Veränderung des Bestandes in den Jahren 1980-1985

	KVR	Hamburg	BRD	Oldesloe	Elmshorn	Neumünster	Lüneb.	Stade
Landw.	0.9 0.9 136%	0.8 0.8 327%	1.2 1.2 164%	1.7 2.0 359%	2.2 2.5 255%	2.3 3.1 339%	2.4 1.8 129%	3.7 2.8 164%
Energie, Bergbau	4.4 3.6 110%	0.3 0.2 137%	1.0 0.7 87%	0.2 0.2 220%	0.3 0.6 660%	0.4 0.5 239%	0.4 0.2 275%	0.6 0.7 87%
Verarb. Gewerbe	27.5 24.6 131%	15.4 11.6 219%	29.2 23.4 108%	24.3 20.4 221%	25.3 19.0 137%	23.9 18.2 146%	19.2 19.5 160%	18.7 16.0 108%
Bau	6.1 7.9 237%	3.6 5.1 497%	5.5 7.8 273%	6.5 11.1 556%	6.9 10.6 389%	8.1 14.2 468%	5.0 9.4 274%	8.4 10.3 273%
Handel	15.5 12.5 108%	16.9 13.7 245%	14.6 12.5 124%	15.8 12.5 203%	16.8 13.5 154%	19.0 13.3 127%	20.8 16.6 120%	14.6 12.5 124%
Verkehr	2.2 1.9 125%	6.0 4.8 238%	2.4 2.2 143%	3.0 2.2 190%	3.4 2.7 150%	2.6 2.7 242%	3.5 3.4 201%	4.2 4.0 191%
Kredit	1.1 0.9 104%	2.0 1.4 192%	1.6 1.2 92%	2.3 1.2 103%	2.2 1.5 118%	2.1 1.3 98%	3.5 2.0 76%	1.4 0.8 92%
Dienstl.	12.5 12.7 163%	19.8 17.2 267%	15.8 15.2 150%	18.4 16.0 231%	15.9 14.0 180%	15.7 13.8 184%	18.3 14.9 169%	15.8 15.1 150%
Organis.	1.1 1.2 178%	1.2 0.8 181%	1.6 1.5 147%	2.3 1.2 106%	1.4 1.2 156%	2.6 1.7 111%	2.4 1.3 111%	2.0 1.4 147%
Verwalt.	3.7 4.0 182%	4.1 4.0 307%	4.3 4.4 169%	3.6 4.0 318%	3.6 4.1 259%	3.8 3.8 224%	4.2 3.6 291%	4.0 5.1 169%
Sonstige	25.0 29.8 307%	29.9 40.5 474%	22.9 29.9 242%	22.0 29.2 409%	21.8 28.8 317%	19.4 27.0 349%	20.3 27.8 289%	27.0 34.4 242%
Gesamt	138%	324%	161%	283%	216%	222%	204%	161%

Quelle: Statistiken der Septembererhebung der Arbeitslosen; eigene Berechnungen

gab es insofern zwar eine Parallele, als die Wirtschaftsabteilungen mit den größten negativen Veränderungen in den Untersuchungsregionen auch auf Bundesebene zu den größten Verlierern gehörten, aber die Amplituden der Veränderung waren in beiden Untersuchungsgebieten oftmals weitaus höher (vgl. Abb. 10 und Abb. 11)[1].

Auf den Bereich 'Energie, Bergbau' soll hier nur deshalb eingegangen werden, weil er im Kommunalverband Ruhrgebiet eine mit durchschnittlich 4% Anteilen an den Gesamtarbeitslosen und mehr als einer Verdoppelung des Bestandes zwischen 1980 und 1985 eine erhebliche Beeinträchtigung des Arbeitsmarktes bedeutet. In den anderen untersuchten Gebietseinheiten spielt dieser Sektor nur eine untergeordnete Rolle.

Im 'Verarbeitenden Gewerbe' gab es im Bundesgebiet verglichen mit den Kernregionen der Untersuchungsgebiete lediglich geringere Steigerungsraten. Während sich das Ruhrgebiet nur geringfügig schlechter entwickelte, fiel der Stadtstaat Hamburg deutlich ab. Hieraus kann geschlossen werden, daß die Verschlechterung der Beschäftigung im 'Verarbeitenden Gewerbe' ein wesentlicher Grund für den Zuwachs der Arbeitslosigkeit in Hamburg (aufgrund der hohen Steigerungsraten) sowie im Ruhrgebiet (aufgrund der hohen Anteile am Gesamtbestand) ist. Übertroffen wird diese Entwicklung in Hamburg von der 'Bauwirtschaft'. Sie erreichte mit fast 500% Steigerung das schlechteste Ergebnis aller Wirtschaftsabteilungen. Interessant ist hier wiederum, daß das Ruhrgebiet sich weniger stark verschlechterte als das Bundesgebiet.

Im 'Handel' ergibt sich ebenfalls ein sehr uneinheitliches Bild. Hamburg entwickelte sich doppelt so schlecht wie das Bundesgebiet und die meisten Umland-Bezirke. Das Ruhrgebiet verzeichnete wiederum einen deutlich weniger negativen Trend als die Vergleichsräume. Die Arbeitslosenbestände in der Wirtschaftsabteilung 'Verkehr, Nachrichten' nahmen im Bundesgebiet im Untersuchungszeitraum um 143% zu. In Hamburg, wo diese Wirtschaftsabteilung weit überdurchschnittlich vertreten ist, war auch die relative Zunahme überdurchschnittlich. Da die Wirtschaftsabteilungen 'Kredit, Versicherungen', 'Organisationen o. E.' sowie 'Verwaltung' keine größere Bedeutung für den Arbeitslosenbestand in den Untersuchungsregionen haben, wird auf die detaillierten Ergebnisse in der Tabelle verwiesen.

---

[1] Bei der Interpretation der Graphiken sei nochmals darauf verwiesen, daß es sich hier um absolute Veränderungen und nicht um relative Veränderungsraten handelt. Dennoch be- steht die Möglichkeit des interregionalen Vergleichs, weil durch die Höhe der Amplituden Parallele der Entwicklung - wenn auch nicht ganz exakt- abgelesen werden können.

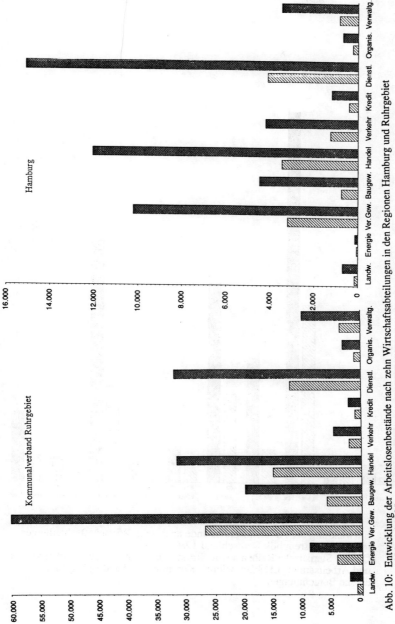

Abb. 10: Entwicklung der Arbeitslosenbestände nach zehn Wirtschaftsabteilungen in den Regionen Hamburg und Ruhrgebiet 1980 und 1985

Quelle: Statistische Reihen sowie Strukturanalysen der Landesarbeitsämter und Arbeitsämter, LDS Düsseldorf, Kommunalverband Ruhrgebiet; eigene Berechnungen

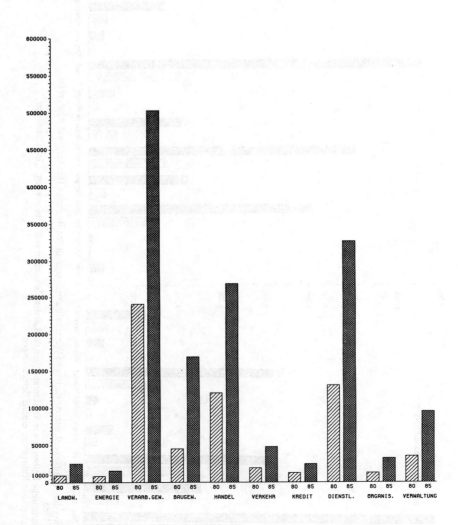

Abb. 11: Entwicklung der Arbeitslosenbestände nach zehn Wirtschaftsabteilungen
in der Bundesrepublik Deutschland 1980 und 1985
Quelle: Statistische Reihen sowie Strukturanalysen der Landesarbeitsämter
und Arbeitsämter, LDS Düsseldorf, Kommunalverband Ruhrgebiet;
eigene Berechnungen

Von größerem absoluten und anteilsmäßigen Gewicht an den Gesamtarbeitslosen sind die 'Dienstleistungen a.n.g.'. Auch hier hat Hamburg beim Beschäftigtenbesatz einen sehr hohen Wert. Entsprechend bedenklich ist der stark überdurchschnittliche Zuwachs der Arbeitslosigkeit in dieser Wirtschaftsabteilung um 267%. Nirgendwo entwickelte sich dieser Bereich so ungünstig wie in Hamburg, vor allem im Ruhrgebiet nur geringfügig schlechter als auf Bundesebene.

Im folgenden bleibt der Wirtschaftsbereich der 'Sonstigen' zu analysieren, der für die Untersuchungsgebiete von besonderer Bedeutung ist. Es kann davon ausgegangen werden, daß sich die demographische Komponente, also das derzeitige Hereinwachsen der geburtenstarken Jahrgänge in das Erwerbsfähigenalter vor allem in dieser Wirtschaftsabteilung niederschlägt, sofern kein entsprechendes Arbeitsplatz- oder Ausbildungsplatzangebot zur Verfügung steht. Insbesondere wenn man die Einflüsse der Veränderungen des Erwerbsverhaltens und der stillen Reserve als weitere Komponente berücksichtigt, bestätigt die Entwicklung des Anteils der 'Sonstigen' an der Gesamtarbeitslosigkeit die wachsende Bedeutung der demographischen Komponente. In der Bundesrepublik und insbesondere in den Untersuchungsgebieten ist dieser Anteil, wie oben dargestellt, stetig gewachsen. Als Erklärung für die schlechte Entwicklung der Abteilung 'Sonstige' müssen im Hinblick auf die demographische Komponente[1] auch die Erwerbsfähigenquoten berücksichtigt werden. Da allgemeine Erwerbsfähigenquoten für die Evaluierung der demographischen Komponente keinen erklärenden Gehalt haben, wird hier mit den spezifischen Erwerbsfähigenquoten der 15 bis 45jährigen gearbeitet. Anhand der spezifischen Erwerbsfähigenquoten der 15 bis 45jährigen wird deutlich, daß der Stadtstaat Hamburg und die AA-Bezirke des Umlandes sowohl sehr viel höhere Quoten als auch höhere Steigerungen aufweisen als der Kommunalverband Ruhrgebiet (vgl. Abb. 12). Das gesamte Verbandsgebiet hatte in den Jahren 1978 bis 1983 eine gleichbleibende Quote von 43,0. Im Stadtstaat ist dieser Wert von 43,0 auf 45,0 gestiegen.

Ein Teil der überdurchschnittlichen Arbeitslosigkeit in der Region Hamburg und besonders im Stadtstaat kann auf die spezifische Entwicklung der Erwerbsfähigen zurückgeführt werden. Hätte die Änderungsrate der 'Sonstigen' im Ruhrgebiet und in der Region Hamburg in Höhe des Bundesdurchschnitts gelegen, wäre die Arbeitslosig-

---

[1] Da eine Gewichtung der verschiedenen Anteile der gesamten 'Sonstigen' hier nicht möglich ist, muß eine Abschätzung der demographischen Komponente auf quantitativem Niveau bleiben.

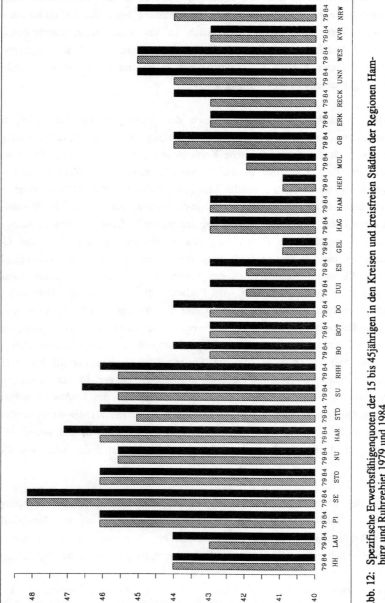

Abb. 12: Spezifische Erwerbsfähigenquoten der 15 bis 45jährigen in den Kreisen und kreisfreien Städten der Regionen Hamburg und Ruhrgebiet 1979 und 1984
Quelle: LDS Düsseldorf, Kommunalverband Ruhrgebiet, Statistisches Landesamt Hamburg; eigene Berechnungen

keit sehr viel geringer ausgefallen. Angemerkt werden muß an dieser Stelle noch einmal, daß in der Region Hamburg auch der Beschäftigungsabbau überproportional verlief, die hohe Arbeitslosigkeit schon aus demographischen Gründen nach allgemeiner Einschätzung noch weit bis in die 90er Jahre andauern wird.

8. Die besonderen Strukturmerkmale der Arbeitslosigkeit

8.1 Zum Problem der Jugendarbeitslosigkeit

Neben der Beurteilung der Arbeitslosenquoten sowie der Arbeitslosigkeit nach Wirtschaftsabteilungen ist es gerade im Hinblick auf die Themenstellung dieser Arbeit von besonderer Bedeutung, tiefer in die einzelnen Problembereiche der Arbeitslosigkeit einzudringen, weil sich Konsequenzen für die Regionalpolitik aus der Konzentration von Problemgruppen der Arbeitslosigkeit in Problemräumen ergeben (Strukturalisierung). Insbesondere die 'Jugendarbeitslosigkeit'[1] gilt als eines der drängensten arbeitsmarkt-, regional- und sozialpolitischen Probleme in den Untersuchungsregionen. In der Literatur werden für die sprunghaft gestiegene Arbeitslosigkeit neben demographischen Ursachen verschiedene Gründe angeführt. Es werden der Mangel an betrieblichen Ausbildungsplätzen sowie die für Jugendliche verschärften Zugangsbedingungen zum Arbeitsmarkt als Gründe angegeben[2]. Beim Versuch, in das Berufsleben einzudringen, sind Jugendliche in jedem Fall mit zwei Barrieren konfrontiert. Die erste ist der Übergang vom schulischen Bildungssystem in eine Berufsausbildung, die zweite zu überwindende Barriere ist die vom beruflichen Ausbildungs- zum Beschäftigungssystem. An beiden Stellen werden Selektionsprozesse wirksam, die in ihrer Intensität von der jeweiligen Situation auf dem Ausbildungsstellen- und Arbeitsmarkt bestimmt werden. Vor allem wegen der zu geringen Arbeitskraftnachfrage und der Diskrepanz zwischen dem Ausbildungs- und Beschäftigungssystem finden Jugendliche nach der Ausbildung oft keinen Arbeitsplatz[3].

---

[1] Trotz häufig geäußerter Kritik (z.B. angesichts verlängerter Ausbildungszeiten) definiert die Statistik der Arbeitsverwaltung als Jugendliche nach wie vor lediglich die 15 bis 20jährigen.

[2] Jugendarbeitslosigkeit tritt deshalb besonders stark auf, weil Unternehmen in Krisenzeiten durch "Nichtersetzen der Fluktuation" eine Personalreduktion vornehmen (HURLER 1984, 251).

[3] vgl. AUST; KERSTING (1986, 145).

Des weiteren ist sicher, daß es gerade bei der Jugendarbeitslosigkeit eine sehr hohe Dunkelziffer gibt[1]. Die Ergebnisse bei Schätzungen der verdeckten Jugendarbeitslosigkeit differieren erheblich[2]; man geht aber davon aus, daß die Dunkelziffer bei den hier untersuchten unter 20jährigen 32% beträgt. Die dargestellten Probleme machen deutlich, daß die Bedeutung der Jugendarbeitslosigkeit auch in quantitativer Hinsicht erheblich unterschätzt wird; nur vor diesem Hintergrund sind die folgenden Aussagen sinnvoll zu interpretieren. Im September 1984 waren im Ruhrgebiet 18.700 Jugendliche unter 20 Jahren offiziell als arbeitslos registriert; damit hat sich die Zahl in dieser Gruppe im Ruhrgebiet nahezu verdoppelt. Verglichen mit der Bundesentwicklung (etwas mehr als Verdoppelung) verhielt sich die Ruhrgebietsentwicklung also geringfügig günstiger. In der Region Hamburg hat sich die Jugendarbeitslosigkeit auf 9.132 Personen in den Jahren von 1980 bis 1984 sogar fast verdreifacht (vgl. Karte 6).

Im folgenden wird die These überprüft, ob es in den Regionen mit hoher Arbeitslosigkeit auch hohe Anteile der Jugend- und Altersarbeitslosigkeit gibt. Ihr kann bezogen auf die Jugendarbeitslosigkeit im Ruhrgebiet nicht zugestimmt werden. Zwischen dem Niveau der Arbeitslosigkeit und den Anteilen der jugendlichen Arbeitslosen an den Gesamtarbeitslosen besteht eine negative Beziehung, d.h. mit höherem regionalen Niveau nimmt der Anteil der arbeitslosen Jugendlichen ab[3] (vgl. mit Karte 4 der Arbeitslosenquoten). Für die Region Hamburg kann dieser Zusammenhang nicht so eindeutig festgestellt werden. So gibt es für einige AA-Bezirke der Region Hamburg von dieser negativen Beziehung Abweichungen. Beispielsweise weist die AA-Dienststelle Segeberg sowohl die höchste Arbeitslosenquote als auch den höchsten Anteil der Jugendarbeitslosigkeit auf.

Eine Erklärung dieses im allgemeinen negativen Zusammenhangs zwischen dem Niveau der Arbeitslosigkeit und den Ausprägungen der Strukturmerkmale (Jugendarbeitslosigkeit) kann folgendermaßen gegeben werden. Es besteht ein positiver Zusammenhang zwischen Beschäftigungsverlusten und Arbeitslosigkeit, demnach steigt die Arbeitslo

---

[1] So werden z.B. diejenigen Jugendlichen, die über keine Arbeits- und Aufenthaltsgenehmigung verfügen sowie Zivil- und Wehrdienstleistende nicht registriert.

[2] vgl. BREUCKER (1983, 64).

[3] Diese Tendenz ist der von Hurler für die Mitte der 70er Jahre festgestellten genau entgegengesetzt (HURLER 1984, 255).

135

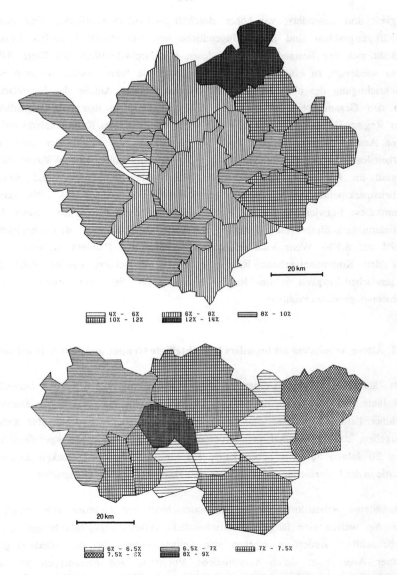

Karte 6: Anteile der unter 20jährigen Arbeitslosen 1984 in den Arbeitsämtern und
Arbeitsamtsdienststellen der Regionen Hamburg und Ruhrgebiet,
Quelle: Statistische Reihen der Landesarbeitsämter und Arbeitsämter,
LDS Düsseldorf, Kommunalverband Ruhrgebiet; eigene Berechnungen

sigkeit dort besonders, wo hoher Beschäftigungsabbau stattfindet. Von diesem Beschäftigungsabbau sind jedoch Jugendliche unterproportional betroffen. Entsprechend erhöht sich der Bestand der Arbeitslosen überdurchschnittlich um ältere Arbeitslose, was wiederum zu einem Sinken der Jugendanteile führt[1]. Betrachtet man unter Berücksichtigung des oben festgestellten die prozentualen Anteile der Jugendarbeitslosen an den Gesamtarbeitslosen, so fällt auf, daß diese in den Arbeitsamtsdienststellen der Region Hamburg oftmals sehr viel höher liegen als im Kommunalverband Ruhrgebiet. Analog dazu verhält sich auch die Entwicklung der Anteile der unter 20jährigen Arbeitslosen in der Region Hamburg anders als im Ruhrgebiet. Während sich dieser Anteil im Ruhrgebiet aufgrund oben beleuchteter Bedingungen und verschiedener arbeitsmarktpolitischer Maßnahmen im Ruhrgebiet von 9,6% auf 7,0% verminderte, kann diese Entwicklung für die Region Hamburg nicht festgestellt werden. Hier verminderte sich dieser Anteil lediglich von 9,8% auf 9,0% (vgl. BRD-Durchschnitt von 9,9% auf 8,3%). Wenngleich mit diesen Aussagen das Problem Jugendarbeitslosigkeit für den Kommunalverband Ruhrgebiet nicht unterschätzt werden soll, bleibt die Jugendarbeitslosigkeit in der Region Hamburg für die nähere Zukunft ein weitaus schwerwiegenderes Problem.

8.2 Ältere Arbeitslose als beonders benachteiligte Gruppe auf dem Arbeitsmarkt

Als 'ältere Arbeitslose' werden im folgenden diejenigen Arbeitslosen bezeichnet, die 59 Jahre und älter sind. Einheitliche Definitionen für die Abgrenzung älterer Arbeitnehmer bzw. Arbeitsloser sind in der Literatur nicht zu finden[2]. Man kann davon ausgehen, daß es Beschäftigungsprobleme auch schon für Erwerbspersonen im Alter von 50 Jahren aufwärts geben kann; aus Gründen der Verfügbarkeit anderer Daten wurde in der Untersuchung aber auf diese Altersabgrenzung zurückgegriffen.

Die älteren Arbeitslosen stellen aus unterschiedlichen Gründen eine Problemgruppe dar. Sie weisen eine längere durchschnittliche Arbeitslosigkeitsdauer auf, als jüngere Arbeitnehmer. Außerdem ergeben sich Schwierigkeiten bei der Wiedereingliederung älterer Arbeitsloser durch verschiedene Vorurteile und Stereotypen wie z.B. die Gleichsetzung von Alter und verminderten Fähigkeiten sowie der Zunahme von Krank-

---

[1] vgl. AUST; KERSTING (1986, 158).

[2] vgl. HURLER (1984, 261)

heiten.[1]

Die Zahl der Arbeitslosen, die älter als 59 Jahre sind, hat sich bundesweit zwischen 1980 und 1984 um mehr als 70% erhöht. Während die Steigerungsrate im Ruhrgebiet geringer ausfiel, lag sie in der Region Hamburg mit 95% noch wesentlich darüber. In den einzelnen Kreisen und kreisfreien Städten der Untersuchungsregionen ergeben sich unterschiedliche Entwicklungen. Insbesondere im Ruhrgebiet waren die regionalen Entwicklungsverläufe durch oft nur mittlere Steigerungsraten gekennzeichnet. Zu erklären ist dieser Sachverhalt damit, daß der Bestand im Jahre 1980 schon sehr hoch war (zu erkennen an den hohen Anteilen der über 59jährigen an den Gesamtarbeitslosen im Jahr 1980) und die relativen Steigerungsraten entsprechend niedrig ausfielen. Sie schwanken zwischen nur 11% (AA-Bezirk Oberhausen) und 76% Steigerung (AA-Bezirk Recklinghausen) und lassen in Bezug auf die relativen Steigerungsraten keine eindeutige regionale Differenzierung zu. In der Region Hamburg traf bei den meisten Gebietseinheiten der entgegengesetzte Fall zu. Ausgehend von nur sehr geringen Basiswerten des Jahres 1980 erfolgten hohe relative Steigerungsraten in sehr vielen AA-Dienststellen im gesamten Umland.

Aus den dargestellten Werten wird ersichtlich, daß sich die Anteilswerte der älteren Arbeitslosen in den Untersuchungsgebieten deutlich voneinander und von denen des Bundesgebiets unterscheiden. Im Ruhrgebiet lag der Durchschnittswert um 0,6 Prozentpunkte über dem Bundeswert, während er in der Region Hamburg um 2,6 Prozentpunkte darunter lag (vgl. Karte 7). Es stellt sich somit die Frage, wie die doch erheblichen regionalen Unterschiede in der Höhe der Anteilswerte zwischen dem KVR, der Region Hamburg und dem Bundesgebiet zu erklären sind. Es bieten sich mehrere Erklärungsmöglichkeiten an: ein Grund für den hohen Anteil der älteren Arbeitslosen im Ruhrgebiet kann in der Altersstruktur der besonders von Beschäftigtenverlusten betroffenen Betriebe liegen. Hurler ist der Ansicht, daß in Betrieben, die über einen längeren Zeitraum eine schlechte Konjunktur (bis zur drohenden Betriebsschließung) aufweisen, die Belegschaften zur Überalterung tendieren. Dieses träfe im Ruhrgebiet vor allem auf die

---

[1] Unberücksichtigt bleibt bei diesem statistisch tatsächlich festzustellenden Zusammenhang zwischen älteren Erwerbspersonen und der Zunahme des Behindertenanteils sowie der damit verminderten Erwerbsfähigkeit, daß es sich zum größten Teil um erst im Erwerbsleben 'erworbene' berufs- und arbeitsbedingte Erkrankungen handelt.

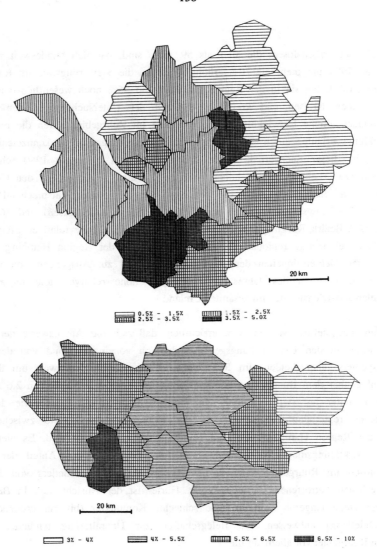

Karte 7: Anteile der über 60jährigen Arbeitslosen 1984 in den Arbeitsämtern
und Arbeitsamtsdienststellen der Regionen Hamburg und Ruhrgebiet,
Quelle: Statistische Reihen der Landesarbeitsämter und Arbeitsämter,
LDS Düsseldorf, Kommunalverband Ruhrgebiet; eigene Berechnungen

Eisen- und Stahlindustrie zu[1]. Denn in diesem Industriezweig ergaben sich seit dem Beginn der Stahlkrise im Jahr 1974 ein starker Produktionseinbruch und erhebliche Rationalisierungen. Durch den mit einer gewissen Verzögerung einsetzenden jahrelangen Einstellungsstopp kam es in den Betrieben zu einer Altersverschiebung hin zu den älteren Jahrgängen[2]. Zwar wirken im Regelfall die Schutzbestimmungen für ältere Arbeitnehmer speziell in der Montanindustrie dem Anwachsen des Anteils der älteren Arbeitslosen entgegen, greifen bei Betriebsschließungen oder Teilschließungen allerdings nicht. Des weiteren ist die mangelnde Nachfrage nach älteren Arbeitnehmern für die hohe Altersarbeitslosigkeit verantwortlich.

Es gilt somit, die anfangs aufgestellte Hypothese zu überprüfen, ob sich mehrere Strukturmerkmale in den Untersuchungsgebieten gegenseitig bedingen oder überlagern und die Untersuchungsgebiete zu einer arbeitsmarktpolitischen Problemregion werden lassen. Steht älteren Arbeitslosen mit einem relativ geringen Zugangsrisiko ein hohes Verbleibsrisiko in Arbeitslosigkeit gegenüber. Unter dieser Fragestellung ist besonders das Ruhrgebiet mit seiner großbetrieblichen, montanindustriellen Struktur zu untersuchen. Mit der Prämisse, daß sich ein hohes Verbleibsrisiko einer bestimmten Personengruppe auch durch länger dauernde Arbeitslosigkeit widerspiegelt, haben Aust, Kersting[3] für den Kommunalverband Ruhrgebiet eine Korrelationsrechnung zwischen beiden Variablen durchgeführt und einen signifikanten Koeffizienten festgestellt. Interessanterweise ergab sich zwischen den älteren Arbeitslosen und den Arbeitslosen, die über zwei Jahre arbeitslos sind, kein signifikantes Ergebniß. Es wird von den Autoren angenommen, daß ein großer Teil der älteren Arbeitslosen vor dem Erreichen der zweijährigen Arbeitslosigkeit durch das Erreichen des Rentenalters aus der Statistik 'herausfällt'.

Eine weitere zu überprüfende Hypothese lautete, daß die Strukturmerkmale der Arbeitslosigkeit - in diesem Fall die Höhe des Anteils der älteren Arbeitslosen - von dem Niveau der regionalen Arbeitslosigkeit abhängt. Hier soll ebenfalls auf die Studie von Hurler verwiesen werden. Sie kommt zu dem Schluß, daß die Höhe des Anteils

---

[1] vgl. HURLER (1984, 264)

[2] vgl. MEMORANDUM '81 (1981, 256)

[3] vgl. AUST; KERSTING (1986, 170)

der älteren Arbeitslosen nicht vom regionalen Arbeitslosenniveau abhängt[1]. Auch Regressionsrechnungen von Aust und Kersting[2] ergaben ähnliche Ergebnisse.

Desweiteren soll überprüft werden, ob ein Zusammenhang zwischen der regionalen Wirtschaftsstruktur bzw. -entwicklung und den Strukturmerkmalen der älteren Arbeitslosen an den Gesamtarbeitslosen besteht. Da es relativ schwierig und zu ungenau erschien, die Beschäftigungsentwicklung im Montansektor zu isolieren, wurde die Entwicklung im gesamten sekundären Sektor berücksichtigt. Ergebnis war ein signifikanter Korrelationskoeffizient zwischen der Beschäftigungsentwicklung 1984 zu 1980 im sekundären Sektor und dem Anteil der älteren Arbeitslosen. Er wurde verantwortlich gemacht für die ungünstige Entwicklung der Altersarbeitslosigkeit beim 'Verarbeitenden Gewerbe' mit seinem hohen Anteil an der Gesamtbeschäftigung im Ruhrgebiet.

8.3 Zum Problem der Langzeitarbeitslosigkeit

Während die Struktur der Arbeitslosigkeit in Bezug auf das Alter als krisenverschärfendes Moment angesehen wird, dient der Indikator 'Dauer der Arbeitslosigkeit' zur Erfassung regionaler Strukturprobleme. Für Neumann stellt die Dauer der Arbeitslosigkeit die Summe der einzelnen Risikomerkmale einzelner Arbeitslosengruppen dar[3]. Die Autorin geht davon aus, daß sich die strukturellen Schwierigkeiten einzelner Gruppen auf dem Arbeitsmarkt in der Dauer ihrer Arbeitslosigkeit widerspiegeln.

Als 'Dauer- oder Langzeitarbeitslose' werden hier diejenigen Arbeitslosen definiert, die mindestens ein Jahr arbeitslos sind. Diese Problemgruppe wird weiter in die ein bis zwei Jahre Arbeitslosen und die zwei Jahre und länger Arbeitslosen differenziert. Bei der Entwicklung der Bestände der Langzeitarbeitslosigkeit ist ein ähnlicher Trend wie bei den Strukturdaten zum Alter der Arbeitslosigkeit zu erkennen. Es fällt bundesweit eine deutliche Zunahme sowohl der ein bis zwei Jahre Arbeitslosen als auch der zwei Jahre und länger Arbeitslosen auf. Beide Gruppen nehmen im Zeitraum von 1980 bis 1984 deutlich zu.

---

[1] vgl. HURLER (1984, 269 u. 274)

[2] vgl. AUST; KERSTING (1984, 172)

[3] vgl. NEUMANN (1985, 14).

Regional streut die Entwicklung dieser Gruppen in den Untersuchungsregionen erheblich. Auf die einzelnen Veränderungsraten der Teilräume soll hier im Detail nicht eingegangen werden. Sie lassen sich allerdings, wie schon bei den Altersarbeitslosen festgestellt, nicht im Hinblick auf bestimmte, bei anderen Datensätzen festgestellte bekannte Raummuster interpretieren. Im Ruhrgebiet kann keine typische Emscher- und Hellweg-Zonierung, als auch keine Ost-West-Zonierung festgestellt werden. Auch läßt sich im Raum Hamburg nicht die Feststellung treffen, daß die Umlandrandkreise bei niedrigen Basiswerten für das Jahr 1980 hohe Steigerungsraten verzeichneten (vgl. Karte 8 und Karte 9).

Als Indikator der regionalen Struktur von Arbeitsmärkten soll im folgenden der Anteil der Dauerarbeitslosen an den Gesamtarbeitslosen dargestellt und analysiert werden. Für viele Autoren ist gerade der Anteil der Dauerarbeitslosen an den Gesamtarbeitslosen ein wesentliches Kriterium zur Verdeutlichung struktureller Arbeitslosigkeit und regionaler Strukturprobleme[1]. Darüber hinaus gibt die Quote der Dauerarbeitslosen Auskunft über die Wiedereingliederungschancen. Der Anteil der Dauerarbeitslosen stieg in den Jahren 1980 bis 1984 sowohl in den Untersuchungsgebieten als auch im Bundesdurchschnitt stark an. Im gesamten Bundesgebiet hat er sich in diesem Zeitraum sowohl bei den ein bis zwei Jahre Arbeitslosen von 9,6% auf 18,6% als auch bei den zwei Jahre und länger Arbeitslosen von 7,4% auf 14,1% fast verdoppelt. Im Kommunalverband Ruhrgebiet war die Entwicklung zwar nicht ganz so stark, ging aber von einem wesentlich höheren Niveau aus. So stieg die Quote der ein bis zwei Jahre Arbeitslosen von 12,0% auf 22,6% und die der zwei Jahre und länger Arbeitslosen von 12,3% auf 19,2%. In der Region Hamburg haben sich beide Merkmale im Vergleichszeitraum doppelt so schlecht entwickelt.

Diese Tatsache hat mehrere Ursachen. Zum einen folgt die Entwicklung der Dauerarbeitslosigkeit - mit einer gewissen zeitlichen Verzögerung - dem negativen Konjunkturverlauf und der Entwicklung der Arbeitslosenquote. Es ist daher zu vermuten, daß zwischen der Höhe der Arbeitslosenquote und der Dauerarbeitslosigkeit ein Zusammenhang besteht. Eine von Aust und Kersting für die AA-Bezirke des Ruhrgebiets durchgeführte Korrelationsrechnung zwischen beiden Variablen, ergab einen signifikanten Koeffizienten der eine starke Abhängigkeit der Höhe der Dauerarbeitslosigkeit von der Arbeitslosenquote nachweist.

---

[1] vgl. NEUMANN (1985, 33ff)

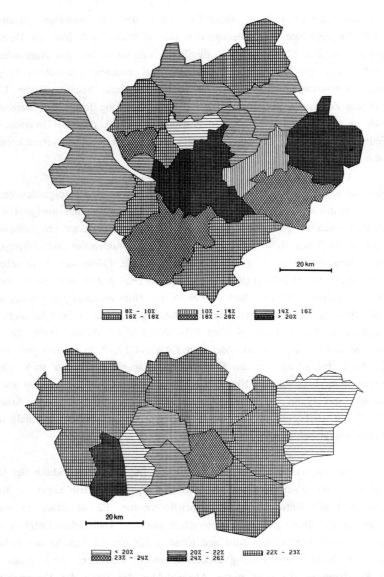

Karte 8: Anteile der 1 bis 2 Jahre Arbeitslosen 1984 in den Arbeitsämtern und
          Arbeitsamtsdienststellen der Regionen Hamburg und Ruhrgebiet,
          Quelle: Statistische Reihen der Landesarbeitsämter und Arbeitsämter,
          LDS Düsseldorf, Kommunalverband Ruhrgebiet; eigene Berechnungen

143

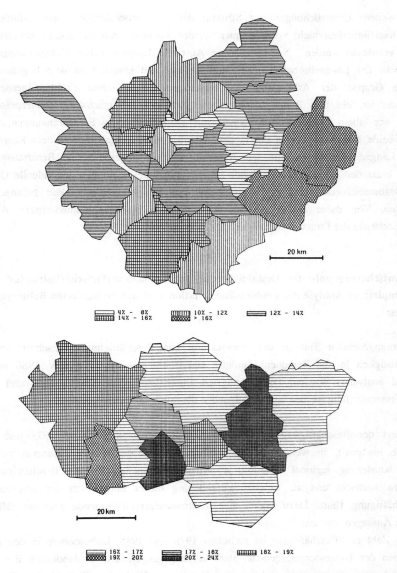

4% - 8%	10% - 12%	12% - 14%
14% - 16%	> 16%	

16% - 17%	17% - 18%	18% - 19%
19% - 20%	20% - 24%	

Karte 9: Anteile der 2 Jahre und länger Arbeitslosen 1984 in den Arbeitsämtern und Arbeitsamtsdienststellen der Regionen Hamburg und Ruhrgebiet, Quelle: Statistische Reihen der Landesarbeitsämter und Arbeitsämter, LDS Düsseldorf, Kommunalverband Ruhrgebiet; eigene Berechnungen

Da weitere Untersuchungen zur Struktur der Dauerarbeitslosigkeit aus Gründen der Datenverfügbarbeit nicht vorgenommen werden konnten, muß auf andere Untersuchungen verwiesen werden[1]. Neumann sowie Aust und Kersting haben Untersuchungen zur Struktur der Langzeitarbeitslosigkeit durchgeführt und kommen zu dem Ergebnis, daß diese Gruppe der Arbeitslosen in verstärktem Maße durch Problemeigenschaften belastet ist, die ihre Reintegration in den Arbeitsprozeß erschwert. Überrepräsentiert sind vor allem Ältere und Personen mit gesundheitlichen Einschränkungen, wobei sich beide Merkmale häufig überlappen. Darüber hinaus ergab eine weitere Korrelation der Langzeitarbeitslosen mit den Arbeitslosen ohne abgeschlossene Berufsausbildung kein Indiz der Abhängigkeit. Somit konnten nach dieser Analyse individuelle Qualifikationsunterschiede nicht zur Begründung von Langzeitarbeitslosigkeit herangezogen werden. Von daher erscheinen den Autoren auch humankapitaltheoretische Ansätze zur Erklärung der Dauerarbeitslosigkeit als nicht geeignet.

9. Zwischenergebnis: Die Destabilisierung der regionalen Wirtschaftsstruktur - Eine empirische Analyse der Problemkonstellation in altindustrialisierten Ballungsgebieten

In vorangehenden Teil ist die Entwicklung von Beschäftigung, Wirtschaft und Arbeitslosigkeit in den Regionen Hamburg und Ruhrgebiet seit 1978 bzw. 1980 vergleichend analysiert worden. Die wichtigsten Ergebnisse der Beschäftigungs- und Wirtschaftsentwicklung werden hier im folgenden überblicksartig dargestellt.

Anhand der Beschäftigung in den Untersuchungsregionen zwischen 1978 und 1985 wurde überprüft, in welcher Weise und in welchem quantitativen Ausmaß sich die Restrukturierung regional bedeutsamer Wirtschaftsbranchen auf die Beschäftigungssituation auswirkt und zu welcher Veränderung dieses hinsichtlich der Struktur der Beschäftigung führt. Dazu lassen sich zusammenfassend folgende regional differenzierte Aussagen machen:
- die Zahl der Beschäftigten ist zwischen 1978 und 1985, insbesondere in den Kernzonen der Untersuchungsgebiete, stark zurückgegangen. Die Umlandkreise des KVR konnten im Gegensatz zu denen des Hamburger Umlandes die schlechte Entwick-

---

[1] vgl. NEUMANN (1985, 32); AUST; KERSTING (1986, 191); MÜLLER (1983, 101); MICHLER (1986, 74)

lung der Kernzonen nicht annähernd ausgleichen. Aus diesem Grund kam es im KVR zu einer sehr viel schlechteren Gesamtentwicklung als in der Region Hamburg;

- die regionale Verteilung der Beschäftigung macht die Dominanz der Kernzonen deutlich. Im Stadtstaat Hamburg arbeiten 72% aller Beschäftigten der Region. Während in der Kernzone vor allem die tertiären Wirtschaftsbereiche überwiegen, sind es im Umland immer noch das 'Verarbeitende Gewerbe' und das 'Baugewerbe'. Die Kernstädte des Ruhrgebiets bieten nur für 64% aller Beschäftigten einen Arbeitsplatz;

- im Stadtstaat Hamburg verloren zwischen 11% und 15% das 'Verarbeitende Gewerbe', das 'Baugewerbe', 'Handel' sowie 'Verkehr, Nachrichten'. Gewinne verzeichneten die 'Organisationen' (13,6%), die 'Dienstleistungen a.n.g.' (10,5%) sowie die 'Gebietskörperschaften' (6,2%). Fast alle Umlandkreise zeigen vor allem in den als kritisch geltenden Bereichen 'Handel' und den als zukunftsträchtig geltenden 'Dienstleistungen' positive Entwicklungsverläufe. Hinzu kommt eine stabile Tendenz in strukturell rückläufigen Branchen wie dem 'Verarbeitenden Gewerbe';

- im KVR ist der Beschäftigungsverlust vor allem auf das 'Verarbeitende Gewerbe' sowie auf 'Bergbau', 'Handel','Verkehr' sowie 'Gebietskörperschaften' zurückzuführen. Gewinne verzeichneten lediglich 'Dienstleistungen' (14%) und 'Kreditinstitute' (13%).

Da die Entwicklung des 'Produzierenden Gewerbes' gesondert untersucht wurde, können die allgemeinen Tendenzen der Beschäftigungsentwicklung weiter differenziert werden:

- die traditionellen Industrien in Kernbereichen beider Regionen entwickeln sich deutlich negativ, wobei sich dieses in Hamburg im Gegensatz zum Ruhrgebiet statistisch lediglich auf den Maschinenbau auswirkt;

- im Ruhrgebiet führt die hohe Verflechtung der Montanindustrie mit dem Maschinenbau auch in diesem Wirtschaftsbereich zu überdurchschnittlichen Verlusten;

- in Hamburg kommen zu diesem Trend weitere Negativentwicklungen in den Bereichen 'Nahrung', 'Chemie' und 'Kunststoff';

- in den Städten und Kreisen des Ruhrgebietes lassen sich keine solchen Negativbereiche festmachen, wie sie in den traditionellen Montan- und montanabhängigen Industrien festgestellt wurden;

- die größte interregionale Differenz besteht darin, daß sich die Randkreise Hamburgs im Gegensatz zu denen des Ruhrgebiets deutlich positiv verändert haben und damit die insgesamt schlechte Entwicklung zumindest mildern konnten. Unberücksichtigt bleiben darf bei dieser Interpretation allerdings nicht, daß die schon oft angesprochenen absoluten Beschäftigungsrückgänge in den Kernbereichen durch positive Veränderungen in den Randgemeinden nicht kompensiert werden.

Auch die Entwicklung innerhalb der Wirtschaftsabteilung der 'Dienstleistungen' wurde gesondert analysiert,denn sie ist nahezu die einzige Wirtschaftsabteilung, die in allen Teilregionen ein quantitativ bedeutsames Wachstum zu verzeichnen hatte:

- bei näherer Betrachtung der einzelnen Bereiche dieses Sektors fällt insbesondere der Gesundheitsbereich auf, der ein deutliches Maximum in fast allen Gebietseinheiten aufweist;
- gefolgt wird dieser Sektor, in Bezug auf die absoluten Anteile, von den 'Rechts- und Wirtschaftsberatungen' und den 'sonstigen Dienstleistungen'.
- in Bezug auf die Qualität der Dienstleistungen können hier lediglich 'Rechts- und Wirtschaftsberatungen', 'Wissenschaft und Bildung' sowie 'sonstige Dienstleistungen' angeführt werden. Somit ergeben sich bei der Beurteilung der Wachstumschancen für den Dienstleistungssektor in diesen Bereichen sowie bei 'sonstigen Dienstleistungen' die positivsten Entwicklungen.
- die räumliche Differenzierung weist für den Stadtstaat Hamburg relativ schwächere Entwicklungen in den einzelnen Bereichen auf als für die Umlandkreise. Hier spielt sowohl das sehr hohe Niveau der Beschäftigung als auch eine in bestimmten Sektoren zu vermutende Sättigungstendenz eine große Rolle;
- im Ruhrgebiet ist die Situation anders und innerregional sehr viel differenzierter. So weisen die sogenannten zukunfträchtigen Sektoren 'Wissenschaft', 'Wirtschafts- und Rechtsberatung' sowie die 'sonstigen Dienstleistungen'erheblich geringere Steigerungen als der Bundesdurchschnitt auf. Lediglich der 'private Gesundheitssektor' konnte mit der positiven Bundes- und Landesentwicklung mithalten.

Nachdem oben überblicksartig auf die Beschäftigungssituation eingegangen wurde, und insbesondere in den Kernbereichen eine negative Entwicklung des 'Produzierenden Gewerbes' festgestellt werden konnte, wurden in Ergänzung dazu ökonomische Vergleichsgrößen aus der 'Volkswirtschaftlichen Gesamtrechnung' zur Messung der regionalwirtschaftlichen Leistungskraft herangezogen. Zusammenfassend lassen sich zu den Aggregaten Bruttowertschöpfung (BWS) und Produktivität folgende Aussagen treffen:

- der Stadtstaat Hamburg weist niedrige Wachstumsraten der Bruttowertschöpfung bei mittlerer Entwicklung der Produktivität auf. Diese Entwicklung ist zu einem erheblichen Teil auf den stark degressiven Trend im 'Warenproduzierenden Gewerbe' zurückzuführen, während sich die Entwicklung der Dienstleistungsbereiche etwa bundesdurchschnittlich verhält.

- das Ruhrgebiet dagegen weist bei hohem Wachstum der BWS auch ein vergleichsweise hohes Wachstum der Produktivität auf. Dieses wirkt sich bei hoher Steigerung der Produktivität negativ auf die Beschäftigung aus. Die negative Beschäftigungsentwicklung ist also nicht auf das ausbleibende Wachstum zurückzuführen, sondern auf überdurchschnittlich hohe Rationalisierungsanstrengungen;
- in den Kernbereichen des Ruhrgebiets ist die Situation anders. Hier findet ein insgesamt schwächeres wirtschaftliches Wachstum statt, welches auch durch günstige Entwicklungen im Dienstleistungsbereich nicht aufgefangen werden kann;
- das Hamburger Umland steht mit hohen Wachstumsraten der Bruttowertschöpfung und der Produktivität bei gleichzeitigem Beschäftigungszuwachs als Gebiet mit der größten wirtschaftlichen Dynamik dar.

Über die Ergebnisse aus der 'Volkswirtschaftlichen Gesamtrechnung' lassen sich aus den Daten zur Investitionstätigkeit folgende Schlußfolgerungen ziehen:

- die leichte Verminderung der Investitionen im Ruhrgebiet hat sich mittelfristig nicht negativ auf die Entwicklung der wirtschaftlichen Leistungskraft ausgewirkt. Dieses beweist, daß die verbleibenden Investitionen in erheblichem Maße in Rationalisierungen oder was auch zu vermuten ist, in den Abbau von sogenannte unproduktiven Unternehmensbereichen geflossen sind. Die Grundstoff- und Produktionsgüterindustrie verzeichnete aus diesen Gründen auch einen weit überdurchschnittlichen Investititionsrückgang von 17,2%;
- in Hamburg ist die Verschlechterung der wirtschaftlichen Leistungskraft im 'Produzierenden Bereich' vor allem dadurch gekennzeichnet, daß die Produktivität nicht in dem Maße erhöht werden konnte, wie im Ruhrgebiet. Dieses hat folgende Gründe: zum einen sind in der 'Mineralölindustrie', nicht in dem Maße Produktivitätsverbesserungen möglich wie in einigen Branchen der Grundstoffindustrie des Ruhrgebiets, desweiteren hat ein Investitionsrückgang im 'Stahl- und Schiffbau' stattgefunden.
- Im Ruhrgebiet entwickelten sich gerade im Investitionsgüterbereich die Investitionen in vielen wichtigen Branchen deutlich positiv und trugen damit erheblich zur Verbesserung des Gesamtergebnisses bei, welches vor allem durch die negative Entwicklung im Grundstoff- und Produktionsgüterbereich beeinträchtigt wurde.
- Insbesondere der Vergleich der Werte läßt vermuten, daß in allen Wirtschaftsbereichen noch erhebliche Produktivitätsreserven vorhanden sind, so daß

der starke Abbau der Beschäftigung trotz überdurchschnittlichem Wachstum und überdurchschnittlicher Produktivität nicht überrascht.

- Die mit 7,6% nur unterdurchschnittliche Produktivitätssteigerung im 'Produzierenden Bereich' des Stadtstaats Hamburg läßt sich insofern negativ beurteilen, als daß sie mit hoher Wahrscheinlichkeit eine Folge der durchweg und insbesondere im Investitionsgüterbereich negativen Entwicklung der Investitionen ist. Es war der Hamburger Industrie nicht möglich, erhebliche Prozeßinnovationen bei schrumpfendem bzw. stagnierendem Produktionsvolumen vorzunehmen.

III. Die Destabilisierung der regionalen Wirtschaftsstruktur altindustialisierter Ballungsgebiete durch Wachstumspolitik

1. Kritik an der bisherigen regionalen Wirtschaftspolitik in den Untersuchungsgebieten

Im vorangegangenen Teil der Arbeit wurde vergleichend die Krise zweier unterschiedlich strukturierter altindustrialisierter Ballungsräume anhand ausgewählter Indikatoren charakterisiert und ihre wirtschaftsstrukturellen Ursachen aufgezeigt. Trotz vieler deutlich gewordener Unterschiede hinsichtlich der Wirtschaftsstruktur sind auch Parallelen bei der intraregionalen Analyse der Entwicklung in den Regionen festzustellen. Beide sind von einer überdurchschnittlichen Verschlechterung der Wirtschafts- und Arbeitsmarktentwicklung betroffen. Darüber hinaus haben die Kernstädte unter anhaltender Abwanderung von Einwohnern und Arbeitsplätzen zu leiden. In beiden Fällen profitieren davon die kernstadtnahen Umlandkreise, was anhand der Entwicklung der Arbeitslosigkeit deutlich wird. Obwohl sich die Richtungen dieser Tendenzen gleichen, sind sie doch sowohl in ihrem Ausgangsniveau als auch in ihrem Ausmaß verschieden. Während in der Region Hamburg der Abschwung nicht so extrem ausfiel, ist das Ruhrgebiet viel stärker von der Krise betroffen.

Der Schwerpunkt dieses Teils der Arbeit liegt primär in der kritischen Bewertung der auf die Strukturkrise reagierenden Landespolitik. In diesem Zusammenhang muß dennoch einmal stichwortartig auf die wirtschaftliche Entwicklung in den Untersuchungsgebieten eingegangen werden, weil zur Legitimation staatlicher Eingriffe in die wirtschaftliche Entwicklung meistens unterschiedliche Erklärungen herangezogen werden, die auch immer den jeweiligen Stand der wirtschaftlichen Entwicklung widerspiegeln.

Im Rahmen der gesamtwirtschaftlichen Situation, die bundesweit seit Mitte der siebziger Jahre von Konjunkturrückgang, Arbeitsplatzabbau und Arbeitslosigkeit gekennzeichnet ist, haben sowohl in der Region Hamburg als auch im Ruhrgebiet strukturanfällige Wirtschaftszweige ein hohes Gewicht. Damit verbunden sind strukturbedingte Arbeitsplatzverluste, die verstärkt werden durch Rationalisierungswirkungen infolge des Einsatzes neuer Technologien. Die wirtschaftlichen Ursachen der Krise sind in den vorangegangenen Teilen der Arbeit deutlich geworden. Man kann die ökonomische Strukturkrise im Ruhrgebiet und in einem großen Teil der Region Hamburg als "Entaktualisierung der regionalen Produktivkraft[1]" bezeichnen. Die wesentlichen Elemente dieser wirtschaftsstrukturellen Schwächen sollen am Beispiel des Ruhrgebiets im folgenden stichwortartig angesprochen werden.

Das Ruhrgebiet ist von den allgemeinen wirtschaftlichen Entwicklungen aufgrund seiner spezifischen Wirtschaftsstruktur und relativer Standortnachteile gegenüber anderen Regionen besonders hart betroffen. Es handelt sich dabei insbesondere um:

- das große Gewicht des Montansektors;
- die Tendenz zur Monostruktur;
- die Dominanz des industriellen Sektors;
- das Vorherrschen wachstumsdefizitärer Wirtschaftszweige;
- die Dominanz von Großbetrieben;
- erhebliche Flächenengpässe.

Die Dominanz des industriellen Sektors (über 50% aller Arbeitsplätze) bedeutet das Übergewicht eines Wirtschaftsbereiches, der bundesweit durch Rationalisierung und Arbeitsplatzverluste gekennzeichnet ist. Verschärft wird dieses durch das Vorherrschen wachstumsdefizitärer und krisenanfälliger Industriegruppen (neben Stahlindustrie, Stahlbau, Holz-, Papier- und Druckgewerbe, Leder-, Textil-, Bekleidungsindustrie, Baugewerbe seit einiger Zeit Nahrungs- und Genußmittelindustrie und Teile der chemischen Industrie). Die bislang wachstumsintensiven Branchen sind dagegen unterrepräsentiert (Elektrotechnik, Feinmechanik, Maschinen- und Flugzeugbau). Wie auch in der Region Hamburg liegt ein weiterer Grund für die Schwäche der Ruhrgebietswirtschaft im hohen Anteil der Großbetriebe; in ihnen sind 60% der Industriebeschäftigten tätig. Diese Betriebe sind häufig durch geringe Produktdifferenzierung, geringe Anpassungsflexibilität an die veränderte wirtschaftliche Situation, großen Flächenverbrauch und hohe Umweltbelastung bei großer wirtschaftlicher und politischer Macht gekennzeichnet[2].

Die genannten Erklärungsversuche für Ursachen dieser krisenhaften Entwicklung beinhalten Aspekte, die es lediglich eingeschränkt ermöglichen, Konzepte zur Verbesserung der regionalen Wirtschaftsstruktur in diesen Regionen aufzustellen. Die bisher von der Betrachtung dieser krisenhaften Entwicklung abgeleiteten Politikansätze

---

[1] vgl. ROMMELSPACHER (1981, 778ff).

[2] vgl. KRUMMACHER (1982, 98).

haben die Situation jedoch verschärft, weil sie sich ausschließlich an globalen und nationalen Wachstumsraten[1] orientierten und die regionale Ausgangssituation ignorierten.

Die Aufgabe eines aktiven Strukturwandels stellt sich in beiden Regionen indessen seit langem. In den vergangenen, wirtschaftlich vergleichsweise sehr viel günstigeren Perioden bis Anfang der 70er Jahre wurde diese Aufgabe von den politischen und wirtschaftlichen Entscheidungsträgern entweder 'versäumt' oder verhindert. Zum einen von seiten der ansässigen Stahl- bzw. Werftunternehmen und ihrer jeweiligen Lobby in Politik, Verwaltung und Verbänden, deren Repräsentanten in der Strukturkrise immer an der staatlich subventionierten Erhaltung ihrer Gewinnsituation (Sozialisierung der Verluste), nicht dagegen an einem aktiven Strukturwandel mit unkalkulierbaren Risiken für die eigene Situation interessiert waren (z.B. Einsatz des Bodenmonopols der Montanindustrien zur Behinderung der Ansiedlung von Ersatzindustrien). Zum anderen von seiten der regionalen Krisensteuerungspolitik, der es mit Milliardensubventionen gelungen ist, die Strukturkrise des Bergbaus und der Werften zeitlich zu strecken und politisch zu entschärfen, deren Pläne zur Neuindustrialisierung bzw. Umstrukturierung ihrer Produktion allerdings nicht verwirklicht wurden. Im folgenden Kapitel sollen deshalb die verschiedenen Phasen der politischen Beeinflussung der Wirtschaftsentwicklung seit Mitte der sechziger Jahre dargestellt und kritisch auf ihre Ziele überprüft werden.

1.1 Etappen gescheiterter Planungs- und Modernisierungspolitik in den 60er und 70er Jahren

Anhand der Entwicklung in den beiden Untersuchungsregionen wird aufgezeigt, daß die jeweilige staatliche Regionalpolitik der vergangenen zwei Jahrzehnte ein Beleg für die Richtigkeit der These ist, daß der regionale Niedergang maßgeblich durch die trendverstärkende staatliche Beeinflussung der Wirtschaftsentwicklung hervorgerufen wird. Es handelt sich um eine mit Worten auf Umstrukturierung abzielende, in der Realität aber durch eine status-quo-Orientierung gekennzeichnete Regionalpolitik.

---

[1] In diesem Zusammenhang muß nochmals auf den Tatbestand verwiesen werden, daß die Strukturkrise der beiden Regionen und ihre aktuelle Ausprägung in einem engen Zusammenhang mit den gesamtwirtschaftlichen Problemen der Bundesrepublik und der Stellung der bundesrepublikanischen Ökonomie auf dem Weltmarkt steht.

An dieser Stelle sei lediglich betont, daß sich Ausrichtung und Praxis der staatlichen Regionalpolitik in enger Verbindung mit dem ebenfalls status-quo-orientierten Zusammenwirken von Großunternehmen, Gewerkschaften und politischen Entscheidungsträgern als zentrale Hemmnisse einer rechtzeitigen Umstrukturierung und Zukunftsorientierung der Region erwiesen haben.

Zur Entwicklung im Ruhrgebiet:

Besonders deutlich wird diese Politik im Ruhrgebiet, denn von Mitte der 60er bis Mitte der 70er Jahre wurde dort eine Anzahl von Plänen und Programmen zur Entwicklung und Umstrukturierung dieser montanindustriellen Region aufgestellt. Hervorzuheben sind vor allem der 'Gebietsentwicklungsplan'[1] des Siedlungsverbandes Ruhrkohlenbezirk von 1966, das 'Entwicklungsprogramm Ruhr 1968-1975'[2] der nordrheinwestfälischen Landesregierung von 1968, das 'Nordrhein-Westfalenprogramm 1975'[3] der Landesregierung von 1970. Die Planungen und Programme können als Ausdruck eines Sozialstaatsverständnisses gewertet werden, welches ab Mitte der 60er Jahre die Politik in der Bundesrepublik Deutschland und ganz besonders auch in Nordrhein-Westfalen bestimmt hat. Insbesondere im Ruhrgebiet mit seinen vielfältigen sozialen und ökonomischen Problemen sollte die Modernisierung der Wirtschaft durch die Planung des sozialen Wandels im Rahmen einer integrierten Entwicklungspolitik des Staates erreicht werden[4].

Der vermehrte Handlungsbedarf entstand in dem Moment, in dem die Montanunternehmen begannen, sich aus der Region zurückzuziehen und damit das in Entwertung begriffene Ruhrgebiet praktisch dem Staat überließen. Daraufhin wurde in Zusammenarbeit von Politik, Montanunternehmen und Bergbaugewerkschaft ein Programm zur Überwindung der Kohlenkrise entwickelt, daß neben der Gründung der Einheitsgesellschaft (Ruhrkohle AG) und umfangreichen Rationalisierungen auch die Abfede-

---

[1] vgl. SIEDLUNGSVERBAND RUHRKOHLENBEZIRK (1966).

[2] vgl. LANDESREGIERUNG VON NORDRHEIN-WESTFALEN (1968).

[3] vgl. LANDESREGIERUNG VON NORDRHEIN-WESTFALEN (1970).

[4] vgl. PROJEKTGRUPPE RUHRGEBIET (1987, 54).

rung von Massenentlassungen vorsah. Gleichzeitig begannen planerische Überlegungen, die die regionale Sanierung des Ruhrgebiets vorsahen[1].

Rückblickend muß an dieser Stelle nochmals betont werden, daß der krisenhafte Niedergang des Ruhrgebiets in seiner Schärfe nicht ohne den erheblichen Abbau des Bergbausektors und den damit verbundenen wirtschaftlichen und sozialen Problemen der Region möglich war. Der Steinkohlenbergbau, der durch seine Arbeitsplätze, Verflechtungen mit anderen Wirtschaftszweigen und diversen Sekundäreffekten eine überragende Bedeutung hatte, geriet ab 1958 in eine schwere Absatzkrise. Das hatte erhebliche Auswirkungen auf die gesamte Ruhrgebietswirtschaft, die sich insbesondere an den erheblichen Rückständen des Wirtschaftswachstums in der Region zeigten.

Die erste umfassendere Reaktion auf diese nicht mehr nur konjunkturellen Einbrüche sowie die daraus resultierenden politischen Unruhen war der 'Gebietsentwicklungsplan von 1966' (GEP '66)[2]. Er hatte eine "... gesunde Weiterentwicklung der im Ruhrgebiet erreichten Bevölkerungs- und Wirtschaftskonzentration ... im Interesse seiner ungestörten Funktionsfähigkeit und seiner gesamtwirtschaftlichen Bedeutung" zum Ziel[3]. Der GEP '66 war zwar keine unmittelbare Antwort auf die Kohlenkrise, betonte aber - trotz Betonung der Montanindustrie - angesichts weiterer Zechenstillegungen die Notwendigkeit einer wirtschaftlichen Diversifizierung. Allerdings waren die Lösungswege, die nach 1966 eingeschlagen wurden, immer noch von dem Bestreben gekennzeichnet, sich mit den Montanunternehmen zu arrangieren. Insbesondere weil der GEP '66 trotz der anstehenden wirtschaftlichen Probleme lediglich global die künftige Struktur des Ruhrgebiets skizzierte, erscheint er nicht als taugliches Instrument zur umfassenden wirtschaftlichen Strukturverbesserung. Der Weg des bloßen Krisenmanagements, der Streckung des Anpassungsprozesses und des Arrangements mit den Montankonzernen verbaute im Ansatz die Möglichkeit, die Krise des Ruhrgebiets zu lösen[4].

---

[1] vgl. KRUMMACHER et al. (1985, 54).

[2] vgl. PROJEKTGRUPPE RUHRGEBIET (1987, 55).

[3] vgl. SIEDLUNGSVERBAND RUHRKOHLENBEZIRK (1966, 70).

[4] vgl. ROMMELSPACHER (1982, 28).

Ein darauf folgender Schritt - über die Modernisierung des Kohlensektors hinaus-
zur Bewältigung der umfassenden Ruhrgebietskrise war das von der Landesregierung
entworfene 'Entwicklungsprogramm Ruhr 1968-1973' (EPR)[1]. Es sollte als Kombination
aus Wirtschafts- und Landesplanungspolitik die Umstrukturierung der Region fördern.
Das Ziel war es, im Ruhrgebiet eine Neuindustrialisierung durch Nicht-Montanunter-
nehmen zu erreichen und so bis etwa 1973 einen ausgeglichenen Arbeitsmarkt zu
schaffen[2].

Tatsächlich formulierte das EPR erstmals eine regionale Strukturpolitik, die konkret
auf den räumlichen Gegebenheiten des Reviers fußte; darüber hinaus wurde mit dem
EPR die Bündelung strukturrelevanter Staatstätigkeit an bestimmten Fixpunkten
vorgesehen. Es ging also um eine Ballung von Siedlungs- und Infrastruktur an geeig-
neten Punkten, denn seit dem Wachstum der Montanindustrie Mitte des vergangenen
Jahrhunderts war eine, das Ruhrgebiet kennzeichnende zersplitterte Siedlungsstruktur
entstanden. Insbesondere das Fehlen eines regionalen Nahverkehrssystems stellte
erhebliche Hindernisse für eine Neuindustrialisierung und Modernisierung des Ruhrgebiets dar. Außerdem hatte sich nie ein Zentrum bilden können, das die Region dominiert. Die zersplitterte Raumstruktur des Ruhrgebiets sollte sich zwecks 'Allokation
aller vorhandenen Produktionsfaktoren' gewissermaßen in ihr Gegenteil verkehren.
Vor allem in den Bereichen 'Verkehrsnetze/ Stadtzentren', 'Schulen/Hochschulen'
sollte eine Steigerung der Mobilität der Produktionsfaktoren Boden, Arbeit und Kapital erreicht werden, um die Region Ruhrgebiet mit ihrem Arbeits- und Absatzmarkt
im internationalen Wettbewerb bestehen zu lassen.

Eine detaillierte Beschreibung der einzelnen Schwerpunkte dieses Programms, dessen
wichtigstes Anliegen die Mobilisierung des Bodens, der Ausbau der Atomenergie in
Verbindung mit neuen Kohleveredelungstechniken, der Modernisierung der staatlichen
und kommunalen Verwaltung sowie des Ausbaus des öffentlichen Nahverkehrssystems
war, erscheint nicht sinnvoll. Auch dieses staatliche Interventionsprogramm für das
Ruhrgebiet erwies sich in den folgenden Jahren sowohl hinsichtlich der Einschätzung

---

[1] vgl. LANDESREGIERUNG VON NORDRHEIN-WESTFALEN (1968, 11).

[2] vgl. HALSTENBERG (1967, 13).

des Ausmaßes der Krise, als auch hinsichtlich des Außerachtlassens der Machtposition der Montanunternehmen als Fehleinschätzung[1].

Insbesondere die Mobilisierung des Bodens, die im EPR als politisch durchsetzbar eingeschätzt wurde, um größere Industrieansiedlungsprojekte zu ermöglichen, wurde nicht erreicht. Zwar konnte auf der Basis der gegründeten 'staatlichen' Ruhrkohle AG der Rückzug der Montanunternehmen aus dem Bergbau eingeleitet werden, doch gelang dieses Konzept nur partiell. Die konkreten Machtverhältnisse erlaubten es lediglich, die ohnehin verlustbringenden Ruhrgebietszechen aufzukaufen, während der große Grundbesitz des Kohlekapitals mit Ausnahme der Betriebsflächen der Zechen in den Händen der Altgesellschaften blieb.

Zum einen zeigt der Ansatz des 'Entwicklungsprogramms Ruhr' mit der zeitlich parallel erfolgten Gründung der Ruhrkohle AG den Rückzug der Altgesellschaften in andere Wirtschaftsbereiche. Zum anderen wird anhand dieser Maßnahme deutlich, daß der Versuch unternommen wurde, den Niedergang des Ruhrgebietes zu kanalisieren, weswegen es verfehlt wäre, das gesamte Entwicklungsprogramm als wirkungslos abzutun. Der Staat übernahm mit der Durchsetzung des EPR erstmals seit Bestehen der Industrieregion die Gesamtverantwortung für die Krisensteuerung, also für die erforderlichen Massenentlassungen sowie für deren Streckung und politische Durchsetzbarkeit mit Sozialplänen etc. Insbesondere in der von staatlicher Seite angestrebten regionalen Sanierung durch die baulich-räumliche Modernisierung und die angestrebte Konzentration der Bevölkerung in wenigen hochverdichteten Siedlungsschwerpunkten können aus dem heutigen Blickwinkel deutliche Elemente von Rationalisierung und Ausgrenzung großer Teile der Region und Bevölkerung gesehen werden. Die Modernisierung des Ruhrgebiets enthielt also schon in dieser Zeit Elemente der Stilllegung nicht mehr anpassungsfähiger Siedlungsteile[2].

Da auch das 'Entwicklungsprogramm Ruhr' letztlich immer an seiner Relevanz für die Bewältigung der Krise des Ruhrgebiets gemessen werden muß, erscheint insbesondere die Tatsache interessant, daß das Programm nicht fortgeschrieben wurde. Erst elf Jahre später, im Mai 1979, wurde das Ruhrgebietsprogramm von Castrop-Rauxel als neues regionales Handlungskonzept vorgelegt. Es war allerdings keine Fortschreibung

---

[1] vgl. ROMMELSPACHER (1982, 28).

[2] vgl. KRUMMACHER (1985, 55).

156

des EPR-Konzeptes, denn die Bemühungen der baulich-räumlichen Veränderung der Struktur des Ruhrgebietes konnten zum größten Teil aus fiskalischen Gründen nicht realisiert werden. Gerade das neu zu schaffende System von Massenverkehrsträgern, einem Kernstück der Modernisierung und Rationalisierung des Ruhrgebiets, erwies sich als nicht finanzierbar[1]. Diese vor allem unter der Führung der SPD umgesetzte staatliche Politik und Planung verlor mit den sozialen und ökonomischen Veränderungen ab Mitte der 70er Jahre immer mehr an Gewicht.

> "Von den damaligen Ansprüchen einer gesamtgesellschaftlichen Reform blieb nur noch die soziale Flankierung einer ungeplanten wirtschaftlichen Umstrukturierung, deren Bestreben die Sicherung der Konkurrenzfähigkeit am Weltmarkt ist". (PROJEKTGRUPPE RUHRGEBIET 1987, 66)

Zur Entwicklung in der Region Hamburg:

Auch in Hamburg wurden nach der Wiederaufbauphase der 50er Jahre aufgrund der aufkommenden wirtschaftlichen Probleme Überlegungen über die Zukunft der Hamburger Wirtschaft angestellt. Die Stagnation, insbesondere im 'Verarbeitenden Gewerbe' verstärkte sich einerseits durch verhaltenes Wachstum der Produktion und andererseits durch den schon damals beginnenden Beschäftigungsabbau. Erstmals konnte auch in der Statistik nachgewiesen werden, daß Hamburg im industriellen Bereich hinter der Entwicklung des Bundesgebiets zurückzubleiben drohte. Insbesondere im Schiffbau machte sich die weltweit fortschreitende Industrialisierung und der sich damit für Hamburg abzeichnende negative Einfluß auf regionaler, nationaler und internationaler Ebene bemerkbar.

Letztlich resultierten die Probleme der Hamburger Industrie aus unterschiedlichen Einflußfaktoren, die sich teilweise überlagerten und verstärkten und zum Teil auch noch heute fortbestehen: zum einen hatte die Hansestadt durch die Teilung Deutschlands nach dem Zweiten Weltkrieg einen wichtigen Teil ihres Verflechtungsbereiches eingebüßt. Zum anderen kam der Hafenstandort im Norden durch die beginnende Verlagerung der Güterströme und der Produktionsstandorte in den Süden der Bundes-

---

[1] Das projektierte Verkehrsnetz von ungefähr 400 km Länge mußte reduziert werden und war schließlich auf isolierte Teilstücke von 150 km Länge geschrumpft.

republik sowie durch den Ausbau der EG in eine wirtschaftliche Ungunstsituation. Ein ebenfalls wichtiger Faktor, der sich schon zu Beginn der 60er Jahre andeutete, war der Bedeutungsverlust des Schiffs- und Eisenbahntransports zugunsten von LKW und Pipeline, wodurch insbesondere die Binnenstandorte in der Bundesrepublik begünstigt wurden. Dieses verursachte einen erheblich rückläufigen Anteil Hamburgs am deutschen Außenhandel (von 23% in den 50er Jahren über 17% in den 60er Jahren bis auf rund 10% im Jahr 1985)[1].

Des weiteren wirkte sich die Kaufkraftschwäche in den dünn besiedelten agrarisch geprägten Küstenräumen sowie das im Osten fehlende Hinterland nach den Rückgängen der Inlandsnachfrage in Folge von Saturierungserscheinungen negativ aus. Ein weiterer Faktor, der regionalpolitische Anstrengungen dringend erforderlich machte, waren die kleinräumigen Territorialgrenzen. Gerade die Konkurrenzen und Rivalitäten zwischen den norddeutschen Bundesländern behinderten den koordinierten Ausbau der Verkehrs- und Siedlungsinfrastruktur, der für industrielle Anpassungen dringend erforderlich wurde. Ein Grund für die sich abzeichnende mangelnde Dynamik der Hamburger Wirtschaftsstruktur und das Zurückbleiben der wirtschaflichen Entwicklung wurde darüber hinaus in dem Mangel an erschlossenen, baureifen Flächen für die räumliche Ausweitung expansionsträchtiger bestehender und die Ansiedlung neuer Betriebe gesehen[2].

Die sich abzeichnende Krise des 'Produzierenden Gewerbes' gab Anlaß zu umfangreichen Strukturanalysen, Strategiediskussionen und Planungsmaßnahmen[3], die in Hamburg - wie auch im Ruhrgebiet - von der Auffassung geleitet waren, daß der Marktmechanismus allein nicht in der Lage sei, hinsichtlich der Wirtschaftsstruktur eines Raumes jene Flexibilität sicherzustellen, die zur Erreichung des Wachstumszieles erforderlich ist. Im September 1965 legten Jürgensen und Voigt ein umfangreiches Gutachten 'Produktivitätsorientierte Regionalpolitik als Wachstumsstrategie Hamburgs' vor[4]. Es handelte sich hierbei um die erste grundsätzliche ökonomische Situationsanalyse der Nachkriegszeit für Hamburg, in der es um eine neue wirtschaftspolitische

---

[1] vgl. NUHN (1985, 598).

[2] vgl. FLOHR (1982, 413).

[3] vgl. NUHN (1985, 598).

[4] vgl. JÜRGENSEN; VOIGT (1965, 211ff).

Programmierung einer auf hohem Wohlstandsniveau agierenden Regionalwirtschaft ging. Deren generelle Analyse konstatierte, daß die privatwirtschaftlichen Wachstumskräfte im Hamburger Raum so stark seien, daß die Regionalpolitik den Wachstumsprozeß nicht erst durch eigene Wirtschaftstätigkeit und direkte Interventionen mit entsprechender Beeinträchtigung der freien unternehmerischen Tätigkeit und Standortwahl auszulösen brauchte, andererseits, wie schon erwähnt, der Marktmechanismus allein allerdings nicht in der Lage sei, dieses zu erreichen.

Für die Industrie- und Wirtschaftsförderung wurden solche Bereiche als vorrangig ausgewiesen, die unempfindlich gegenüber Bodenpreisen waren und auf qualitativ hochwertige Arbeitsplätze sowie auf Agglomerationsvorteile angewiesen waren. Diese Vorschläge zur Regionalpolitik sowie zur Industrie- und Wirtschaftsförderung fanden dann in den 'Leitlinien der Hamburger Wirtschaftspolitik' von 1965[1] in programmatischen Aussagen des Senats sowie des Wirtschaftssenators eine Fortführung[2].

Die Leitlinien gingen von einem insgesamt günstigen Bild der Hamburger Wirtschaftslage aus, ohne jedoch deren strukturelle Schwächen zu verschweigen. Schwerpunkte der wirtschaftlichen Aktivität (Wirtschaftspolitik) sollten demnach künftig die Erweiterung des Industriepotentials sowie Hilfe für entwicklungsfähige Unternehmen sein. Mit den Bemühungen um die Ergänzung des Hamburger Industriepotentials war sowohl die Expansion produktiver und wachstumsfähiger ansässiger Industrien wie auch die Ansiedlung neuer Betriebe gleicher Qualifikation gemeint. Zusammenfassend betrachtet, stellten die 'Leitlinien' die Industrie als den wichtigsten Adressaten für Wirtschaftsförderungsmaßnahmen heraus. Aufbauend auf den 'Leitlinien' beschloß daher der Senat im November 1965 ein Zusatzprogramm über 'Maßnahmen zur Ergänzung und Erweiterung des Hamburger Industriepotentials'. Es sollte im wesentlichen den expansionshemmenden Grundstücksengpaß beseitigen.

Als Antwort auf die dargelegten wirtschaftlichen Probleme und den damit verbundenen Beschäftigungsabbau Hamburgs wurde in 'Absprache'[3] mit den Nachbarländern

---

[1] vgl. FREIE UND HANSESTADT HAMBURG (1965).

[2] vgl. KERN (1972).

[3] Die raumordnungspolitischen Interessen der drei Bundesländer waren sehr unterschiedlich. Schleswig-Holstein und Niedersachsen konnten sich aufgrund ihrer eigenen Probleme als Flächenstaaten diesem Entwicklungsmodell nur bedingt an-

und entsprechend den 'Leitlinien der Hamburger Wirtschaftspolitik' auf die Industrialisierung der Unterelbe-Region gesetzt. Hamburg sah sich im Mittelpunkt eines weitgefaßten Unterelberaumes, den es über Förderungsschwerpunkte und Entwicklungsachsen zu ordnen galt[1]. Insbesondere von der Ansiedlung rohstoffverarbeitender Industrien versprach sich Hamburg sowohl eine Zunahme des Warenumschlags im Hamburger Hafen als auch die Ansiedlung weiterer Industrien die die Vorprodukte verarbeiten[2].

Kennzeichend für die danach eingeleitete Politik der 60er Jahre war die Industrieansiedlung großdimensionierter Unternehmen, die primär die traditionellen Standortvorteile Hamburgs wie die Lage am seeschifftiefen Wasser ausnutzen wollten[3]. Allein für Hamburg[4] waren die Ergebnisse dieser Politik die Ansiedlung der Großunternehmen 'Reynolds Aluminium' (später 'Hamburger Aluminium Werke') sowie die seinerzeit weltweit expandierende 'Korff-Gruppe' (später 'Hamburger Stahlwerke'). Im Gegensatz zur problemloseren Ansiedlung des Korff-Unternehmens, war die Ansiedlung von 'Reynolds-Aluminium' mit erheblichen Komplikationen (bei der Elektrolyse freiwerdende Fluoremissionen) verbunden und führte im Laufe des Konfliktes zur teilweisen Übernahme des Werkes durch die Hansestadt[5].

Parallel zu den Industrieansiedlungs-Projekten wurde eine Verbesserung der bis in die 60er Jahre als relativ ungünstig eingeschätzten Energiesituation vorgenommen[6]. Sowohl mit dem Bau des Atomkraftwerks in Stade (1972) und der Planung des Atom-

---

schließen. Für sie ging es im Gegensatz zu Hamburg mehr um die Strukturverbesserung des ländlichen Raumes über die Förderung von eigenen Schwerpunkträumen.

[1] vgl. dazu das Modell für die wirtschaftliche Entwicklung des Unterelbe-Raumes von KERN (1972).

[2] vgl. DANGSCHAT; KRÜGER (1986, 190).

[3] vgl. HARTWICH (1987, 34).

[4] Es muß darauf verzichtet werden an dieser Stelle die Industrieansiedlungsvorhaben für den gesamten Unterelbe-Raum darzustellen. Vgl. dazu KREBS (1980, 169ff).

[5] Im Zuge dieser Auseinandersetzung, wegen des unkalkulierbaren Prozeßrisikos sowie der Talfahrt der Aluminiumpreise zog sich der Konzern teilweise aus seinem Hamburger Engagement zurück.

[6] Die Energiepreise waren gegenüber Standorten in Nordrhein-Westfalen relativ hoch. Die norddeutschen Küstenstandorte hatten dadurch Probleme, ihre Vorteile durch den Bezug preisgünstiger Energieträger auf dem Seeweg zu nutzen.

kraftwerks in Brokdorf wurde versucht, dem Energieaspekt als Standortfaktor Rechnung zu tragen. Sowohl mit dem Kraftwerksbau als auch mit dem seeschifftiefen Wasser und dem zur Verfügung stehenden Gelände wurde versucht, positive Standortfaktoren für Industrieansiedlungen zu schaffen.

Wie an den Konflikten um die Ansiedlung und Übernahme von 'Reynolds-Aluminium' deutlich wurde, bedeutete die Industriepolitik der 60er Jahre durchaus keine befriedigende Lösung der von Hamburg angestrebten Umstrukturierung und Diversifizierung seiner industriellen Arbeitsplätze. Obwohl erhebliche finanzielle Mittel zur Ansiedlung und für infrastrukturelle Vorleistungen aufgewandt wurden, erwiesen sich die großen Industrieansiedlungen letztlich als Mißerfolg. Die Hansestadt mußte erhebliche Aufwendungen zur Erhaltung der Arbeitsplätze leisten, ohne damit eine Reduktion der Beschäftigung verhindern zu können. Besonders die Subventionierung für den sehr billigen Strompreis waren zu hoch; sie betrugen bis 1980 jährlich etwa 100 Mio. DM[1]. Hinzu kamen ständige Zinssubventionen und das Risiko, bei mangelnder Kapazitätsauslastung entstehende Verluste auffangen zu müssen. Wenn oben von einer relativ problemlosen Ansiedlung des 'Korff-Unternehmens' gesprochen wurde, so trifft dieses nur auf die Anfangsjahre der Produktion zu. Auch hier leistete die Hansestadt - wie im Fall Reynolds - erhebliche Vorleistungen für die Stahlwerke. Insgesamt beliefen sich diese Vorleistungen auf etwa 20 Mio. DM. Insbesondere die allgemeine Stahlkrise sowie die Preisexplosion auf dem Energiemarkt ließen das Stahlunternehmen mit Rationalisierungen und Massenentlassungen reagieren. Nach dem Konkurs der Firma 'Korff' im Jahr 1983 mußte der Hamburger Senat die weitere Existenz des Unternehmens durch Gründung einer Auffanggesellschaft und damit verbundenen erheblichen finanziellen Aufwand sicherstellen.

Wirtschaftspolitische Konsequenzen lassen sich nicht leicht ziehen. Beiden Neugründungen ist gemeinsam, daß die in sie gesetzten Erwartungen nicht erfüllt wurden. Die Investitionen des Staates standen in keinem vertretbaren Verhältnis zu den erzielten Steuereinnahmen, auch ist die projektierte Zahl der Beschäftigten nie erreicht worden und war von Beginn an stetig rückläufig. Spätestens seit Mitte der 70er Jahre wurde das Scheitern des gesamten Konzeptes deutlich. Die angesiedelten Großbetriebe wurden zu stark subventioniert, obwohl von ihnen keine Impulse für die weiterverarbeitende Industrie ausgingen. Die staatlich geförderten Industriean-

---

[1] vgl. MÖLLER (1985, 211).

siedlungen sind teuer erkauft worden, ihr wirtschaftlicher Nutzen für Hamburg bleibt fraglich. Inbesondere auch aus umweltpolitischen Überlegungen bleibt die Fragwürdigkeit dieser Projekte bestehen, da sich erhebliche Belastungen für die landwirtschaftlich intensiv genutzten umliegenden Flächen ergaben.

Zusammenfassend betrachtet, leiteten die regionalpolitischen Maßnahmen ab Mitte der 60er Jahre in Norddeutschland, die an dieser Stelle exemplarisch für Hamburg aufgezeigt wurden, die aktive Phase der staatlichen Regionalpolitik ein. Es wurde in Schwerpunkträumen und Wachstumspolen eine nachholende Industrialisierungsstrategie durchgeführt, wobei großflächige Industrieansiedlungen als Ersatz für die Folgen der Umstrukturierung im traditionellen Investitionsgütersektor, im Kleingewerbe sowie in der Hafenwirtschaft entstanden. Die auf diese Weise verausgabten regionalpolitischen Mittel in Milliardenhöhe erreichten nie die angekündigten Beschäftigungseffekte, ihre nicht unerheblichen ökologischen Folgen dagegen sind weithin bekannt.

> "Die flächen- und kapitalintensiven Betriebe der Grundstoffindustrie trugen zusammen mit den Konflikten um die Hafenerweiterung vielmehr dazu bei, in Hamburg ein industriefeindliches Klima zu schaffen, das weite Kreise der Öffentlichkeit, politische Gruppierungen und Teile der Verwaltung beeinflußte." (NUHN 1985, 598)

In der Tat hat sich der 'Trend zur Küste' im Laufe der 70er Jahre längst umgekehrt und in einen Teufelskreis aus Arbeitsplatzverlusten, Wachstumsschwächen, Überbelastungen der öffentlichen Finanzen und Innovationsdefiziten verwandelt. Gerade mit dieser Form der staatlichen Industrieansiedlungspolitik konnte der vom Bundesgebiet negativ abweichende Entwicklungstrend nicht ausgeglichen werden. Die speziellen Strukturbedingungen in der alten Seehafenmetropole haben die Entstehung dieses Gefälles insgesamt noch begünstigt, da die Wachstumsimpulse, die von der städtischen Entwicklung bisher auf die ganze Region ausstrahlten, in Norddeutschland an Dynamik verloren haben[1].

Trotzdem läßt sich das, was heute in Hamburg und dem Ruhrgebiet zu beobachten ist, nicht einfach als Prozeß der Schrumpfung bezeichnen. Vielleicht ist gerade auch in der falschen Beurteilung dieser Entwicklung die aus heutiger Sicht verfehlte Wirtschaftspolitik ab Mitte der 60er Jahre zu sehen, die nach wie vor extrem auf den produktiven Bereich (bei den Neuansiedlungen handelte es sich um etwa 80% gewerb-

---

[1] vgl. WARSEWA (1985, 9).

liche Arbeitsplätze) ausgerichtet war. Vielmehr handelte es sich schon damals um einen funktionalen Strukturwandel, in dessen Verlauf sich die großen Agglomerationen mit zunehmender Geschwindigkeit zu Zentren des technisch-organisatorischen Wissens sowie der Informationsproduktion und Kommunikation entwickelten. Die Anpassungsprobleme an diesen Strukturwandel betrafen im Laufe der 60er und 70er Jahre am stärksten jene Städte, die vom Aufschwung des Industriesystems bisher am meisten profitierten. Dementsprechend tragen sie die größten Altlasten eines nicht mehr funktionsgerechten Sach- und Infrastrukturbestandes, dessen Umbau erst die Voraussetzung für die Übernahme dieser neuen regionalen Arbeitsteilung war und auch heute noch ist.

1.2 Regionalpolitik nach 1975 unter veränderten gesamtwirtschaftlichen Rahmenbedingungen zwischen Modernisierung und Marktregulierung

Ab Mitte der 70er Jahre wurde immer deutlicher, daß der Modernisierung und Rationalisierung des Ruhrgebiets immer deutlichere Schranken gesetzt waren. Der Beginn der Stahlkrise und die dadurch ausgelöste Krise der Staatsfinanzen ließen den vorübergehend gebremsten Niedergang der gesamten Wirtschaftsregion schneller voranschreiten. Vor allem durch das Ansteigen der Massenarbeitslosigkeit sah sich die Landesregierung von Nordrhein-Westfalen gezwungen, mit dem 'Aktionsprogramm Ruhr, 1980-1985' (APR)[1] einen weiteren Versuch gegen den regionalwirtschaftlichen Niedergang des Reviers zu unternehmen.

Anhand dieses Programms wird hier untersucht, ob die Landesregierung mit diesem Maßnahmenbündel an die Planungsphase der 70er Jahre anknüpfte, um den erforderlichen Strukturwandel aktiv zu gestalten. Weiterhin wird gefragt, ob das APR eine aktive Politik gegen die Zuspitzung der krisenhaften Entwicklung des Ruhrgebiets ist oder ob die Maßnahmen lediglich eine weitere Subventionierung des Montanbereiches bedeuteten und den erforderlichen Strukturwandel behinderten. Betrachtet man die damaligen Subventionen und die damit verbundene kapitalorientierte Modernisierungsstrategie, so ist zu fragen, ob dieses Aktionsprogramm eine aktive staatliche Gegensteuerung gegen raumstrukturelle Fehlentwicklungen darstellte und sich nicht   eher

---

[1] vgl. LANDESREGIERUNG VON NORDRHEIN-WESTFALEN (1980).

trendnachvollziehend auswirkte, indem bestehende negative Strukturen weiter verstärkt wurden.

Das 'Aktionsprogramm Ruhr' (APR), dem eine intensive Diskussion aller an der Entwicklung des Reviers beteiligten gesellschaftlichen Gruppen vorausging, hatte ein Gesamtvolumen von 6,935 Mrd. DM (im wesentlichen Bundes- und Landesmittel) und zielte auf Strukturveränderungen durch den Ausweis von mehr als 80 Einzelmaßnahmen in sieben Programmpunkten[1]. Es war begrenzt auf die Jahre 1980 bis 1984 und sollte dazu beitragen, die Anpassungsfähigkeit des Reviers zu erhöhen und die Attraktivität dieses größten Ballungsraumes in Europa zu stärken. Dabei wurde von seiten der Landesregierung betont, daß

> "... staatliche Politik, auf Bundes-, Landes- oder kommunaler Ebene, Wirtschaft und Unternehmen die grundsätzliche Verantwortung für den Strukturwandel nicht abnehmen kann. Der Staat kann und will bessere Rahmenbedingungen zur Erhöhung der Mobilität von Kapital, Arbeit und Boden schaffen. Hierzu gehört auch die soziale und regionale Abfederung des Strukturwandels. Die Hauptaufgabe der Politik der Landesregierung liegt seit 1980 darin, den Wandlungsprozeß für die Menschen sozial abzufedern..."
> (LANDESREGIERUNG VON NORDRHEIN-WESTFALEN 1980, 6).

Die Programmkomplexe umfaßten die Bereiche:
- Bekämpfung der Arbeitslosigkeit und Verbesserung der Bildung und Ausbildung;
- Schaffung zukunftsweisender Technologien und Innovationen;
- Stadterneuerung, Verbesserung des Wohnumfeldes und Sport- förderung;
- Umweltschutz;
- Stärkung des Ruhrgebiets als energiewirtschaftliches Zentrum;
- Stärkung der Investitionskraft;
- Ausbau des kulturellen Lebens im Ruhrgebiet.

Anhand der Programmkomplexe läßt sich ohne Zweifel feststellen, daß das APR an den Ursachen und Folgewirkungen des ökonomischen Strukturwandels im Revier anzusetzen versuchte. Diversifizierung der industriellen Monostruktur, Förderung des tertiären Sektors, Konzentration auf kleinere und mittlere Unternehmen, Nutzung von Innovationspotentialen, Verbesserung der Qualifikationsstruktur der Arbeitnehmer, Anhebung der Arbeits- und Lebensbedingungen im Ruhrgebiet u.a.m. zielen - zumindest vom Wortlaut - auf die benannten Strukturprobleme. Innerhalb der kritischen Würdigung des APR soll an dieser Stelle nicht auf alle Programmpunkte eingegangen

---

[1] vgl. LANDESREGIERUNG VON NORDRHEIN-WESTFALEN (1980, 92ff).

werden, sondern nur auf diejenigen, an denen sich dessen Struktur gut aufzeigen läßt.

Entgegen der normativen Zielsetzung äußerte sich Kritik an diesem Aktionsprogramm. Es sei kein geschlossenes Konzept, sondern eher eine additive Zusammenfassung zum Teil laufender Einzelvorhaben. Darüber hinaus sei eine nur mangelnde inhaltliche wie regionale Schwerpunktbildung sowie eine Verfälschung kommunaler Investitionsprioritäten verursacht worden. Insbesondere der erste Programmbereich 'Bekämpfung der Arbeitslosigkeit und Verbesserung der Bildung und Ausbildung' stellte im Vergleich zu den anderen Punkten mit 630 Mio. DM einen nur kleinen Bereich dar. Den wichtigsten Unterpunkt bildete mit einem Volumen von 243 Mio. DM das Zusatzprogramm des Landes für befristete Arbeitsbeschaffungsmaßnahmen (ABM), die aber im Regelfall nur zu einer zeitweisen Entlastung des Arbeitsmarktes führen. ABM-Stellen werden nach wie vor nur in den seltensten Fällen in Dauerarbeitsplätze umgewandelt und führen somit langfristig nicht zu einer Verbesserung der Arbeitsmarktsituation im Ruhrgebiet[1]. Darüber hinaus besteht die große Gefahr, daß ABM-Beschäftigungsverhältnisse zu einem Abbau von Planstellen führen. Insgesamt läßt sich feststellen, daß die arbeitsmarktpolitischen Ansätze des Programms die konjunkturell bedingte Verschlechterung der Ausgangssituation nicht aufhalten konnten.

Für den Bereich 'Verbesserung der Bildung und Ausbildung' standen innerhalb des APR nur 3% des Gesamtetats zur Verfügung, was angesichts der im Ruhrgebiet besonders hohen Zahl an schlecht qualifizierten und umschulungsbedürftigen Arbeitnehmern eine zu geringe finanzielle Förderung war[2]. Den zweiten Programmbereich 'Zukunftsweisende Technologien und Innovationen' hatte das APR zu einem zentralen Ansatzpunkt gemacht, um den "... dringend erforderlichen Strukturwandel" und die "... Modernisierung der Volkswirtschaft" zu unterstützen[3]. Er war im wesentlichen auf eine Stärkung der Basisindustrien (Bergbau, Stahl) ausgerichtet. Konkurrenzfähigkeit und technischer Fortschritt waren für die Landesregierung dabei gleichzeitig der Garant für Wachstum und dieses wiederum für Arbeitsplatzsicherung.

---

[1] vgl. RHEIN-RUHR-INSTITUT FÜR SOZIALFORSCHUNG UND POLITIK-BERATUNG (1983/84, 11).

[2] vgl. LANDWEHRMANN (1980, 105).

[3] vgl. LANDESREGIERUNG VON NORDRHEIN-WESTFALEN (1983, 7).

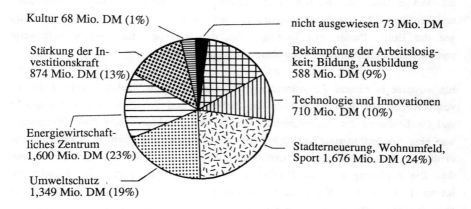

Abb. 13: Aktionsprogramm Ruhr der Landesregierung NW für die Jahre 1980 bis 1984
(Quelle: KVR 1980, Leitfaden für das APR)

Der Programmbereich 'Zukunftsweisende Technologien und Innovationen' hatte ein Volumen von 710 Mio. DM, wobei zusammen 375 Mio. DM für die Kernpunkte "Technologieprogramm NW" und für "Besondere Maßnahmen des Bundes zur Eisen- und Stahlforschung" veranschlagt wurden.

Der Großteil der Mittel floß bisher also direkt der Verbesserung der Technologie im Stahl- und Bergbaubereich zu und hatte als Begleiterscheinung erhebliche Rationalisierungen mit einem Arbeitsplatzabbau zur Folge[1]. Darüber hinaus ist mit diesen Mitteln die Monostruktur des Ruhrgebiets nicht vermindert worden.

"Bei einem Industriezweig mit derart geringer Anpassungsflexibilität, weltweiten Überkapazitäten und Standortnachteilen des Reviers, bleibt selbst

---

[1] vgl. RHEIN-RUHR-INSTITUT FÜR SOZIALFORSCHUNG UND POLITIKBERATUNG (1982/83, 19; 1983/84, 22ff).

erfolgreiche Innovationsförderung immer auf fortschreitende Rationalisierung und Arbeitsplatzabbau begrenzt, ohne daß damit neue Arbeitsplätze in der Region geschaffen würden". (KRUMMACHER 1982, 104).

Auch die regionale Wirtschaftsförderung dieser Jahre konzentrierte sich im Revier auf wenige Branchen und war zudem deutlich strukturkonservierend. Die eher traditionellen und für den Umstrukturierungsprozeß weniger wichtigen Wirtschaftszweige wie das Holz-, Papier- und Druckgewerbe, das Nahrungs- und Genußmittelgewerbe und die Kunststoffindustrie wurden überproportional gefördert.

Ein weiterer in diesem Zusammenhang stehender Programmbereich 'Stärkung der Investitionskraft der Wirtschaft' hatte die Sicherung und Schaffung von Arbeitsplätzen und die Erhöhung der Anpassungsfähigkeit an neue Strukturen zum Ziel[1]. Vorgesehen war eine Sonderförderung zur Schaffung von Ersatzarbeitsplätzen in Stahlstandorten, in die die Arbeitsmarktregionen Dortmund, Duisburg und Bochum aufgenommen wurden. Die Förderung sah eine Beteiligung an den Investitionskosten der Betriebe von bis zu 15% vor. Die Kritik an diesen Investitionszuschüssen bestand darin, daß sie ohne jegliche Auflagen zur Sicherung oder Aufstockung von Arbeitsplätzen vergeben wurden und als solche gerade in Fördergebieten mit überdurchschnittlich hoher Arbeitslosigkeit als arbeitsmarktpolitisches Instrument nicht geeignet waren. Es wurden dadurch Investitionen gefördert, die lediglich der Steigerung der Produktivität dienten.

Anhand der Kritik einiger Programmkomplexe des APR wird im folgenden die Grenze der Wirksamkeit solcher Aktionsprogramme dargelegt. Meyer[2] verweist in diesem Zusammenhang auf eine mangelnde strukturpolitische Konzeption wegen der Ausrichtung der Einzelmaßnahmen an zu vielen verschiedenen Klientelgruppen. Darüber hinaus würden sektorale und strukturelle Schwerpunkte innerhalb des Ruhrgebiets und innerhalb der einzelnen Programmpunkte oft im Unklaren bleiben.

Außerdem wird auf die Auflagenfreiheit der gegebenen Investitionsbeihilfen etc. hingewiesen werden, die bei den Unternehmen lediglich zu Mitnahmeeffekten führt, jedoch die unternehmerischen Entscheidungen nicht grundlegend beeinflußt. Es muß hier grundsätzlich die Steuerungsmöglichkeit mittels allgemeiner Investitionsanreize

---

[1] vgl. LANDESREGIERUNG VON NORDRHEIN-WESTFALEN (1983, 32).

[2] vgl. MEYER (1982, 38).

auf die Wirtschaft in Frage gestellt werden, da in der Bundesrepublik Deutschland eine fast flächendeckende räumliche Anreizstruktur besteht, so daß Unternehmen in fast allen Regionen unterschiedliche staatliche Hilfen in Anspruch nehmen können.

Die mit dem APR beanspruchte Forderung nach regionaler Strukturverbesserung hätte sowohl die Monostruktur vermindern als auch effektiv Arbeitsplätze sichern und gleichzeitig neue Arbeitsplätze in montanunabhängigen Wirtschaftszweigen schaffen müssen. Die Maßnahmen der Landesregierung von NW für das Ruhrgebiet zeigen, daß trotz beträchtlicher staatlicher Aktivitäten die heutige Krise des Ruhrgebiets nicht verhindert werden konnte. Wie im zweiten Teil der Arbeit dargestellt, hatte sich zwar aufgrund von Investitionen die Produktivität und der Gesamtumsatz einiger Branchen positiv entwickelt, doch hatte dieses andererseits keine positiven Auswirkungen auf die Beschäftigtenentwicklung. Viele Branchen mit positiver Umsatzentwicklung hatten in dem untersuchten Zeitraum ihre Arbeitsplätze verringert.

Diese Entwicklung wurde wesentlich gesteuert durch die gesellschaftspolitisch bestimmende Kraft der revieransässigen Montanunternehmen, die das 'Aktionsprogramm Ruhr' wesentlich beeinflußt haben. Das äußert sich darin, daß ein großer Teil der Mittel des Programms dem Strukturwandel der Stahlindustrie zugeflossen und dabei vor allem auflagenfrei geblieben ist.

Darüber hinaus wäre es sinnvoller gewesen, wenn das APR weniger flächendeckend angelegt worden wäre. Unter Berücksichtigung der sich auch damals schon verknappenden Haushaltsmittel, wäre es sinnvoller gewesen, Schwerpunkte zu bilden. Außerdem wäre eine Umorientierung von der dominanten Kapitalsubventionierung zur Subventionierung der Arbeitskraft notwendig gewesen, eine Intensivierung staatlicher Eingriffe dort, wo Angebote der öffentlichen Hand nicht angenommen werden sowie ein gerichteter Mitteleinsatz in jene Bereiche, die nachweislich zur Diversifizierung der Wirtschaftsstruktur des Ruhrgebiets beitragen.

Abschließend muß in diesem Zusammenhang noch einmal an die sich ändernde sozialstaatliche Politik und Planung erinnert werden, die mit dem sich wandelnden politischen und ökonomischen Rahmenbedingungen ab Mitte der 70er Jahre immer mehr zugunsten einer ungeplanten sozialen Abfederung des wirtschaftlichen Wandels verwässert wurde. Von den Ansprüchen einer sozialstaatlichen gesamtgesellschaftlichen Reform blieb lediglich (dieses kann exemplarisch auch an dem APR und den noch zu behandelnden Programmen dargestellt werden) der Erhalt der Konkurrenzfähigkeit und eine im weitesten Sinne defensive Erhaltungsstrategie von Produktionsbereichen übrig, die eher zur Destabilisierung der regionalen Wirtschaftstruktur beitrugen.

Zur Entwicklung in der Region Hamburg:

Nachdem neue Prognosen für die Entwicklung der Arbeitsplätze einen fortschreitenden Niedergang des 'Produzierenden Gewerbes' sowie Einbrüche im Dienstleistungssektor für die 80er Jahre prognostizierten, sah sich der Senat Ende 1975 genötigt, die Leitlinien der Wirtschaftspolitik neu festzulegen. Grundsätzlich kann festgehalten werden, daß es auch nach 1975 keine direkten Konzepte zur Umstrukturierung traditioneller Industriezweige gab und daß sich gegenüber den wirtschaftspolitischen Leitlinien von 1965 nichts wesentliches darin verändert hatte.

Seit 1975 war die Hamburger Wirtschaftspolitik in erster Linie auf die Verbesserung der Hamburger Wirtschaftsstruktur insgesamt ausgerichtet, d.h. die Wirtschaftspolitik sollte in erster Linie Strukturpolitik sein. Diese Strukturpolitik umfaßte eine Fülle von Maßnahmen in den Bereichen regionaler, sektoraler und betriebsgrößenorientierter Strukturpolitik. Nicht mehr die Ansiedlung von Großbetrieben, sondern von mittleren und kleinen Unternehmen mit guten Erfolgsaussichten erhielt Priorität. Es ging vornehmlich darum, bestehenden Betrieben bei der Anpassung an veränderte Standortbedingungen und bei der Umstellung ihrer Produktpalette (Mittelstandsförderungsgesetz) zu unterstützen. Insbesondere richteten sich die 'Leitlinien '75 der Hamburger Wirtschaftspolitik'[1] an Betriebe mit anspruchsvoller Technologie und innovativen Fertigungsmethoden. Wie in den 'Leitlinien '65 der Hamburger Wirtschaftspolitik' stand auch 1975 die Stärkung des Industriepotentials der Hamburger Wirtschaft nach dem 'Export-Basis-Konzept' im Vordergrund.

> "Der Senat mißt der Stärkung des hamburgischen Industriepotentials nach wie vor eine zentrale, entscheidende Bedeutung bei. Dafür sprechen vor allem folgende Gründe:
>
> - Die entwicklungshemmende "Unterindustrialisierung" Hamburgs und der Region muß so weit wie möglich abgebaut werden.
> - Die Förderung der Expansion und Ansiedlung von Industriebetrieben mit guten Erfolgsaussichten ist auch zum Ausgleich industrieller Strukturschwächen dringend erforderlich.

---

[1] vgl. FREIE UND HANSESTADT HAMBURG (1975).

- Aus einer kräftigen industriellen Basis erwächst eine umfangreiche, differenzierte Nachfrage nach Gütern und - vor allem - Diensten, die in Hamburg und der Region produziert werden." (FREIE UND HANSESTADT HAMBURG 1975, 27)

Zur Erreichung der strukturpolitischen Ziele stand eine effektive Flächenplanung, ein weiterer Ausbau der wirtschaftsnahen Infrastruktur, Finanzierungshilfen sowie eine bessere Beratung der Unternehmen an erster Stelle der wirtschaftspolitischen Zielsetzungen. Dabei wurde als Prinzip formuliert, daß Hilfen für Unternehmen nicht zu Dauersubventionen werden durften, sie sollten vielmehr als Start- und Umstellungshilfen zeitlich befristet sein.

Neben der Stärkung der Hamburger Wirtschaftstruktur sollten aber auch Fragen sozialer Gerechtigkeit sowie gesicherter Umweltbedingungen nicht außer Acht gelassen werden. Als Kritikpunkt an den 'Leitlinien 1975' läßt sich trotz dieser Programmatik formulieren, daß der Senat einerseits die Sicherung eines quantitativ ausreichenden und qualitativ hochwertigen Arbeitsplatzangebotes als oberstes Ziel seiner Wirtschaftspolitik begriff, andererseits aber wirtschaftsfördernde Maßnahmen nicht ausschließlich auf arbeitsintensive Betriebe beschränken wollte. Er ging dabei von der Vorstellung aus, daß langfristig nur Betriebe mit hohem Stand der Technologie und an Know-how konkurrenzfähig bleiben und damit gleichzeitig sichere Arbeitsplätze und hohe Einkommen garantieren würden[1]. Die Entwicklung der letzten Jahre hatte jedoch gezeigt, daß sich aus diesem Vorgehen erhebliche Risiken in bezug auf die Vernichtung von Arbeitsplätzen durch Rationalisierung ergaben.

Kritik an diesem wirtschaftspolitischen Konzept der 70er und frühen 80er Jahre läßt sich insofern üben, daß trotz aller Krisenprobleme unverändert auf die Dogmen der 60er Jahre gesetzt wurde. Entsprechend diesem Grundsatz konzentrierte sich die Hamburger Wirtschaftspolitik auf die folgenden vier Ziele:

- "Sicherung und Erschließung bedarfsgerechter Industrie- und Gewerbeflächen;
- finanzielle Wirtschaftsförderung und Beteiligung;
- Forschungsförderung, Technologietransfer und Wirtschaftsberatung;
- Hamburg-Werbung und Öffentlichkeitsarbeit." (FREIE UND HANSESTADT HAMBURG 1980b, 30)

---

[1] vgl. ZIEGLER (1983, 119).

Im Gegensatz zu den wirtschaftspolitischen Konzepten ab 1984 war diese Phase trotz der grundsätzlich marktwirtschaftlichen Ordnung noch durch den Versuch gekennzeichnet, den Kampf gegen Arbeitslosigkeit, Ausbildungsplatzmisere und Umweltzerstörung miteinander zu verbinden[1]. Deshalb kam der proklamierten Förderung des Produktionsfaktors Arbeit in Anbetracht verstärkter Arbeitsmarktprobleme eine besondere Bedeutung zu.

1981 griff der Senat die DGB-Forderung eines Beschäftigungsprogramms für Hamburg auf und legte ein 'aufgabenorientiertes Beschäftigungsprogramm' mit einem Volumen von 170 Mio. DM vor[2], daß seine Schwerpunkte in den Bereichen Wohnungsbau, Umweltschutz und Energieversorgung hatte. Kritisch muß allerdings angemerkt werden, daß in dieses Programm eine Anzahl ohnehin geplanter Maßnahmen aufgenommen wurde (entsprechend dem 'Aktionsprogramm Ruhr'[3]), so daß die zusätzliche staatliche Nachfrage damit nicht in vollem Umfang erweitert wurde. Insbesondere nach 1982 (während der Zeit der Tolerierung des SPD-Senats durch die Grün-Alternative-Liste) erhielt die Bekämpfung der Arbeitslosigkeit durch aktives staatliches Handeln eine größere Bedeutung innerhalb der Programmatik des Senats. Es herrschte die Auffassung, daß antizyklische Sparpolitik der öffentlichen Haushalte in Zeiten wirtschaftlicher Krisen die Beschäftigungsprobleme nur vergrößere, in dem sie über Steuer- und Nachfrageausfälle zur weiteren Verringerung staatlicher Einnahmen beitrüge.

Der Senat verfolgte damit eine Wirtschaftspolitik des sozial gesteuerten Strukturwandels, zu der nach den Beschlüssen des Hamburger Senats von 1982 die Sicherung von Arbeits- und Ausbildungsplätzen mittels der Fortführung öffentlicher Investitionen und der Weiterentwicklung des zweiten Arbeitsmarktes gehörten. Diese Absichten wurden in der Folgezeit auch tatsächlich realisiert. Sie schlugen sich in einer Reihe von Entscheidungen nieder, die beschäftigungspolitisch als offensiv bezeichnet werden konnten, insbesondere unter Berücksichtigung der Bundes- und Länderpolitik sowie des relativ geringen wirtschaftspolitischen stadtstaatlichen Handlungsspielraumes[4].

---

[1] vgl. ARBEITSKREIS WIRTSCHAFTPOLITIK DER SPD HAMBURG EIMSBÜTTEL (1986, 24).

[2] vgl. FREIE UND HANSESTADT HAMBURG (1980a).

[3] LANDESREGIERUNG VON NORDRHEIN-WESTFALEN (1980).

[4] vgl. ARBEITSKREIS WIRTSCHAFTSPOLITIK DER SPD HAMBURG EIMSBÜTTEL (1986, 26).

Vorrangig wurden neben dem Beschäftigungsprogramm folgende Maßnahmen durchgeführt:

- 1982/83 wurden die Investitionserhöhungen im Hamburger Haushalt fortgesetzt. Hamburg erhöhte im Gegensatz zu den übrigen Bundesländern (etwa 4%) seine Investitionen zwischen 1981 und 1984 um 18%.
- Für 1983 wurde ein ABM-Programm in Höhe von 130 Mio. DM aufgelegt, von dem Hamburg 40 Mio. DM trug. Damit konnten 3.500 ABM-Stellen finanziert werden.

Wenn auch hinter diesen Maßnahmen der sozialen Absicherung und Arbeitsplatzerhaltung sozialdemokratische Elemente keynesianischer Wirtschaftspolitik zu finden sind, so bleibt dennoch zu fragen, ob sie quantitativ ausreichend waren. Der Erfolg staatlicher antizyklischer Investitionspolitik ist immer nur dann gegeben, wenn einer zusätzlichen Nachfrage (finanziert durch erhöhte Kreditaufnahme von seiten des Staates) auch eine entsprechende Refinanzierung in Form erhöhter regionalwirtschaftlicher Aktivität gegenübersteht. Dieses konnte mit den durchgeführten Maßnahmen nicht erreicht werden, denn die von Hamburg zusätzlich ausgelöste Nachfrage wurde nicht regional an Hamburg gebunden. Des weiteren gab es keine ausreichende Koordinierung mit den öffentlichen Unternehmen; insofern wurde die Investitionspolitik des Senats konterkariert[1].

Darüber hinaus kann davon ausgegangen werden, daß sich ein erheblicher Teil der positiven Effekte der Beschäftigungspolitik außerhalb der Stadtgrenzen ergab und somit der Anstieg der Arbeitslosenzahlen angesichts der Verschärfung der Strukturkrise der Werften nicht gestoppt werden konnte. Angesichts der beschriebenen konzeptionellen Mängel und der zu geringen Dimensionierung dieses Beschäftigungs- und Investitionsprogramms ist auch das Ausbleiben des arbeitsmarktpolitischen Erfolges vorprogrammiert. Entgegen dem ökonomischen Nutzen von mehr Arbeitsplätzen und Steuereinnahmen sowie verminderten Sozialaufwendungen blieben lediglich die Kosten dieser Politik, denn der Refinanzierungseffekt blieb aus.

Trotz der sich zuspitzenden arbeitsmarktpolitischen Probleme wurde in Hamburg danach keine konsequente und konzeptionell bessere Fortentwicklung aktiver staatlicher Beschäftigungspolitik mehr betrieben. Statt dessen gab es ab 1984 die Wende zu einer kapitalorientierten Wirtschaftspolitik, die sich dem Beschäftigungsproblem

---

[1] vgl. ARBEITSKREIS WIRTSCHAFTSPOLITIK DER SPD HAMBURG EIMSBÜTTEL (1986, 26ff).

nur insofern annahm, als sie versuchte, Beschäftigungspolitik über die Entwicklung günstiger Rahmenbedingungen für private Unternehmen zu betreiben. Das Aufgeben dieser klassisch sozialdemokratischen Positionen bedeutete gleichzeitig (wie auch im Ruhrgebiet) den Abschied von traditioneller sozialdemokratischer Politik.

2. Reaktionen auf die Destabilisierung der Wirtschaftsstruktur altindustrialisierter Ballungsräume in den 80er Jahren - Neoliberale Krisenlösung

2.1 Innovationsorientierte Regionalpolitik als Reaktion auf die fortgeschrittene Entwertung der traditionellen Produktionszweige

Neben der dargestellten Strategie der Erhaltung der internationalen Konkurrenzfähigkeit, die sich im Ruhrgebiet in der massiven Unterstützung und Modernisierung der Montanindustrie widerspiegelt, reagieren neuere Programme vor allem auf die festgestellten Defizite bei der Erforschung und Produktion 'neuer Technologien'. Aufbauend auf die oben angeführte Zielsetzung erscheint die Entwicklung und der Einsatz moderner Technik als Grundvoraussetzung für die gewünschte Modernisierung der Volkswirtschaft.

> "Die Wirtschaftsstruktur NRW's muß sich durch neue Techniken den weltweiten Bedingungen anpassen. Diese Modernisierung wird über Produkt- und Prozeßinnovationen eingeleitet, um national und international wettbewerbsfähig zu bleiben. Nur auf diese Weise können Arbeitsplätze und Einkommen auf Dauer geschaffen werden" (LANDESREGIERUNG VON NORDRHEIN-WESTFALEN 1985b, 218)

Bislang gab es das 'Technologieprogramm Wirtschaft', das seit 1978 durchgeführt wird, das 'Technologieprogramm Bergbau', in dem seit 1974 Entwicklungsprojekte der Bergtechnik und der Grubensicherheit gefördert werden sowie das 'Technologieprogramm Energie', in dem Kohleveredelungstechniken und die rationelle Nutzung von Energie und Energierohstoffen gefördert werden. Im nuklearen Teil ging es im wesentlichen um die Entwicklung eines Hochtemperaturreaktors. Im allgemeinen sind diese Programme im Jahre 1984 ausgelaufen, wurden aber in die im folgenden dargestellte 'Initiative Zukunftstechnologien' integriert.

Im Oktober 1984 hat die Landesregierung eine 'NordrheinWestfalen-Initiative Zukunftstechnologien' angelegt, in der verschiedene Programme und Aktivitäten eingebettet sind. Im wesentlichen geht es um eine 'sozialverträgliche Technikgestaltung', in der die Förderung technologisch orientierter Spitzenforschung besonders kleinen und mittleren Unternehmen zugute kommen soll. Die Laufzeit ist für die Jahre 1985 bis 1988 vorgesehen - mit 400 Mio. DM vergleichsweise bescheiden ausgestattet - und soll in den Technologiebereichen Umwelt, Energie, Mikroelektronik, Meß- und Regeltechnik, Informationstechnik etc. den Strukturwandel beschleunigen. Die 'Initiative' sieht die Ansiedlung bzw. Neugründung von technologieintensiven Produktionsstätten, die vermehrte Anwendung neuer Technologien in vorhandenen Betrieben (auch in der Montanindustrie), eine verstärkte High-Tech-Orientierung der Hochschulen und die Verbesserung des Technologietransfers zwischen Universitäten und Wirtschaft vor.

Darüber hinaus soll auch die Herstellung eines innovationsfreudigen Klimas in Öffentlichkeit, Wirtschaft und Wissenschaft angeregt werden und in der Nutzung neuer Technologien eine Vorreiterfunktion übernommen werden (Schaffung einer innovativen Technologie-Infrastruktur). Schon 1984 gründete die Landesregierung zusammen mit einem Bankenkonsortium das 'Zentrum für Innovation und Technik' (ZENIT) in Mülheim. Das Institut soll vor allem kleine und mittlere Unternehmen in Nordrhein-Westfalen bei der Einführung neuer Technologie beraten. Im Moment wetteifern die Ruhrgebietskommunen um die Gründung von Technologieparks. Begleitend zu dieser Entwicklung fordern die Industrie- und Handelskammern (IHK) des Ruhrgebiets eine breite finanzielle Unterstützung der betrieblichen Aktivitäten. In Bochum haben die IHK's zur Förderung des Einsatzes neuer Technologien die 'Technologieberatungsstelle Ruhr' (TbR) eingerichtet.

An dieser Stelle sollen nun weniger die Erfolgsaussichten dieser neuen Strategie hinterfragt werden; gleichwohl kann angenommen werden, daß die Technologieeuphorie der Ruhrgebietskommunen in erster Linie Zweckoptimismus ist, denn gegen den Aufbau einer umfangreichen High-Tech-Industrie sprechen wichtige Standortfaktoren. Angesichts dieser Nachteile besteht relativ wenig Aussicht, den Entwicklungsvorsprung Süddeutschlands kurzfristig kompensieren zu können. Vielmehr soll hier auf die Rolle der 'Initiative Zukunftstechnologien' innerhalb der sozialdemokratischen Regionalpolitik der 80er Jahre eingegangen werden.

Schon in der Analyse des 'Aktionsprogramm Ruhr' wurde deutlich, daß die in den 70er Jahren vollzogene gesamtgesellschaftliche Planung zugunsten einer reaktiven Krisenintervention im Ruhrgebiet aufgegeben wurde. Anhand der 'Landesinitiative Zukunftstechnologien' lassen sich gegenüber dem APR wiederum einige Veränderungen staatlicher Planung und Politik für das Ruhrgebiet konstatieren. Als erster Trend ist dabei festzustellen, daß die besondere Berücksichtigung des Ruhrgebiets bei staatlichen Initiativen zurückgenommen wird. Die 'Landesinitiative' ist nicht mehr als 'Ruhrgebietsinitiative' angelegt. Begründet durch die relativ einseitige Montanorientierung und die ungünstigen Standortvoraussetzungen im Revier ist anzunehmen, daß die Mehrzahl der Landesmittel nicht ins Ruhrgebiet fließt. Darüber hinaus gibt es im Moment keine speziellen landesplanerischen Impulse, Initiativen und Aktionsprogramme für das Ruhrgebiet. Daran wird sich auch in absehbarer Zeit nichts ändern. Lediglich für den Montanbereich fließen weitere Sondermittel ins Ruhrgebiet[1].

Ein zweiter Trend ist die Ablösung der Bestands- und Montanorientierung durch eine neue zukunftsgerichtete Zielsetzung. Diese angesichts der sich etwas konsolidierenden Situation in der Stahlbranche verständliche Reaktion ist, wie oben bereits angedeutet, zu hinterfragen, weil sich im Bereich der industriellen High-Tech-Orientierung die Umsatz- und Arbeitsplatzentwicklung nicht parallel vollziehen. Im allgemein recht dünnen Ansiedlungspotential in diesem Industriezweig und der expliziten Vernachlässigung des Ruhrgebiets wird hier wiederum die Aufgabe der alten 'ausgleichsorientierten Regionalpolitik' zugunsten der marktorientierten Selbstregulierung und der Stärkung der Wettbewerbsfähigkeit deutlich. Zwar verhält sich diese Politik nicht völlig passiv, orientiert sich aber an bestehenden Markttrends, ohne die spezifische Ruhrgebietsproblematik auch nur annähernd in Betracht zu ziehen. Dadurch, daß das Ruhrgebiet im interregionalen Vergleich unter schwerwiegenden Standortnachteilen leidet, führt eine regional nicht differenzierende Technologiepolitik eher zur Verstärkung der negativen Entwicklung dieses Raumes.

---

[1] vgl. SCHROOTEN et al. (1985, 66); WIENEMANN; KRUMMACHER (1985, 56).

Zur Entwicklung in der Region Hamburg:

Das durch die fehlgeschlagene antizyklische Wirtschaftspolitik entstandene Haushaltsdefizit erforderte die Reaktion des Senats. Im November 1983 hielt Hamburgs Erster Bürgermeister eine Rede über das 'Unternehmen Hamburg', in der die aktive Beschäftigungspolitik zugunsten einer kapitalorientierten Wirtschaftspolitik in den Hintergrund trat.

Ziel der vom Senat geforderten Modernisierung der wirtschaftlichen Basis der Stadt war die Stärkung des Wettbewerbs. Der ökonomische Kern der Standortpolitik bestand darin, durch eine Bündelung aller staatlichen Ressourcen und Aktivitäten den Wirtschaftsraum Hamburg attraktiv für bestehende und ansiedlungswillige Unternehmen zu machen, wobei einschränkend betont werden muß, daß Neuansiedlungen im wesentlichen Umfang nicht mehr stattfanden. In erster Linie wurden zukunftsträchtige Industrien und Dienstleistungen als 'Partner der Umstrukturierung' gesucht. Um den Standort Hamburg attraktiv zu machen, wurde den neuen Standortfaktoren besondere Aufmerksamkeit geschenkt. Insbesondere ging es um folgende Ziele:

- Förderung von Forschung und Entwicklung sowie die Umstrukturierung der Hochschulen mit dem zukünftigen Schwergewicht auf technische und naturwissenschaftliche Disziplinen;
- Förderung des Technologietransfers;
- Neuorganisation der kommunalen Medien und der Kulturpolitik sowie des Messe- und Kongreßwesens;
- Beschleunigung von Verwaltungsverfahren und Stärkung der zentralistischen Strukturen im politisch-administrativen System. In diesem Zusammenhang ging es um die Einrichtung einer privatwirtschaftlich organisierten Wirtschaftsförderungsgesellschaft, die Akquisition und Bestandspflege bei Unternehmen betreiben sollte;
- Intensivierung der Hamburg-Werbung;
- Städtebau und Stadtbildpflege.[1]

Im Zuge dieser Leitlinien wurde 1984 die Wirtschaftsförderung privatrechtlich organisiert. Damit sollte einerseits die Wirtschaftsförderung flexibler und effektiver gestaltet und andererseits das schlechte Image Hamburgs gegenüber der Wirtschaft verbes-

---

[1] vgl. DANGSCHAT; KRÜGER (1986, 208).

sert werden. Weiterhin wurde eine Reihe von Wirtschaftsförderungsprogrammen neu aufgelegt[1].

Dieses 'Standortkonzept' wird auch heute noch verfolgt. Zwar wurde in der Regierungserklärung vom September 1987 noch festgestellt, daß "... angemessene Rahmenbedingungen für die private Wirtschaft allein das Beschäftigungsproblem in der Bundesrepublik und in Hamburg nicht lösen werden ..." und deshalb der Senat "... ein ausreichendes öffentliches Investitionsvolumen mit möglichst hohem Beschäftigungseffekt ..." verabschieden muß[2]. Gleichermaßen verwieß der Senat aber darauf, daß dieses Investitionsvolumen eine 'sparsame Haushaltspolitik' und eine 'gerechte Finanzausstattung Hamburgs' voraussetzt. Letzteres dürfte nach der Entscheidung über den Länderfinanzausgleich nicht gewährleistet sein, ersteres wird seit den Koalitionsvereinbarungen 1987 stringend verfolgt (z.B. Rationalisierungen und Einsparungen im öffentlichen Dienst). Ob also Investitionen mit möglichst hohem Beschäftigungseffekt getätigt werden, bleibt zweifelhaft, denn die Standortpolitik manifestiert sich auch heute noch in antizyklischer Haushaltspolitik sowie der Ausdehnung der prozyklischen Sparpolitik im Personal- sowie Investitionsbereich.

Einschränkend muß allerdings hinzugefügt werden, daß aus beschäftigungspolitischer Sicht nicht alle Maßnahmen der Standortpolitik negativ beurteilt werden. Im Hinblick auf die Arbeitsmarktpolitik soll das ABM-Programm, das in seiner Beschäftigungswirksamkeit zunehmend umstritten ist, fortgeführt werden. Dennoch hat sich der Schwerpunkt der wirtschaftspolitischen Programmatik in eine Richtung verlagert, die den Selbstheilungskräften des Marktes[3] einen großen Vertrauensvorschuß gibt. Auch diese Politik kann aufgrund ihrer Programmatik letztlich kein gezieltes Konzept zur Um-

---

[1] Mittelstandsförderungsprogramm (1985); Innovationsförderungsprogramm für kleine und mittlere Unternehmen (1985); Existenzgründungsprogramm (1985); Forschungs- und Entwicklungs-Förderprogramm (1985); Sonderprogramm für kleine Buchverlage (1986); Medien- und Kommunikationstechnik-Förderprogramm (1986).

[2] vgl. DOHNANYI (1987, 15).

[3] Zur Umstrukturierung und Bestandserhaltung traditioneller Industriezweige wurde von Seiten der offiziellen Politik erst mit dem "Hamburger Aktionsprogramm Wirtschaft" ein umfassenderes Konzept vorgelegt. Die bis dahin durchgeführte Subventionspraxis in der Schiffbauindustrie sicherte zwar weitgehend die Wettbewerbsfähigkeit der bundesdeutschen Schiffbauindustrie, hat andererseits aber Massenentlassungen nicht verhindern und die Sicherung der noch bestehenden Arbeitsplätze nicht gewährleisten können.

strukturierung vorlegen, da sie lediglich die Rahmenbedingungen für die wirtschaftliche Entwicklung verbessern will.

Die Konzeption besteht nicht in der Umstrukturierung traditioneller Industriezweige sondern der Schwerpunkt liegt in der Erneuerung der Hamburger Wirtschaft insgesamt. Es wird zwar für den Arbeitsplatzerhalt Bestandspflege in Form von Unternehmensberatung, Erschließung von Industrie- und Gewerbeflächen, Vergabe von verbilligten Grundstücken und Vereinfachung des Verwaltungsaufwandes betrieben; jedoch geschah dieses bisher nicht unter einer wirtschaftspolitischen Gesamtkonzeption. Der dargestellte Ansatz hat mit klassischer sozialdemokratischer Wirtschaftspolitik insofern nur noch wenig gemein, weil es sich hierbei um eine schon häufig kritisierte 'Kirchturmspolitik' des Wettbewerbs um die Investitionsentscheidungen privater Unternehmen handelt, die mittlerweile allerorts betrieben wird. Sie ist deshalb verfehlt, weil sie - lediglich durch die Verlagerung von Unternehmen -gesamtwirtschaftlich keine zusätzlichen Arbeitsplätze schafft. Zum anderen besteht das Problem darin, daß konkurrierende Städte angesichts knapper Kassen große Summen für Infrastrukturmaßnahmen und Wirtschaftsförderung ausgeben, deren Erfolg sehr ungewiß ist. Insbesondere die Massenarbeitslosigkeit konnte durch diese Wirtschaftpolitik nicht beseitigt werden, denn die erwünschte Ansiedlung informationstechnischer Industrien wirkte sich beschäftigungspolitisch nicht eindeutig positiv aus. Ebenso sind von der Ansiedlung bio- oder gentechnologischer Unternehmen eher hohe Umsätze als spürbare Beschäftigungseffekte zu erwarten. Auch der beschäftigungswirksame Effekt der Förderung von Forschung und Entwicklung bleibt zweifelhaft, ebenso schafft die Subventionierung von Technologie- und Gründerzentren mittelfristig kaum zusätzliche Arbeitsplätze[1]. Obwohl die 'Standortpolitik' als Angebotspolitik dazu nicht in der Lage war, sollte sie in erster Linie zur Modernisierung der Wirtschaftsstruktur im Sinne der Beeinflussung und Stärkung der nationalen und internationalen Konkurrenzfähigkeit dienen.

---

[1] vgl. ARBEITSKREIS WIRTSCHAFTSPOLITIK DER SPD HAMBURG EIMSBÜTTEL (1986, 30).

2.2 Neue Technologien und zukunftsorientierte Qualifikation - Schlagworte einer neuen wirtschaftspolitischen Programmatik in beiden Untersuchungsregionen

Erst in jüngerer Zeit nehmen auch die technologie- und innovationsorientierten 'Hilfsprogramme' konkrete Formen an. Die nicht neue handlungsleitende Erkenntnis besteht darin, daß das Technologiepotential von Industrieunternehmen als grundlegender Faktor in der Wettbewerbsfähigkeit angesehen wird. Ebenfalls zunehmende Bedeutung gewinnt die Einschätzung, daß wirtschaftliches Wachstum bzw. der Erhalt der Arbeitsplätze durch fortlaufende Einbeziehung neuer wissenschaftlicher und technischer Kenntnisse in den Produktionsablauf intensiviert werden kann. Dabei soll neben der Förderung von Hochtechnologie vor allem der Unterstützung kleiner und mittlerer Unternehmen, die keine eigenen Forschungs- und Entwicklungsabteilungen haben, besondere Bedeutung zukommen.

Getragen werden diese konzeptionell nicht neuen Überlegungen und die in diesem Zusammenhang entwickelten Aktionsprogramme von einem dringenden Handlungsbedarf in zwei Richtungen. Zum einen kommt den durch erneute Massenentlassungen in der Stahl- bzw. Werftindustrie bereits eingetretenen und noch absehbaren Arbeitsplatzverlusten eine besondere Bedeutung zu, die es durch gezielte Qualifikation der Beschäftigten auf zukunftsträchtige Arbeitsplätze auszugleichen gilt. Zum anderen soll vor dem Hintergrund des anhaltenden Strukturwandels sowohl in Norddeutschland als auch im Ruhrgebiet der gezielten wirtschaftlichen Anwendung neuer Technologien ein größeres Gewicht zukommen. Dabei wird davon ausgegangen, daß Spitzentechnologie die Entwicklung positiv beeinflussen kann, weil Spinn-off-Effekte für mittlere und kleinere Unternehmen erwartet werden.

Ziel der im folgenden vorgestellten Programme und deren Einzelmaßnahmen ist es, neben der zukunftsorientierten Modernisierung der Montan- und Schiffbauindustrie zugleich auch eine weitere Verbesserung der allgemeinen Wirtschaftsstruktur und damit die Schaffung von neuen Arbeitsplätzen zu erreichen. Es geht angesichts der anhaltenden Strukturkrise in diesen Regionen und den damit verbundenen negativen Auswirkungen auf den Arbeitsmarkt darum, Aktionen zu planen, die einerseits kurzfristig realisiert werden können und andererseits mittel- bis langfristig Strukturverbesserungen erbringen. Sicherlich kann mit den vielen Einzelmaßnahmen kein völlig neuartiger Industrialisierungsprozeß eingeleitet werden, dennoch wird versucht, den Anschluß an neue Entwicklungen zu finden, der die Anpassungsprobleme des produzierenden Sektors mildern hilft und langfristig wieder günstigere Perspektiven für die regionale Ökonomie eröffnet. Inwieweit die Einzelmaßnahmen dem erklärten Ziel der Schaffung einer innovationsorientierten Wirtschaftsstruktur - tatsächlich gerecht werden, wird nur sehr schwer und erst nach einer längeren Anlaufzeit auf Erfolg prüfbar sein.

Angelegt ist das 1987 ins Leben gerufene 'Hamburger Aktionsprogramm Wirtschaft'[1] als politische Initiative zum Erhalt der Schiffbauindustrie und gegen den drohenden Verlust von Arbeitsplätzen. Insbesondere die anhaltende schwere Krise im Weltschiffbau und der dadurch bedingte Kapazitätsabbau in der Werftindustrie verstärkten die ohnehin bestehenden Strukturprobleme, belasteten den Arbeitsmarkt erheblich und verminderten trotz (oder gerade wegen) der Trendwende zu einer kapitalorientierten Wirtschaftspolitik die Möglichkeiten einer positiven wirtschaftlichen Entwicklung nachhaltig. Trotz erheblicher Anpassungsmaßnahmen hatte sich die Lage der deutschen Werften erheblich verschlechtert; die über Jahre schwelende Dauerkrise hatte sich erneut zugespitzt, insbesondere wirkte sich das Gewicht der maritimen Verbundwirtschaft in hohem Maße verschärfend auf die Arbeitsmarktprobleme aus. Außerdem stellte sich heraus, daß die zur Verfügung stehenden Finanzhilfen des Bundes in Höhe von 60 Mio. DM nicht ausreichen würden, um für eine vorausschauende Strukturpolitik die notwendigen Maßnahmen umzusetzen, darüber hinaus schien es mit diesen Mitteln nicht möglich, kurzfristig spürbare Beschäftigungseffekte zu erzielen.

Ziel aller Maßnahmen sollte es sein, neben der zukunftsorientierten Modernisierung der Werften eine Verbesserung der Wirtschaftstruktur und damit die Schaffung von neuen Arbeitsplätzen in Hamburg zu erreichen. Insbesondere die Sozialverträglichkeit sollte bei diesen - zum Teil schon abgewickelten Einzelmaßnahmen - einen hohen Stellenwert einnehmen. Alle Maßnahmen zielten sowohl auf den Erhalt von Arbeitsplätzen als auch auf Umschulung und Qualifizierung. Durch eine Ausdehnung des Finanzrahmens, durch Aufstockung der vorgesehenen Mittel für die Werftenhilfe steht für die Jahre 1987 bis 1990 ein Finanzvolumen von 90 Mio. DM zur Verfügung, welches für vier Hauptaktionsfelder veranschlagt wird.

Ein Schwerpunkt ist die Förderung der Diversifizierung der Werften, d.h. der Entwicklung und Einführung schiffbaufremder Produktionen. Der Hamburger Senat ist

---

[1] vgl. FREIE UND HANSESTADT HAMBURG (1986a).

der Auffassung, daß die erforderlichen Anpassungs- und Umstrukturierungsprozesse durch gezielte staatliche Hilfs- und Fördermaßnahmen flankiert werden müssen. Finanziert werden Projekte im Bereich der anwendungsorientierten Forschung und Entwicklung sowie der Erwerb von Know-how. Desweiteren werden Umstrukturierungshilfen für Werften bei gleichzeitiger Kapazitätsanpassung gewährt. Für diese Strukturanpassungen ist ein Finanzvolumen von 25,7 Mio. DM veranschlagt.

Ein weiterer Schwerpunkt des 'Hamburger Ationsprogramm Wirtschaft' ist die Qualifizierungsinitiative für Hamburger Arbeitnehmer. Angesichts der Strukturkrise der maritimen Verbundwirtschaft sowie des Handwerks werden von Entlassung bedrohte Beschäftigte für zukunftsträchtige Berufe qualifiziert. Modellhaft sollen hier die Strukturprobleme der Krisenbranchen nicht durch Entlassungen sondern durch Weiterbildungsmaßnahmen sozialverträglich gestaltet werden, um damit die Beschäftigungschancen der Arbeitnehmer sowohl in der Schiffbauindustrie als auch auf dem Arbeitsmarkt zu stärken[1]. Im Rahmen des Aktionsprogramms werden Programme und Maßnahmen in einem Umfang von 15,9 Mio. DM durchgeführt.

Das folgende Aktionsfeld faßt Maßnahmen für eine 'Förderung neuer Technologien zur ökologischen Modernisierung und Verbesserung der Wettbewerbsfähigkeit der Hamburger Wirtschaft' zusammen. Der Senat ist der Meinung, daß vor dem Hintergrund des anhaltenden Strukturwandels der gezielten wirtschaftlichen Anwendung neuer Technologien eine besondere Bedeutung zukommt. Mit dieser Zielsetzung wird die Anschubförderung für Forschungseinrichtungen im Bereich der Spitzentechnologien sowie die Förderung von branchenübergreifenden und branchenbezogenen Modellprojekten betrieben. Dabei soll gewährleistet sein, daß die Maßnahme in enger Kooperation von Wirtschaft und Wissenschaft durchgeführt wird und insbesondere auch kleine und mittlere Unternehmen beteiligt werden. Für die Förderung neuer Technologien stehen insgesamt 10,6 Mio. DM zur Verfügung.

Das letzte Aktionsfeld befaßt sich mit Modellprojekten zur Förderung von Existenzgründungen und jungen Unternehmen als einem Schwerpunkt sowohl der Strukturentwicklungspolitik als auch der Beschäftigungspolitik. Es wird davon ausgegangen, daß mit der Förderung von Gründungen und der Entwicklung kleiner und mittlerer Unternehmen ein wichtiger Beitrag zur Sicherung und zum Ausbau der Beschäftigung sowie

---

[1] vgl. FREIE UND HANSESTADT HAMBURG (1988a, 2).

zur "... Stärkung des innovativen Potentials der Hamburger Wirtschaft geleistet wird"[1]. Hintergrund dieses Aktionsfeldes ist die Einschätzung, daß eben solche wirtschaftlichen Akteure eine Vorreiterfunktion im Strukturwandel und bei der Modernisierung der Volkswirtschaft übernehmen können. Dabei geht es um die Bereiche 'Beratung und Information', in der besonderes Gewicht auf die branchenspezifische Beratung gelegt wird, um gezielt Know-how für die Entwicklung der jungen Unternehmen bereitstellen zu können. Ein weiterer Bereich ist die 'Förderung von Qualifikation und Kooperation', in dem in einem Modellprojekt in Zusammenarbeit mit der Wirtschaft und wissenschaftlichen Einrichtungen zusätzliches Know-how in kleinen Unternehmen eingesetzt werden kann. Dabei geht es speziell um die Bereiche Technologien, Marketing und Außenhandel sowie andererseits auch um besondere Gewerbeflächenangebote. Für den Aktionspunkt 'Förderung von Existenzgründungen und jungen Unternehmen' sind insgesamt 11,7 Mio. DM vorgesehen.

Wenn bei der Regionalpolitik für Hamburg und das Ruhrgebiet von Parallelen gesprochen werden kann, dann in der Hinsicht, daß auch im Ruhrgebiet auf die Eskalation der Beschäftigungssituation (hier im Rahmen weiterer Stahlstandorte-Stillegungen) mit einem direkt auf die betroffenen Regionen ausgerichteten Programm reagiert wurde. Die 'Zukunftsinitiative Montanregionen' wurde deshalb im Jahr 1987 ins Leben gerufen, weil der Arbeitsplatzabbau in der Montanwirtschaft und seinen vor- und nachgelagerten Industrien erhebliche wirtschaftliche und soziale Belastungen für die betroffenen Arbeitnehmer darstellt und viele Städte und Regionen nicht in der Lage sind, im Rahmen der 'Gemeinschaftsaufgabe Verbesserung der regionalen Wirtschaftsstruktur' oder dem 'Stahlstandorteprogramm' aus eigener Kraft die absehbaren Arbeitsplatzverluste kurz- und mittelfristig auszugleichen. Mit diesem Aktionsprogramm will die Landesregierung die Initiative zur Unterstützung des strukturellen Wandels speziell in den Montanregionen übernehmen. Da die 'Zukunftsinitiative Montanregionen' speziell auf die von der Strukturkrise betroffenen Regionen ausgerichtet ist, handelt es sich hierbei im Gegensatz zur 'Landesinitiative Zukunftstechnologie' nicht mehr um ein landesweit geltendes Aktionsprogramm. Unter Montanregionen im Sinne der 'Zukunftsinitiative Montanregionen' werden Regionen in Nordrhein-Westfalen verstanden, die einen hohen Anteil an Montanbeschäftigten an den Gesamtbeschäftigten, hohe Arbeitsplatzverluste sowie eine hohe Arbeitslosigkeit aufgrund der in der

---

[1] vgl. FREIE UND HANSESTADT HAMBURG (1986a, 8; 1988a, 3f).

Vergangenheit erlittenen Arbeitsplatzverluste in der Montanindustrie aufweisen[1].

Das ausgesprochene Ziel der 'Zukunftsinitiative Montanregionen' in Nordrhein-Westfalen ist es, in den Montanregionen des Landes einen Innovationsschub anzuregen, vor allem neue zukunftssichere Arbeitsplätze in hinreichender Zahl zu schaffen und die Arbeitnehmer in diesen Regionen zukunftsorientiert zu qualifizieren. Weiterhin soll es um einen Ausbau und eine Modernisierung der Infrastruktur und darin insbesondere um die Verbesserung der Umweltsituation zwecks Erhöhung der Attraktivität der Standorte gehen. Diese Entwicklung wird als natürliche Grundlage für die Sicherung weiterer industrieller Produktion und damit der Beschäftigungswirksamkeit des 'Zukunftsprogramms' angesehen. Ebenso wie innerhalb des 'Hamburger Aktionsprogramms Wirtschaft' soll besonders das Innovationspotential der Hochschulen und außeruniversitären Forschungseinrichtungen an den Montanstandorten verstärkt eingesetzt werden[2]. Die Vorschläge der Landesregierung sehen für die auf vier Jahre angelegte 'Zukunftsinitiative' fünf Aktionsfelder vor.

Die Schwerpunkte betreffen z.B. die zukunftsorientierte Qualifikation der Arbeitnehmer. In diesem Aktionsfeld soll es um die Erarbeitung eines auf die Erfordernisse des strukturellen Wandels ausgerichteten regionalen Qualifikationskonzeptes sowie eines entsprechenden Informationssystems unter Beteiligung aller wirtschaftspolitisch bedeutsamen Institutionen und der Hochschulen gehen. Des weiteren sollen Einrichtungen zur berufsbegleitenden Qualifizierung und zur Weiterbildung von Arbeitnehmern in Montanbereichen gefördert werden. Es geht insgesamt um ein verstärktes Angebot im berufsbildenden Bereich zur Qualifizierung in bezug auf neue Technologien. Ein weiteres Aktionsfeld betrifft die Technologie- und Innovationsförderung. Gezielter Ansprechpartner dieses Bereichs sind - wie beim 'Hamburger Aktionsprogramm Wirtschaft' - die kleinen und mittleren Unternehmen. Es sollen besonders innovations- und technologieorientierte Existenzgründungen unterstützt werden. Weiter-

---

[1] Es handelt sich dabei um folgende Arbeitsmarktregionen:
Aachen/Jülich, Bochum (mit Hattingen und Witten), Dortmund/Unna, Duisburg/Oberhausen, Essen/Mülheim, Gelsenkirchen, Hamm/Beckum, Siegen, Recklinghausen sowie Wesel/ Moers.
Laut 'Zukunftsinitiative' sollen die Maßnahmen und Programme insbesondere dort kumuliert werden, wo sich die Anpassungslasten in besonderem Maße zeitlich konzentrieren und die kommunale Wirtschaft vor nicht zu überwindende Aufgaben stellen. Es soll also ein nach der Intensität der Probleme gestaffelter Maßnahmeneinsatz in den einzelnen Montanregionen vorgenommen werden.

[2] vgl. LANDESREGIERUNG VON NORDRHEIN-WESTFALEN (1987a, 58ff).

hin geht es schwerpunktmäßig um die Förderung von Technologie- und Innovations-
zentren sowie allgemein um die Förderung von Zukunftstechnologien sowie der darauf
gerichteten Forschung und Entwicklung. In dem Aktionsfeld 'Arbeitsplatzschaffende
und arbeitsplatzsichernde Maßnahmen' geht es vornehmlich um die Aufstockung von
Fördermitteln für bestimmte Montan-Arbeitsmarktregionen, um die Forderung nach
Aufnahme der Montanregionen Aachen/Jülich und Essen/Mülheim in die 'Gemeinschaftsaufgabe Verbesserung der regionalen Wirtschafsstruktur' sowie um die Erhöhung der Bundesmittel für die Montanregionen in Nordrhein-Westfalen. Das Aktionsfeld 'Ausbau und Modernisierung der Infrastruktur' befaßt sich mit der Aufbereitung
und der Errichtung von Gebäuden zur industriellen und gewerblichen Nutzung sowie
der Sicherung von Standorten und Entwicklungsmöglichkeiten für Industrie- und
Gewerbebetriebe. Außerdem sollen Maßnahmen zum Erwerb, zur Aufbereitung und zur
Erschließung von Industrie- und Gewerbeflächen sowie Industriebrachen eingeleitet
werden[1].

Der letzte Programmpunkt der 'Zukunftsinitiative Montanregionen' befaßt sich mit
der Verbesserung der 'Umwelt- und Energiesituation'. Hier geht es um Investitionen
im Umweltschutz, insbesondere zur Sanierung von Altlasten und zur Entwicklung
von Technologien zur Bodenregenerierung und Sicherung sowie Modernisierung der
Entsorgungsinfrastruktur. Des weiteren sollen Modellprojekte im Abwasser-, Abfall-
sowie Abwärmebereich in den Montanregionen gefördert werden.

Bei der 'Zukunftsinitiative Montanregionen' handelt es sich allerdings nicht um ein
originäres Förderprogramm wie z.B. bei der 'Landesinitiative Zukunftstechnologien'.
Die einzelnen Aktionsfelder bauen letztlich nur auf den in der Vergangenheit in den
Montanregionen wirksamen Maßnahmen zur Förderung des strukturellen Wandels auf.
Es ging in der Konzeption dieser 'Zukunftsinitiative' darum, bestehende Programme zu
verstärken, insbesondere für Projekte, die nicht in den allgemeinen Förderrahmen
passen. Des weiteren ging es darum, Anschlußförderungen zu gewährleisten, wenn
Mittel ausgeschöpft sind. Eine weitere ausschlaggebende Besonderheit der 'Zukunftsinitiative' ist die 'Projekt-Förderung'. In der Unterstützung des strukturellen
Wandels geht es besonders darum, - aufbauend auf den regionalen Problemfeldern-
die spezifischen Chancen der jeweiligen Räume zu nutzen und unter Einbeziehung
der Akteure auf der örtlichen bzw. regionalen Ebene bestimmte, vorrangig zu un-

---

[1] vgl. LANDESREGIERUNG VON NRW (1987a, 61).

terstützende Projekte zu definieren. Auch bei der 'Zukunftsinitiative Montanregionen' läßt sich wie bei dem 'Hamburger Aktionsprogramm Wirtschaft' die Beschäftigungswirksamkeit noch nicht einschätzen; weder gibt es bisher eine Zwischenbilanz, noch kann zu diesem Zeitpunkt eingeschätzt werden, mit welcher finanziellen Ausstattung das Programm fortgeführt wird. Für das Jahr 1988 und 1989 wird das Volumen auf 520 Mio. DM geschätzt, wobei sich folgende Aufteilung der Finanzierung ergibt:

- etwa 160 Mio. DM werden durch die bestehenden Sonderprogramme der 'Gemeinschaftsaufgabe zur Verbesserung der regionalen Wirtschaftsstruktur' (GRW) für Montanregionen[1] abgedeckt;
- 70 Mio. DM werden durch das EG-Programm RESIDER finanziert, welches das Land Nordrhein-Westfalen in Zusammenarbeit mit der Europäischen Gemeinschaft zur Restrukturierung von Montanregionen entwickelt hat;
- die verbleibenden 290 Mio. DM bringt das Land Nordrhein-Westfalen auf.

3. Zwischenergebnis: Kritische Schlußfolgerungen zu den Perspektiven der modernen staatlichen Krisenintervention in Hamburg und im Ruhrgebiet

Erstaunlich ist es nicht, daß in beiden Untersuchungsregionen bis zum Verwechseln ähnliche regionalwirtschaftliche Aktionsprogramme dazu dienen sollen, aus den Sackgassen von "strukturellem Anpassungsstau"[2], Wachstumskrise und anhaltender Massenarbeitslosigkeit zu gelangen. Insbesondere mit der Etablierung der strukturpolitischen 'Wunderwaffen' wie Entwicklungsparks, Gründerzentren sowie Technologiefabriken ist die strukturpolitische Förderszene in Bewegung geraten. Die wachsende Popularität dieses scheinbar zukunftsträchtigen Weges paßt sich darüber hinaus nahtlos in die neokonservative Wende in der Wirtschaftspolitik ein. Es läßt sich allerdings darüber streiten, ob die Ausweitung dieser neuen Technologien so viele Arbeitsplätze schaffen wird, um die anhaltend hohe Arbeitslosigkeit spürbar abzubauen. In jedem Fall werden in Zukunft auf diesem Sektor neue Arbeitsplätze mit hohen Qualifikationsanforderungen entstehen. Insbesondere werden auf diese Entwicklung auch 'Tech-

---

[1] Insbesondere sind hier folgende Programme innerhalb der "GRW" angesprochen:
- Zukunftsprogramm Montanregionen;
- Stahlstandorteprogramm.

[2] vgl. WELSCH (1985a, 6ff).

nologieparks' für technologieorientierte Unternehmensgründungen nicht ohne Einfluß bleiben.

Die derzeitige Favorisierung technologieorientierter kleiner und mittlerer Unternehmen sowie Unternehmensneugründungen basiert ideologisch auf der - auch von sozialdemokratischer Seite vorgenommenen - wirtschaftspolitischen Strategie, mit der den in den 70er und frühen 80er Jahren zum Erliegen gekommenen dynamischen Marktkräften zu neuem Leben verholfen werden soll. Nur so ist nach dieser Einschätzung der anstehende Strukturwandel zu bewältigen. Zur Stärkung der marktwirtschaftlichen Kräfte und zur Belebung des benötigten Wachstums- und Arbeitsplatzpotentials dienen technologieorientierte Unternehmensgründungen und flexible innovationsdynamische Jungunternehmen. Der Mittelstand gewinnt in dieser konservativen Philosophie für die Wiedergewinnung eines ausreichenden Wirtschaftswachstums und Beschäftigungsstandes eine zentrale Bedeutung. Entscheidend für die ökonomischen Bedeutung, die den neuen und kleinen Unternehmen neuerdings zukommt, ist ihre Rolle bei der wirtschaftpolitischen Neuorientierung. Sie stellen die neuen Hauptagenten einer Konzeption dar, die auf eine Neubesinnung auf die "marktwirtschaftliche Strukturpolitik" setzt[1]. Diese Strategie stellt insbesondere eine Gegenkonzeption gegenüber sozialstaatlich geprägten Konzeptionen der Wirtschafts- und Strukturpolitik dar. Der Strukturwandel soll nicht mittels der Durchführung einer aktiven Beschäftigungspolitik, sondern mit der Auslösung eines Gründerbooms bewältigt werden.

Bei kritischer Betrachtung dieser wirtschaftspolitischen Strategie bleibt jedoch die Frage, worauf sich dieser Optimismus in den Untersuchungsregionen gründet. Hinlänglich bekannt ist mittlerweile, daß die traditionellen Wege der regionalen Strukturpolitik und der kommunalen Wirtschaftspolitik in einer Sackgasse stecken, weil die lokal und regional mobilisierbaren beschäftigungspolitischen Handlungsmöglichkeiten aus verschiedenen Gründen ausgeschöpft sind. Weil die traditionellen Erfolgsbedingungen der regionalen und kommunalen Wirtschaftsförderung nicht mehr gegeben sind, soll die Zahl der Unternehmensneugründungen mit dieser Strategie gesteigert werden. Wenn dieses gelänge - so wird mancherorts spekuliert - könnten die Regionen aus eigener Kraft ihr Arbeitsplatzpotential ausweiten.

---

[1] vgl. WELSCH (1985a, 11f).

Selbst wenn man davon ausgeht, daß die innovative Funktion der kleinen Unternehmen für die Gesamtwirtschaft wichtig sind und eventuelle Engpässe durch forschungs-
und technologiepolitische Maßnahmen gestärkt werden könnten, bleibt die Frage, ob
die seit einiger Zeit sowohl in Hamburg als auch im Ruhrgebiet verfolgte 'marktwirtschaftliche Strukturpolitik' ein sinnvoller Ansatz zur Lösung der angesprochenen
Struktur- und Beschäftigungsprobleme ist. Letztlich muß doch der Gesamterfolg und
die Wirksamkeit einer Strukturpolitik - und das ist bisher aus keinem der vorgestellten Aktionsprogramme hervorgegangen - an der Zahl und Qualität der langfristig
vorhandenen und zusätzlich geschaffenen Arbeitsplätze gemessen werden. Aufgrund
der bisherigen Auflagenfreiheit ist erhebliche Skepsis an der struktur- und beschäftigungspolitischen Wirksamkeit und damit am regionalpolitischen Nutzen angebracht.
So ist nach realistischen Schätzungen die beschäftigungspolitische Wirksamkeit dieser
kapitalorientierten Wirtschaftspolitik gering, und neue Arbeitsplätze in bescheidendem
Umfang sind erst in weiterer Zukunft zu erwarten. Was neben der eher skeptisch
einzuschätzenden Beschäftigungskomponente mit der Orientierung auf Unternehmensgründungen regionalpolitisch von nicht zu unterschätzendem Bedeutung ist, ist die
damit ausgelöste neue Dimension des Subventionswettlaufs. Die Kommunen unternehmen den Versuch, die vorhandenen Neukapazitäten an technologisch innovativen Unternehmen, neuen Produkten und Verfahren für die eigene Region zu akquirieren.
Was aus der Sicht der jeweiligen Kommune vielleicht sinnvoll erscheint, ist aus überregionaler Betrachtungsweise jedoch äußerst fragwürdig. Hinter diesen Ansätzen einer
kapitalorientierten Wirtschaftspolitik steht kein überregionales Konzept; es fehlt eine
regional- und strukturpolitische Rahmenkonzeption für diese Aktivitäten.

Es ist anhand der Aktionsprogramme sowohl in Hamburg als auch im Ruhrgebiet festzustellen, daß es an einem durchgängigen Konzept fehlt, kapitalorientierte Wirt-
schafts- und Strukturpolitik als integralen Bestandteil einer regionalen Beschäftigungspolitik zu betreiben. Weiterhin stellt sich die Frage, ob die neuen sozialdemokratischen Konzeptionen ihrer neu zugedachten Rolle als Impulsgeber und Übersetzer
zwischen renditeorientierter, privatkapitalistischer Handlungsweise und den regionalen
und sozialen Belangen gerecht werden können. Zwar wird sozialen Belangen, insbesondere angesichts der im Ruhrgebiet extremen sozialpolitischen Auswirkungen, eine
hohe Bedeutung zugemessen; dennoch handelt es sich bei den neuen sozialdemokratischen Regionalprogrammen vielmehr um marktwirtschaftlich-orientierte Positionen,
versehen mit endogenen Strategieelementen.

IV. Möglichkeiten und Grenzen alternativer regionalpolitischer Ansätze zur Überwindung regionaler Krisen in altindustrialisierten Ballungsräumen

1. Endogene Entwicklungsstrategien - Ein neues Paradigma der Regional- und Wirtschaftspolitik und seine Bedeutung für die Untersuchungsregionen

Die altindustrialisierten Verdichtungsgebiete sind gegenwärtig die Schauplätze der schwersten Wirtschaftskrise der Nachkriegszeit. Der Niedergang der Stahl- und Werftindustrie und der überproportionale Arbeitslosenanstieg sind dabei lediglich die Spitze der krisenhaften Entwicklung städtischer Ökonomie. In der Folge der Industrialisierungsstrategie in den 60er und 70er Jahren wurden die ökonomischen und zunehmend auch ökologischen Probleme nicht geringer sondern verschärften sich zusehends. Das Dilemma der traditionellen regionalpolitischen Doktrin ist angesicht dieser Entwicklungen nach Meinung der Kritiker damit einsichtig: räumliche Wachstumsstrategien haben bislang sowohl die ökologische Verarmung verstärkt als auch das ökonomische Potential der Region einseitigen Interessen überlassen und damit zu einer sehr selektiven Form der Regionalentwicklung beigetragen[1].

Die wichtigsten Komponenten der praktizierten Krisenregulierung wurden im vorangegangenen Kapitel beleuchtet und betreffen insbesondere die Umverteilung der Förderleistungen in produktive Sektoren, die Initiierung wirtschaftlichen Wachstums durch technologische Innovation in der Elektronik, Biochemie sowie Transport- und Medientechnik. Darüber hinaus geht es um die Neudefinition korporatistischer Strukturen zur Minimierung gewerkschaftlicher Einflußnahme, die Betonung individueller Verantwortlichkeit sowie einer damit einhergehenden Gründerphilosophie. Vor allem durch eine Stärkung kleiner und mittlerer Unternehmen versuchen die neuen wirtschaftspolitischen Strategien dem punktuellen Verfall großbetrieblicher Strukturen entgegenzuwirken. Kleinbetriebliche Strukturen sind innovativer in der Produkterzeugung, sie sind flexibler bei der Erschließung neuer Märkte und prüfen die Gewinnträchtigkeit neuer Produkte mit geringem finanziellen Risiko. Die Zielvorstellung läuft darauf hinaus, die herrschende Wirtschaftsform durch den Aufbau kleiner Strukturen zu flexibilisieren ohne die Gesamtstruktur zu gefährden. Die praktizierte Wirtschaftspolitik - das wurde ebenfalls dargestellt - hat die Arbeitslosenzahlen aber

---

[1] vgl. OSSENBRÜGGE (1986b, 2).

bisher wenig verändert. Es konnte anhand der Analyse der bisherigen 'Sanierungskon-
zepte' aufgezeigt werden, daß sie in der Vergangenheit vielmehr zur regionalen Destabilisierung beitrugen.

Während in den 70er Jahren die Politik der aktiven und passiven Sanierung noch mit
Vorstellungen von industriellem Wachstum verbunden war, wird in den 80er Jahren
hingegen das Ziel des gesellschaftlichen Ausgleichs mittels Regionalpolitik zurückge-
stellt. Der hier zu diskutierende neu entstandene Typus der Regionalpolitik ist vielmehr einerseits von Begriffen wie 'innovationsorientierte Förderung' und 'Zukunftstechnologie' sowie andererseits von Schlagwörtern wie 'Eigeninitiative' sowie 'Nutzung
der regionalen Ressourcen' geprägt. Es ist die Reaktion auf die Entwertung der traditionellen Produktionszweige; der regionalen Krise kann damit eine neue Wendung
gegeben werden.

In diesem Zusammenhang werden in der Raumordnungs- und regionalen Wirtschaftspolitik auch endogene Strategien zur Entwicklung benachteiligter Regionen diskutiert.
Interessant dabei ist, daß sich endogene Strategieelemente regionaler Wirtschaftspolitik sowohl in konservativen als auch sozialdemokratischen Politikmodellen finden
lassen. Ebenso ist die Stärkung regionalistischer Politik Bestandteil gewerkschaftlicher Beschäftigungsprogramme. Unterschiedlich ist lediglich der jeweilige politische
Überbau. Bevor allerdings darauf eingegangen werden kann, welche Bedeutung die
verschiedenen - endogene Elemente berücksichtigenden - Revitalisierungsstrategien
für die untersuchten altindustrialisierten Regionen haben, erscheint es notwendig, die
unterschiedlichen Intentionen dieses Politikansatzes zu beleuchten.

Insbesondere mit dem Ausbleiben externer Impulse und dem Aufkommen der Kritik
an den selektiven Wirkungen traditioneller Wirtschaftspolitik kam es zu neuen Ansätzen einer stärker eigenständigen Regionalentwicklung. Kennzeichnend für die neuen
Konzepte zur Regionalentwicklung ist, daß weniger auf externe Impulse gehofft wird,
sondern vielmehr auf die regionsinternen Kräfte gesetzt wird. Dabei sollen sich die
Regionen stärker auf ihre regionalen Ressourcen und Fähigkeiten besinnen, um daraus
neue Entwicklungsimpulse und Ideen zu entwickeln, die bei Bewahrung und Ausnutzung regionaler Eigenarten zu marktgängigen Produkten mit hoher Wertschöpfung
führen[1].

---

[1] vgl. HAHNE (1986, 6).

Aus zentralstaatlicher Sichtweise dieses Ansatzes geht es um eine innerhalb bestimmter vorgegebener Korridore zumindestens partielle Selbststeuerung regionaler Belange und damit um eine Loslösung der Region aus übergreifenden Systemzusammenhängen[1]. Im Mittelpunkt dieser Ansätze steht die Ausnutzung der spezifischen regionalen Potentiale (Rohstoffe, Energieträger, Qualifikation der Arbeitskräfte sowie neue Betriebs- und Produktionsformen). Das Ziel soll - angesichts der sich verschärfenden Wettbewerbsbedingungen der Regionen -nicht der nationale und internationale Produktionsstandard sein, sondern eine Regionalentwicklung mittels problemorientierter, dezentraler Lösungen. Es geht darum, z.B. durch mobile Infrastruktureinrichtungen sowie flexible Arbeitsverhältnisse in den benachteiligten Regionen Arbeitsplätze und Dienstleistungen anzubieten, deren wirtschaftliche Tragfähigkeit unter bisherigen Bedingungen noch fragwürdig erschien[2].

Für die regionale Ökonomie sollen mit endogenen regionalpolitischen Strategien idealtypisch mehrere Ziele angestrebt werden. Insbesondere geht es um eine bessere Ausschöpfung regionaler Produktionskapazitäten, um eine breitestmögliche Nutzung der regionalen Ressourcen in eigener Verantwortung, eine möglichst hohe regionale Stabilität und Krisensicherheit, eine Diversifikation der Wirtschaftsstruktur, eine Stärkung innerregionaler Kreisläufe sowie nicht zuletzt um die Erhöhung der regionalen Wertschöpfung durch marktgängige Produktion[3]. Um die Aktivierung derartiger Wachstumsprozesse möglichst optimal verwirklichen zu können, soll vor Ort durch 'Regionalberater' sowie durch möglichst große Finanz- und Entscheidungsspielräume die Wirtschaftsförderung motiviert und unterstützt werden.

Dieser zunächst unter seiner ökonomischen Zielsetzungen betrachtete Ansatz kann auch im ökologischen, im kulturellen und im politischen Bereich konkretisiert werden. Unter ökologischer Perspektive hat eine auf endogene Potentiale ausgerichtete Regionalentwicklung das Ziel, eine möglichst langfristige Sicherung der Lebensfähigkeit einer Region anzustreben, indem die regionalen Wachstumsbedingungen mit der jeweiligen ökologischen Situation in Einklang gebracht werden. Die Nutzung von Natur, Ressourcen und Umweltgütern hat (im Gegensatz zur kurzfristigen kapitalistischen

---

[1] vgl. EWERS (1985, 14ff).

[2] vgl. HARTKE (1985, 73f).

[3] vgl. GLATZ; SCHEER (1981b); SPREER (1981); HAHNE (1986).

Rationalität) einer langfristigen ökologischen Perspektive zu folgen[1]. Darüber hinaus vertritt der Ansatz endogener Regionalpolitik den Schutz und die Stärkung regionaler Traditionen und regionaler Kultur. Er beruft sich - vor dem Hintergrund wachsenden Regionalbewußtseins - auf die 'identitätsstiftende Kraft' regionaler Gemeinsamkeit, auf die Entwicklung und aktive Aneignung der Region als Lebensraum[2]. Aufgrund der allgemeinen Zielformulierung einer stärkeren regionalen Eigenständigkeit wird in diesem Ansatz auch eine stärkere politische und administrative Dezentralisierung und darüber die Stärkung der Mitbestimmungs- und Entscheidungsmöglichkeiten auf regionaler Ebene gefordert[3].

Ein regionalpolitischer Ansatz, der stärker auf die Entwicklung lokaler Ressourcen ausgerichtet ist, gibt angesichts seiner Zielsetzung einerseits Anlaß zu neuen Hoffnungen, andererseits beinhaltet er auch nach wie vor viele offene Fragen und provoziert kritische Anmerkungen. Insbesondere aufgrund der Erfolglosigkeit der regionalen Wirtschaftsförderung und der fehlgeschlagenen Versuche die krisenhaften Entwicklungen städtischer Ökonomien zu bewältigen, bleibt zu fragen, ob durch endogene Strategieelemente der Zentralstaat aus der Verantwortung für die Zukunftsgestaltung entlassen werden kann und andererseits über diesen Weg politische Forderungen an staatliche Institutionen abgewehrt werden sollen. Das Verweisen auf die regionale Eigenverantwortung kann neben neuen Perspektiven eine Abkehr vom raumordnerischen Ziel des Disparitätenabbaus bedeuten. Mit Hilfe dieser wirtschaftspolitischen Grundströmungen kann insbesondere auch ein Rückzug vom sozialstaatlichen Ausgleichsziel - nämlich der Schaffung gleichwertiger Lebensbedingungen in allen Teilregionen - festgestellt werden[4]. Letztlich taugt das Schlagwort der 'endogenen Regionalentwicklung' auch dazu, das bisherige Oberziel der Raumordnung zugunsten der Sicherung der nationalen Konkurrenzfähigkeit aufzugeben, womit implizit wieder wirtschaftsstarke Regionen bevorzugt werden. In konservativen Entwürfen wird vor allem das Moment der Selbstverantwortung betont und Begriffe wie 'regionale Identität' sowie 'Autonomie' konservativ umdefiniert. Dadurch wird die Krisenbewältigung regionalisiert und somit vom Bedarf nach aktiver Beschäftigungspolitik freigesprochen.

---

[1] vgl. TACKE (1982b).

[2] vgl. BARTELS (1981).

[3] vgl. HAHNE (1986, 7).

[4] vgl. PROJEKTGRUPPE RUHRGEBIET (1987, 90ff).

Bei den Konzepten eigenständiger Regionalentwicklung ist darüber hinaus zu fragen, inwieweit sie regionalistischen Forderungen nachkommen oder lediglich neue Instrumente traditioneller Wirtschaftsförderung darstellen. Angesichts der Verknüpfung endogener Strategieelemente in neue Revitalisierungsansätze staatlicher Regional- und Wirtschaftspolitik gilt es die hierin liegenden Implikationen zu beleuchten. Durchaus kann unterstellt werden, daß es sich bei der staatlichen Wendung zu endogenen Strategien um eine Perfektionierung der bisherigen Regionalpolitik handelt, unter deren Zielvorstellung die Potentiale wie Arbeitskraft, gewerbliches Kapital, Infrastruktur und Umwelt einer Region erfasst werden, um sie einer optimalen Nutzung zuzuführen. Unter endogener Entwicklung wird in diesem Kontext der effektivere Zugriff und die bessere Verwertung mobilisierbarer Ressourcen verstanden[1].

Im folgenden sollen deshalb verschiedene neue regionale und lokale Revitalisierungsstrategien vorgestellt werden. Die Beiträge zur Verbesserung der regionalen Wirtschaftsstruktur und der Erwerbsmöglichkeiten, die im weitesten Sinne über Ansätze einer eigenständigen Regionalentwicklung verfügen, reichen von staatlichen über kommunal und lokal geförderte Initiativen bis zu eigeninitiierten Selbsthilfeprojekten. Im Vordergrund fast aller pragmatischer Ansätze steht die Induzierung neuer wirtschaftlicher Tätigkeiten. Dabei lassen sich zwei Wege unterscheiden. Entweder wird versucht, neue Wirtschaftsaktivitäten zu initiieren, die sogleich zu Produktion und Einkommen führen; oder es wird versucht, durch die Verbesserung der Bildung und Ausbildung die Grundlagen für eine eigenständige Optimierung der regionalen Wirtschaftsbedingungen zu schaffen.

2. Komponenten einer Alternative regionalen Wirtschaftens in altindustrialisierten Regionen sowie Überlegungen zur Ausgestaltung der Produktionsstruktur

Die im vorangegangenen Kapitel geäußerte Kritik an der bisher praktizierten staatlichen Regional- und Wirtschaftspolitik verdeutlicht, daß zur Verwirklichung erfolgversprechender regionalpolitischer Strategien für altindustrialisierte Regionen noch erhebliche konzeptionelle Arbeit notwendig ist. Kritisch beurteilt wurden diese Ansätze insofern, als sie oftmals einer Politik der Kontinuität verhaftet blieben, die angesichts der bestehenden Probleme dieser altindustialisierten Regionen nicht angemessen

---

[1] vgl. HARTKE (1984); HÜBLER (1985).

war. Darüber hinaus konnten diese Ansätze aus kritischer Sicht als konservativ bezeichnet werden, weil sie tradierte ökonomische und politische Denkmuster übernahmen und über traditionelle Abwehrkämpfe versuchten, Veränderungen zu bewirken. Auch wenn in den neuesten Programmen erfolgversprechende Wege beschritten werden, bestand das grundsätzliche Dilemma dieser regionalpolitischen Strategien bisher darin, daß die Regionen Ruhrgebiet und Hamburg als vorübergehend in wirtschaftliche und soziale Not geraten betrachtet wurden, und für sie ein Aufschwung mit Hilfe eines Wachstums in zukunftsträchtigen Wirtschaftssektoren mittelfristig für erreichbar gehalten wurde[1]. In den Ansätzen, die im folgenden diskutiert werden, wird diese Einschätzung als unrealistisch kritisiert. Insbesondere eine 'radikale Utopie regionalen Wirtschaftens'[2] gibt sich nicht damit zufrieden, lediglich eine Weiterentwicklung der vorhandenen Wirtschaftsstruktur zu betreiben, ohne Konzepte einer Umgestaltung zu entwerfen[3]. Dieses liegt nahe, denn aus der Analyse bisheriger Regional- und Wirtschaftspolitik resultiert bei kritischer Betrachtung die Feststellung, daß alle bisher vorgestellten Krisenlösungskonzepte die Periferisierung nur bedingt aufhalten konnten.

Im Rahmen der Diskussion kritischer regionalökonomischer Ansätze ist es allerdings notwendig, zunächst grundsätzliche Überlegungen zur Veränderung der Wirtschafts- und Politikformen in altindustrialisierten Regionen vorzunehmen. Besonders vehementer Kritik ist dabei die Forderung nach größerer regionalwirtschaftlicher Autonomie und stärkerer Regionalisierung von Wirtschaftskreisläufen in hochgradig weltmarktverflochtenen Regionen ausgesetzt. Aus diesem Grund ist es insbesondere bei endogenen und autozentrierten regionalpolitischen Strategien notwendig, die Grenzen dieser Ansätze aufzuzeigen, um ein realistisches Bild der damit angestrebten Veränderungsmöglichkeiten zu vermitteln[4].

Vorstellungen von mehr regionaler Autonomie sind in erster Linie als offensive strategische Orientierung zu verstehen, die bewußt verkrustete Denkstrukturen brechen um mittelfristige regionalwirtschaftliche Perspektiven zu eröffnen[5]. Die Über-

---

[1] vgl. KRUMMACHER et al. (1985, 79).

[2] vgl. STRATMANN (1982).

[3] vgl. GRYCZAN et al. (1984).

[4] vgl. EINEMANN; LÜBBING (1986).

[5] vgl. KRUMMACHER et al. (1985, 88).

legung, Regionen, die durch weltwirtschaftliche Abhängigkeiten sowie eine zunehmende Externalisierung der Entscheidungsstrukturen eine regionalwirtschaftliche Negativentwicklung aufweisen, aus diesen Strukturen zu befreien, enthält grundsätzlich viele positive Aspekte. Negative wirtschaftliche sowie ökologische Außeneinwirkungen lassen sich verringern, darüber hinaus kann dadurch die Abkopplung von problematischen Strukturen und die Realisierung alternativer Konzepte erleichtert werden. Außerdem lassen sich basisdemokratische Politikmodelle und Selbstbestimmung im Rahmen dezentraler Entscheidungsstrukturen grundsätzlich besser verwirklichen. Dennoch haben diese Vorstellungen eher visionären Charakter. Worum es allein gehen kann, ist eine relative Verschiebung der Gewichte zwischen Weltmarkt und Region zugunsten größerer regionaler Autonomie, kleinräumiger Vernetzung, genossenschaftlichen Initiativen und einer möglichst breiten regionalen Selbstbestimmung[1]. Dieses wären die Grundbedingungen unter denen sich 'gebrauchswertorientierte Produktion', 'humane Arbeitsverhältnisse' und 'umweltfreundliche Wirtschaftsweisen' entwickeln könnten.

Gerade in Regionen wie dem Ruhrgebiet und Hamburg sind die Schranken einer solchen autozentrierten regionalpolitischen Strategie allerdings unübersehbar. Obwohl in beiden Verdichtungsgebieten eine überwiegende Anzahl der Beschäftigten in kleineren und mittleren Betrieben arbeitet, ist ihre Wirtschaftsstruktur doch von weltmarktorientierten Großunternehmen geprägt. Den Kern dieser Weltmarktökonomie bildet in der Region Hamburg nach wie vor der Hafen, von dem direkt oder indirekt rund 30% der Arbeitsplätze abhängig sind. Um den Hafen gruppieren sich zahlreiche Dienstleistungsbereiche wie Speditionen, Versicherungen und Außenhandelsagenturen, des weiteren gibt es zahlreiche im- und exportabhängige Industrien wie die Stahl-, Aluminium-, Kupfer- und Autoindustrie sowie die Lebensmittelindustrie, die eher den traditionellen Kern der Hamburger Wirtschaft darstellt und auf dem Import und der Verarbeitung von 'Kolonialwaren' wie Kaffee, Tabak und Getreide beruht. Im Ruhrgebiet wird diese Weltmarktorientierung und -abhängigkeit besonders durch die Kohlegewinnung, die Stahlindustrie, deren umfangreiche vor- und nachgelagerten Industrien wie den Maschinen- und Anlagenbau sowie die chemische Industrie hervorgerufen.

Zum einen wird die Abhängigkeit von den Entwicklungen des Weltmarkts eben durch diese Industrien gewährleistet, zum anderen bestehen die negativen Verquickungen

---

[1] vgl. FÜCHS (1987, 95f).

zusätzlich durch die weitgehende Außensteuerung vieler regional ansässiger kapitalintensiver Großbetriebe. In einigen Fällen sind diese Betriebe lediglich Filialen von Großkonzernen, so daß eine zunehmende 'Externalisierung' wirtschaftlicher Entscheidungen zu weiteren überregionalen Abhängigkeiten führt. Angesichts dieser Verzahnung mit dem Weltmarkt durch international operierende Konzerne erweist sich die Perspektive einer Abkopplung dieser Regionen im Sinne einer weitgehend autarken Reproduktion als Illusion[1]. Eine bewußte ökonomische, politische und soziale Abkopplung solcher weltmarktverflochtenen Regionen wie dem Ruhrgebiet und Hamburg erscheint deshalb illusionär, weil sie lediglich als ökonomischer Zusammenbruch und soziale Katastrophe denkbar wäre, und weil die in diesen Regionen verfügbaren Ressourcen zum jetzigen Zeitpunkt noch keine Abkopplung zulassen. Beispielsweise läßt sich die Stahlindustrie des Ruhrgebietes mittelfristig weder stofflich umwandeln (Produktkonversion) noch auf den regionalen Bedarf reduzieren. Höchstens partiell lassen sich die auf den Weltmarkt zugeschnittenen Betriebe in regionale Umwandlungsprozesse einbeziehen.

Ein vorläufig abstraktes Denkmodell einer stärkeren Abkopplung von internationalen Kreisläufen bedeutet auf der politischen Ebene in erster Linie eine aktive Infragestellung der bisherigen externen politischen Steuerung und Unterordnung unter die jeweilige zentrale Landes- und Bundespolitik, die die Probleme dieser Regionen mitverursacht haben. Politisch entscheidend ist an dieser Strategie das Festhalten und Ausbauen der geringen Möglichkeiten lokaler und regionaler Autonomie[2]. Ohne diesen Widerstand bleibt die Forderung nach kommunaler Selbstverwaltung eine nicht durchzusetzende Illusion, weil es derzeit nur sehr wenig dezentral zu entscheiden gibt, was die Gestaltung der materiellen Lebensverhältnisse vor Ort betrifft[3]. In diesem Zusammenhang geht es auch darum, das von 'oben' bestimmte Maß der Dezentralisierung an oftmals abhängige Institutionen aufzubrechen[4].

---

[1] vgl. FÜCHS (1987, 94).

[2] vgl. OSSENBRÜGGE (1985c, 17).

[3] vgl. FÜCHS (1985, 49).

[4] Die fehlende Autonomie des jeweiligen Raumes, die sich durch hierarchische Beziehungen von 'oben' nach 'unten' ausdrückt, verändert sich nicht durch eine Politik, die endogene Elemente integriert.

Innerhalb eines alternativen Denkansatzes geht es auch um eine Umkehrung der bisherigen Wirtschaftspolitik von Bund, Ländern und Gemeinden, die auf die Förderung überregionaler und exportorientierter Aktivitäten angelegt ist. Die Regionalentwicklung wird in diesem Konzept nicht mehr als abhängige Variable der über den Weltmarkt gesteuerten Konkurrenzbeziehungen verstanden. Einer global orientierten Wirtschaftskonzeption steht hier eine regional orientierte gegenüber, die die Notwendigkeit der Zentralisierungs- und Peripherisierungsprozesse der Weltökonomie in Frage stellt und eine Stärkung der auf die regionalen Potentiale und regionalen Bedürfnisse ausgerichteten intraregionalen Verflechtungen favorisiert[1].

Eine stark vereinfachte Vorstellung dieser Strategie läßt sich nach Oßenbrügge[2] durch die Umkehrung der 'Export-Basis-Theorie' geben: nicht mehr die weltmarktabhängigen regionalen Produkte sind unterstützungswürdiger Motor der regionalen Konjunktur, sondern die regionale Nachfrage muß diese Funktion einnehmen. Eine innengesteuerte, technologisch angepaßte und ökologisch vertretbare Nutzung soll an die Stelle einer selektiven Ausbeutung regionaler Ressourcen treten. Darüber hinaus kann durch die Stärkung genossenschaftlicher Kooperation und Förderung von Kleinunternehmen die Dominanz durch Großkonzerne und die schon angesprochene Externalisierung von Entscheidungsstrukturen abgebaut werden. Wenn explizit an den regionalen Ressourcen und Bedürfnissen angeknüpft werden soll, geht es auch um die sozial verträgliche Bestimmung der wissenschaftlich-technischen Kapazitäten, um bisher nicht über den Markt zu realisierende ökologische und soziale Innovationen, Produkte und Dienstleistungen zu verwirklichen.

In erster Linie geht es wie schon angesprochen wurde um den Versuch, eine selbstverwaltete, gebrauchswertorientierte und umweltschonende regionale Ökonomie aufzubauen, die nach Füchs[3] in die Bereiche industrieller Produktion und kommerzieller

---

[1] vgl. dazu die Kritik an der Abhängigkeit von exogenen Entwicklungen bei STÖHR (1980), (1981) sowie STÖHR; TÖDTLING (1977).

[2] vgl. OSSENBRÜGGE (1985b, 7).

[3] vgl. FÜCHS (1987, 95).

Dienstleistungen hineinreichen muß[1]. Dabei wird allerdings deutlich, daß die Vorstellungen einer solchen selbstbestimmten Regionalentwicklung zum gegenwärtigen Zeitpunkt, angesichts der gegenwärtigen regionalpolitischen Praxis, nur schwer zu realisieren sind. Auch wenn die partielle Abkopplung vom Weltmarkt im Sinne einer funktionalen politischen Dezentralisierung in die Richtung einer regionalen Autonomie nicht durchzusetzen ist, geht es trotzdem um die Frage nach den Veränderungsmöglichkeiten einer von innen zu bestimmenden Regionalentwicklung. Grundsätzlich sind bei diesem regionalpolitischen Ansatz verschiedene Bereiche zu berücksichtigen:

- sektorale Umwidmung und Dezentralisierung der Fördermittel;
- betriebliche Initiativen für sozial und ökologisch sinnvolle Produktion;
- weitgehende Entflechtung der regionalen Ökonomie von den, den Weltmarkt bestimmenden Bedingungen.

Der wohl wichtigste und entscheidende Ansatzpunkt, um eine alternative wirtschaftspolitische Orientierung durchzusetzen, besteht beispielsweise darin, die durch die öffentlichen Haushalte gebundenen Investitionen (insbesondere die Finanzmittel für Wirtschaftsförderung, Forschungs- und Technologiepolitik) einer den oben genannten Zielsetzungen unterzuordnen. Des weiteren geht es darum, die kommunalen Unternehmen und Unternehmensbeteiligungen mit ihrem großen Investitionspotential und ihrem entscheidenden Einfluß auf die öffentliche Infrastruktur (wie z.B. auf die Energieversorgung, den öffentlichen Personen- und Nahverkehr, den Wohnungsbau sowie die Stadtsanierung und die Abfallwirtschaft) den Zielen einer neuen kommunalen und regionalen Wirtschaftspolitik unterzuordnen.

Bislang wurde insbesondere in Hamburg das Eigentum der öffentlichen Hand an verschiedenen Industrieunternehmen und Unternehmen des Hafenumschlags nicht für eine koordinierte Wirtschaftspolitik genutzt. Einen weiteren Ansatzpunkt zur Umstrukturierung der regionalen Wirtschaft bietet in diesem Zusammenhang der gesamte Alternativsektor mit seinen selbstverwalteten Betrieben und Selbsthilfeprojekten im Handwerk, im Einzelhandel sowie bei den Dienstleistungen, die bislang lediglich ein Schat-

---

[1] Dieses Konzept ist nicht mit dualwirtschaftlichen Ansätzen zu verwechseln, die lediglich ein Nebeneinander von kapitalistischem Erwerbssektor und Subsistenzwirtschaft anstreben, um die Herausgefallenen teilweise auf dem zweiten Arbeitsmarkt zu versorgen. Obwohl Arbeits-Beschaffungs-Maßnahmen (ABM) für den einzelnen Arbeitnehmer von großer Wichtigkeit sind, bleibt der zweite (staatlich gestützte) Arbeitsmarkt eine vollständig abhängige Größe, die keine positive Entwicklung der Arbeitslosenzahlen nach sich ziehen.

tendasein führen. Auch der 'zweite Arbeitsmarkt' bietet Möglichkeiten, aus Mitteln der Bundesanstalt für Arbeit Projekte zu fördern, die auf den regionalen Markt und regionale Bedürfnisse ausgerichtet sind. Dabei ist es sinnvoll, diese Mittel mit beruflicher Weiterbildung und der Entwicklung neuer Produkte und Dienstleistungen zu verbinden.

Die dargestellten Ansatzpunkte einer alternativen regionalen Wirtschaftspolitik erscheinen hier wiederum lediglich als Konglomerat verschiedener schon bekannter Einzelmaßnahmen, doch kann die Aufgabe einer regionalen Wirtschaftspolitik mit alternativem Anspruch auch nur sein, mögliche Wege und Schritte zu benennen, die diese Politik verwirklichen helfen. Sie dienen insbesondere als Vorschläge, um die politischen und ökonomischen Entscheidungsträger stärker als bisher zu beeinflussen. Natürlich beschränkt sich das Vorhaben einer alternativen Regionalpolitik nicht nur auf eine Umwidmung von Haushaltstiteln. Es geht um die Verknüpfung der verschiedenen Einzelmaßnahmen, denn darin liegt die entscheidende Voraussetzung für eine erfolgreiche Erneuerung der regionalen Ökonomie. Erst eine sinnvolle Vernetzung schafft die Grundlage, Marktkonkurrenz und einzelbetriebliche Rentabilität zumindestens teilweise aufzuheben, um anderen Kriterien grundsätzlichen Vorrang einzuräumen. Dennoch - und auch das ist von entscheidender Bedeutung - wird für die Durchsetzung dieser Politik eben jene 'kritische Masse' an Finanzen, Produktionsmitteln und technisch-wissenschaftlichem Wissen benötigt, ohne die ein politischer Zugriff auf ökonomische Entscheidungsprozesse nicht möglich ist.

Die Vielschichtigkeit der beschriebenen krisenhaften Prozesse erfordert für die Untersuchungsregionen einen komplexen Handlungsansatz, dem es gelingt, die unterschiedlichen regionalen Handlungspotentiale über eine breite Beteiligung und kooperative regionale Strukturplanung weiterzuführen. Nur auf dieser Grundlage ist der Einstieg in eine in dezentralen Einheiten organisierten Regionalentwicklung denkbar. Dabei kann es nicht darum gehen, wie in neoliberalen Konzeptionen, lediglich neue Märkte zu entwickeln sowie Innovationen auf ihre Gewinnträchtigkeit zu überprüfen. Unter der Prämisse, daß eine ökonomische Abkopplung dieser extrem weltmarktverflochtenen Wirtschaftsräume auf absehbare Zeit nicht realistisch ist, erscheint auch nur eine relative Verschiebung der Gewichte zwischen Weltmarkt und Region zugunsten größerer regionaler Autonomie und kleinräumiger Vernetzung möglich. Für die altindustrialisierten Montan- und Hafenstandorte ist zunächst die Sanierung eines zurückgenommenen Grundbestandes montan- bzw. werftindustrieller Produktionskapazitäten und Arbeitsplätze eine notwendige Voraussetzung einer solchen Entwicklung. Innerhalb dieser Entwicklung muß eine Änderung der in den altindustrialisierten Gebieten vorhandenen Produktionsanlagen erfolgen. Auch schließt dieses die Produktion, Distribution und Konsumption in engeren, lokalen und regionalen Kreisläufen keineswegs aus. Dieses beinhaltet exemplarisch die Entwicklung, Erzeugung und Vermarktung neuer umweltschonender, naturgerechter Technologien und Verfahren. Für eine solche industrielle Schrittmacherrolle sind die altindustrialisierten Gebiete aufgrund ihrer Erfahrung und ihrer Last mit der 'alten Technik' geradezu prädestiniert und sind deshalb durchaus auch auf die nationale Gesamtwirtschaft zu beziehen. Hierfür spricht auch, daß ein Ausbau der Produktionskapazitäten mit entsprechend guten Absatzchancen die stark zurückgegangenen Investitionen in diesen Regionen- wenn auch nicht brechen - doch zumindest bremsen kann und damit die Hauptursache abstrakten Wirtschaftswachstums und disparitärer Raumentwicklung eindämmt.

3. Kritische Anmerkungen zu den sozialdemokratischen und gewerkschaftlichen Revitalisierungsstrategien

Die fehlende Einbettung der zahlreichen Einzelmaßnahmen der Wirtschaftspolitik und insbesondere der kommunalen Wirtschaftsförderung in eine langfristig ausgerichtete lokale und regionale Entwicklungspolitik, und die Einschätzung, daß mit dem Glauben an die Selbstheilungskräfte des Marktes die strukturell bedingte Massenarbeitslosigkeit nicht einzudämmen sei, rief insbesondere auch Sozialdemokraten und Gewerkschafter auf den Plan, Alternativen zur bisherigen Industrieansiedlungs- und Gewerbeflächenpolitik zu entwickeln. Sie sahen, daß die bisherigen staatlichen Initiativen und Programme zur Regulierung der Regionalkrisen lediglich unzureichende Teileffekte hatten, insbesondere weil eine durchgreifende Neustrukturierung der industriellen Basis mit entsprechendem Arbeitsplatzaufbau ausblieb und sich stattdessen abzeichnete, daß der in den kommenden Jahren bevorstehende Arbeitsplatzabbau noch einmal eine gravierende Verschärfung der regionalen Beschäftigungskrise bewirken würde. Aus diesen Rahmenbedingungen erwuchs der Anspruch, neue wirksamere Strategien der Wirtschafts- und Strukturpolitik zu entwickeln.

Die meisten dieser neuen Konzepte haben im wesentlichen regionalpolitischen Charakter, z.B.:

- 'Beschäftigungsprogramm Küste' des DGB[1];
- Analysen zu 'Strukturwandel und Beschäftigungsperspektiven an der Ruhr' der IG-Metall[2];
- 'Bericht der Enquete-Kommission der Hamburger Bürgerschaft über die Entwicklung der Region Unterelbe'[3].

Allen gemeinsam ist, daß sie Förderungen der öffentlichen Hand beim Faktor Arbeit ansetzen wollten, d.h. sie plädieren dafür, regionale Förderprogramme stärker an Zahl und Qualität der zusätzlich geschaffenen bzw. erhaltenen Arbeitsplätze zu orientieren. Des weiteren wurde die Schaffung öffentlicher Nachfrage nach umweltverträglichen Produkten und Produktionsverfahren gefordert, die eine Wirtschaftspolitik der zukunftsorientierten Bestandspflege ermöglicht und gleichzeitig mit Hilfe regionaler Kreisläufe Umwelt- und Arbeitsmarktprobleme löst. Als Voraussetzung dafür wurden eine verstärkte Investitionstätigkeit des Staates in den definierten Bereichen sowie eine politische Umorientierung im Hinblick auf die Stärkung regionaler Kreisläufe angesehen.

Obwohl eine weitgehende Neuorientierung der Regionalpolitik auch angesichts des enormen Problemdrucks in den Untersuchungsregionen immer noch mit großen Schwierigkeiten behaftet ist, dokumentierten die sozialdemokratischen und gewerkschaftlichen Lösungsstrategien für die regionalen Wirtschafts- und Umweltkrisen einen erheblichen Wandel. Insbesondere mit dem mittlerweile etablierten SPD-Entwurf 'Arbeit und Umwelt' fand eine programmatische Verknüpfung ökologischer Forderungen mit klassischen, nachfrageorientierten Konzepten zur Bekämpfung der Arbeitslosigkeit statt. Vor allem das 'Beschäftigungsprogramm Küste'[4], sowie der im Herbst 1988 vorgestellte Bericht über 'Strukturwandel und Beschäftigungsperspektiven der Metallindustrie an der Ruhr'[5] des Deutschen Gewerkschaftsbundes sind wichtige Dokumente

---

[1] vgl. GEWOS (1986).

[2] vgl. GEWOS (1988).

[3] vgl. FREIE UND HANSESTADT HAMBURG (1986b).

[4] vgl. GEWOS (1986b).

[5] vgl. GEWOS (1988).

dieser neuen Strategie[1]. Das 'Beschäftigungsprogramm Küste' wirft nicht nur Fragen nach den Inhalten und Formen der Produktion auf, auch die Forderungen nach mehr Mitbestimmung und nach Humanisierung der Arbeitswelt, wie sie in der 'arbeitnehmerorientierten Regionalpolitik'[2] diskutiert wurden, fanden in diesem Programm ihren Niederschlag. Der Mangel bestand dagegen vor allem darin, daß die Bereiche 'qualitativen Wachstums' nicht definiert wurden[3]. Die regionalpolitischen Forderungen zielten auf alle Betriebe, ohne Unterschied ob Großkonzern oder Kleinbetrieb, ob staats- oder privatwirtschaftlich geführt.

Angesichts der veränderten Ausgangslage in den Krisenregionen - im Zentrum der Wirtschafts- und Arbeitsmarktentwicklung steht inzwischen die tiefgreifende Beschäftigungskrise, die über den montan- und werftindustriellen Sektor weit hinausreicht- hatten sich die wirtschaftspolitischen Vorstellungen der Gewerkschaften nochmals grundlegend gewandelt. Die neuen gewerkschaftlichen Konzepte setzen in der Reaktion auf diese Veränderungen verstärkt auf technologisches Wachstum und erhoffen sich dadurch beschäftigungspolitische Effekte unter anderem auch durch eine zunehmende Aktivierung des Umweltschutzbereiches.

In den bereits genannten neueren Ansätzen zu 'Strukturwandel und Beschäftigungsperspektiven an der Ruhr' der IG-Metall[4] wird die vornehmlich beschäftigungsorientierte Ausrichtung der Regionalprogramme erweitert. Nach wie vor geht es bei den Forderungen der Gewerkschaften auch um ein mittel- bis langfristig zu konzipierendes Beschäftigungsprogramm sowie um ein Programm qualitativen Wachstums, welches aufgrund des ökologischen Problemdrucks als unabdingbare Voraussetzung für den Umbau der Wirtschaftsregion angesehen wird. Wie auch in wirtschaftsliberalen Ansätzen, wird das innovative Potential jetzt auch mit dem Ausbau und der Forderung kleinbetrieblicher Strukturen verbunden. Die Förderung von Gründerzentren, von Innovationsberatung und die Sicherung hochqualifizierter Arbeitsplätze bestimmen

---

[1] Wenn hier SPD und DGB-Gewerkschaften gleichgesetzt werden, dann spiegelt dieses eher den Stand der gesellschafts- und regionalpolitischen Auseinandersetzung im Ruhrgebiet wider. Die neoliberale Standortpolitik der SPD als Regierungspartei hat damit wenig gemein.

[2] vgl. ARBEITSKREIS ARBEITNEHMERORIENTIERTE REGIONALWISSENSCHAFT (Hrsg.) (1981).

[3] vgl. OSSSENBRÜGGE (1985b, 7).

[4] vgl. GEWOS (1988).

auch in diesen Programmen gewerkschaftliche Politik. Mit dieser neuen Zielsetzung wird die Beseitigung der Massenarbeitslosigkeit durch direkte Beschäftigungsmaßnahmen erweitert und darüber hinaus auf die Modernisierung der Volkswirtschaft gesetzt.

Innerhalb der gewerkschaftlichen 'Offensive für qualitatives Wachstum' steht die Forderung nach einem 'Zukunftsinvestitionsprogramm' in den Bereichen Energieversorgung, Umwelt, Abfallwirtschaft, Verkehrsinfrastruktur sowie Stadterneuerung zur Verbesserung der Umwelt- und Lebensbedingungen und zur Schaffung sinnvoller neuer Arbeitsplätze (z.B. durch Beschäftigungsgesellschaften). Das Programm stellt damit einen Ansatz dar, die Beschäftigungsentwicklung in den Untersuchungsregionen zu stabilisieren und gleichzeitig einen längerfristig orientierten Strukturwandel zu unterstützen. Im Rahmen der Durchführung und Initiierung öffentlicher und privater Investitionen in Verbindung mit der gezielten Entwicklung regionaler Innovationspotentiale werden sowohl endogene Strategieelemente berücksichtigt als auch eine auf Produktinnovation und Diversifizierung gerichtete Industriepolitik im klassischen Sinne verwirklicht. Ziel dieser gewerkschaftlichen Regional- und Wirtschaftspolitik ist damit der mittelfristige Umbau der Industrieregionen, wobei ein komplementäres Verhältnis zwischen qualitativem Wachstum und der beschriebenen Innovationsstrategie erreicht werden soll.

Das von den Gewerkschaften vorgelegte Konzept erweist sich in dieser Kombination als Doppelstrategie, in der eine Verknüpfung endogener Entwicklungsvorstellungen mit beschäftigungspolitischen Komponenten angestrebt wird. Der zu kritisierende Mangel dieser Ansätze besteht allerdings darin, daß zwar die Ursachen der Regionalkrisen ausgemacht werden, die Krisenbekämpfung allerdings in erster Linie an den spezifischen Auswirkungen wie Arbeitslosigkeit und Umweltverschmutzung ansetzt. Die vielfach in diesen Programmen und Analysen geforderte staatliche Investitionspolitik für ein qualitatives Wachstum in den genannten Bereichen ist eine einerseits zu begrüßende Option, andererseits greift sie weniger die Ursachen der krisenhaften Entwicklung auf, sondern zielt auf die Veränderung der negativen Folgen dieser ökonomischen Entwicklung. Was früher Investitionen für Autobahnen und Zentralkrankenhäuser waren, sind heute Aufträge für Klärwerke, Müllrecycling und Stadtbegrünung.

In dem Forschungsprojekt des Deutschen Gewerkschaftsbundes zu 'Strukturwandel und Beschäftigungsperspektiven an der Ruhr' wird aus diesem Grunde auch kritisch angemerkt, daß eine Politik des qualitativen Wachstums unter den gegenwärtigen politischen Konstellationen nicht in Sicht ist[1]. Dennoch wird an anderer Stelle[2] die grundsätzliche Übereinstimmung mit den Aktionsfeldern der 'Zukunftsinitiative Montanregionen' betont, denn sowohl mit diesem Aktionsprogramm als auch mit dem 'Hamburger Aktionsprogramms Wirtschaft' wurden erstmalig weiterreichende Versuche unternommen, angesichts dramatischer Arbeitsplatzverluste in der Stahl- sowie Werftindustrie den Strukturwandel zu fördern. Dennoch muß einschränkend betont werden, daß beide Aktionsprogramme hinsichtlich der zu verwirklichenden Maßnahmen keine realen Neuerungen bieten (Innovationspolitik, Qualifikation, Arbeitsbeschaffungsmaßnahmen, Wirtschaftsförderung, Infrastruktur und Umweltschutz), außer, daß erstmalig Versuche unternommen wurden, verschiedene Ansätze innerhalb der Regional- und Wirtschaftspolitik miteinander zu verbinden.

4. Regionalpolitischer Handlungsbedarf einer Regional- und Wirtschaftspolitik für altindustrialisierte Verdichtungsgebiete

Änderungsbedürftig sind in Zukunft in erster Linie die organisatorisch-prozessualen Wege der regionalen Wirtschaftspolitik. Es sollte ein Ansatz verfolgt werden, der die regionalen und lokalen Kräfte, die über die vorhandenen Ressourcen verfügen, stärker in den Kommunikations- und Koordinationszusammenhang einbindet und damit implizit endogene Strategieelemente integriert. Insbesondere unter der landespolitischen und planerischen Zielsetzung, eine schnelle Anpassung an den Strukturwandel zu fördern und darüber hinaus die verbleibenden Handlungsspielräume unter Einbeziehung verschiedener Strategieelemente zu nutzen, muß die zukünftige Regional- und Wirtschaftspolitik im wesentlichen folgende parallele Handlungsstränge verfolgen:

1. Es muß eine spezifische, technologieorientierte Industriepolitik mit dem Ziel der Anpassung an die veränderten weltwirtschaftlichen Rahmenbedingungen (Strukturwandel) unter Erhalt der Wettbewerbsfähigkeit verfolgt werden.

---

[1] vgl. GEWOS (1988, 467).

[2] vgl. GEWOS (1988, 462).

2. Da davon ausgegangen werden kann, daß mit diesen Maßnahmen jedoch keine durchgreifende Entlastung auf dem Arbeitsmarkt verbunden sein wird, müssen parallel zu obigem Ansatz umfassende beschäftigungspolitische Maßnahmen (Qualifikation, direkte Beschäftigungspolitik, Verkürzung der Arbeitszeit sowie Umverteilung der Arbeit) durchgeführt werden.

3. Die Finanzierung beider Strategien sollte durch entsprechende verteilungspolitische Instrumente erfolgen (Steuern, Abgaben), flankiert durch die oben benannten neuen organisatorisch-prozessualen Wege (Public-Private-Partnership)[1].

Dieses wird weitreichende und bekannte Konsequenzen für die Regionen haben. Insbesondere die Montan- bzw. Werftindustrie wird regional an struktureller Bedeutung verlieren. Damit einhergehend werden sich traditionelle Lieferverflechtungen mit diesen Sektoren auflösen. Entsprechend dem damit verbundenen Anpassungsbedarf an die bestehenden Arbeitsplätze wird die soziale sowie ökonomische Abfederung eine zentrale Rolle spielen. Vor allem die Aufrechterhaltung des sozialen Friedens muß als Grundlage für die Bewältigung des strukturellen Wandels oberstes Ziel bleiben[2].

Auch die Tatsache, daß sich durch die Technologie- und Existenzgründungspolitik neue Arbeitsplätze und Qualifikationen deutlich langsamer und in geringerer Quantität herausbilden, als in traditionellen Branchen verlorengehen, macht eine undogmatische Ausnutzung der verschiedenen regionalwirtschaftlichen Potentiale erforderlich. Trotz oftmals gegenteiliger Darstellungen von Wirtschaftsförderern reicht das regionale Wachstum in diesen altindustrialisierten Regionen auch auf absehbare Zeit nicht aus, um innerhalb der vorhandenen traditionellen Wirtschaftsstruktur rechtzeitig einen quantitativen Ausgleich zwischen Abbau und Aufbau von Arbeitsplätzen zu erzielen[3].

Vor diesem regional wirksamen strukturellen Wandel kommen regionalstaatlichem Handeln in mehrerer Hinsicht neue Aufgaben zu. Zum einen geht es um die interne Re-Organisation der öffentlichen Verwaltung mit dem Ziel der Bündelung von Sektor-

---

[1] vgl. SCHLIEPER (1988, 3).

[2] Die erfolgreiche korporatistische Krisenregulierung zeigte sich jüngst wieder im Ruhrgebiet. Trotz tiefgreifender und massenhafter Entlassungen blieb der soziale Friede auch nach den Vorgängen um Rheinhausen gewahrt.

[3] Ein besonderes Problem stellt vor allem die plötzliche Stillegung von Betrieben und Standorten dar. Diese Vorgänge lassen sich zeitlich und regional nicht antizipieren und führen somit wegen der engen regionalen Verflechtung zu dramatischen Auswirkungen auf die jeweiligen lokalen und regionalen Wirtschaftskreisläufe.

alpolitiken, zum anderen muß eine stärkere Dezentralisierung, Kooperation und Koordination zwecks spezifischer Ausschöpfung endogener Potentiale sowie zeitlicher und sachlicher Bündelung strukturrelevanter Maßnahmen und Projekte verfolgt werden.

Angesichts der Tatsache, daß der ökonomische Strukturwandel Konsequenzen für die Struktur der öffentlichen Verwaltung haben muß, sollten höhere Flexibilität, Bündelung und Dezentralisierung auch die Organisationsformen innerhalb der Verwaltung verändern. Dabei sollte die Organisation von Prozessen der Kooperation und Koordination zwischen den 'autonomen Trägern der wirtschaftlichen Entwicklung' zu der zentralen Aufgabe staatlichen Handelns werden. Der Staat muß in Zukunft zum Moderator und Initiator ökonomischer Prozesse werden, insbesondere soll er zur Synchronisierung des Handelns der verschiedenen Akteure beitragen[1].

Es geht sowohl um eine quantitative Reduzierung staatlichen Handelns als auch um eine strukturelle und qualitative Anpassung an diese neuen Strukturen. Dabei lassen sich die schon angesprochenen drei Komponenten 'Dezentralisierung', 'Kooperation' und 'Koordination' diesem neuen Konzept zuordnen und ergänzen sich gegenseitig. Die Dezentralisierung erweist sich bei wachsender Heterogenität in der Regionalentwicklung als Möglichkeit zur Ausschöpfung der unterschiedlichen Potentiale einer Wirtschaftsregion. Darüber hinaus muß angesichts des erheblich zurückgegangenen Ansiedlungspotentials eine stärkere Kooperation bei der Strategie- und Projektentwicklung sowie eine Abstimmung des strukturpolitischen Handelns mit den wirtschaftlich Verantwortlichen stattfinden. Eine verbesserte Koordination sollte sich in diesem Sinn sowohl auf die zeitliche und sachliche Bündelung der strukturrelevanten Maßnahmen und Projekte beziehen, als auch auf die Straffung und Beschleunigung staatlicher Genehmigungsverfahren.

Zur effektiven Bewältigung des strukturellen Wandels darf sich die staatliche Regionalpolitik aber nicht allein auf eine Veränderung und Anpassung von Aufgaben und Strukturen in der öffentlichen Verwaltung beschränken. Es muß eine neue Form der Zusammenarbeit entwickelt werden, mit deren Hilfe auch größerer Einfluß auf unternehmerische Verhaltensweisen und Entscheidungen genommen werden kann. Das neue Schlagwort dieser Strategie heißt 'Public-Private-Partnership' und setzt bei dem als

---

[1] vgl. SCHLIEPER (1988, 5).

stabilitätsorientiert eingeschätzten Unternehmertum an. Unterstellt wird den regionalen Unternehmern insbesondere die Behinderung des strukturellen Wandels durch starre Strukturen, fehlendes innovatives und kreatives Handeln sowie ein ökonomisches Kalkül, welches geringe aber sichere Renditen einem innovativen und risikoreichen Geschäftsverhalten vorzieht. Demgegenüber sollten von den Unternehmen in Zukunft andere Verhaltensweisen gefordert werden, sozusagen als deren Beitrag zum Wandel der ökonomischen und sozialen Umwelt. Innerhalb der 'Public-Private-Partnership' müssen insbesondere die Wahrnehmung der regionalen Verantwortung sowie neue Formen der Kooperation von den Unternehmern gefordert werden[1].

Zusammenfassend läßt sich also feststellen, daß innerhalb einer veränderten Strategie von den Landesregierungen neue Aufgaben übernommen werden müssen. Einerseits muß die Wirtschaftspolitik realistischerweise auf die Anforderungen der Regionen als weltmarktorientierter Industriestandort ausgerichtet sein, andererseits müssen alte Grenzen staatlicher Aktivitäten im Hinblick auf die politische Integration der wirtschaftlichen Akteure erweitert werden[2]. Die jeweiligen Landesregierungen müssen neben dem klassischen wirtschaftspolitischen Instrumentarium insbesondere auch für den Aufbau einer wissenschaftlich-technischen Infrastruktur sorgen und darüber hinaus die angesprochenen bürokratischen Verkrustungen abbauen. Des weiteren bleibt festzuhalten, daß die aktuellen Programme trotz einiger Mängel erstmals Chancen bieten, den negativen ökonomischen Entwicklungen zu begegnen. Schwierig ist der eingeschlagene Weg allerdings deshalb, weil die innovationsorientierten Konzepte wegen der schlechten Ausgangsbedingungen in den altindustrialisierten Regionen und der Standortvorteile in anderen Regionen keine günstigen Startvoraussetzungen haben und zum anderen die Steuerungsmöglichkeiten für das unternehmerische Standort- und Investitionsverhalten nur sehr gering sind.

---

[1] vgl. SCHLIEPER (1988, 5).

[2] vgl. ESSER; HIRSCH (1987, 49).

V. Regionale Krisenentwicklung in den Wirtschaftsräumen Hamburg und Ruhrgebiet

In der vorliegenden Untersuchung wurde das Phänomen der regionalen Krisenentwicklung in zwei unterschiedlich strukturierten, altindustrialisierten Ballungsgebieten beschrieben und im Hinblick auf seine Ursachen analysiert. Abschließend soll nochmals zusammenfassend dargestellt werden, welches die maßgeblichen, prozeßbestimmenden Determinanten dieser Entwicklung sind und welche Lösungsansätze von den verschiedenen politischen Gruppen und Entscheidungsträgern vorgelegt werden. Die Antwort basiert im wesentlichen auf den dargelegten Untersuchungsergebnissen und stellt gleichzeitig deren pointierte Zusammenfassung dar.

Das in dieser Arbeit auf theoretischer Ebene untersuchte Phänomen des regionalen Niedergangs war zunächst nur für Peripherräume bekannt, als in den 70er Jahren das Problem stagnierender, altindustrialisierter Ballungsräume viele Metropolen der westlichen Industrieländer erfaßte. Ursache-Wirkungs-Zusammenhänge wurden bei der Analyse regionaler Krisen zu unpräzise und lediglich von den Erscheinungsformen her analysiert. Aus diesem Grund zog sich die Frage der Erweiterungsmöglichkeit einer einzelwirtschaftlichen Betrachtung zu einer gesamtwirtschaftlichen Theorie durch die wissenschaftliche Diskussion um die Raumwirksamkeit ökonomischer Prozesse. Die stärkere Berücksichtigung der räumlichen Dimension hat in letzter Zeit dabei zu einer Diskussion über die Eigenständigkeit der Kategorie 'Raum' in der politischen Ökonomie geführt. In den meisten politökonomischen Arbeiten wird der 'Raum' als abhängige Variable gesehen, gewissermaßen als das Resultat einer früher wirksamen und heute aufgrund von veränderten Standortbewertungen neuen 'regionalen Arbeitsteilung', was nicht gleichzusetzen ist mit traditionellen regionalökonomischen Erklärungsansätzen, in denen regionale Strukturen lediglich als das Ergebnis der Bewegung privaten Kapitals angesehen werden.

Dieser Umstrukturierungsprozeß darf allerdings nicht als linear verlaufend verstanden werden, sondern setzt sich in erster Linie durch die inneren Bewegungsgesetze der Produktionsweise und vor allem über die Form zyklischer Krisen durch, so daß die jeweils dominante Phase der Akkumulation die existierenden räumlichen Muster industrieller Produktion in ihrem Sinne modifiziert.

Das Phänomen regionaler Krisenentwicklung besteht im wesentlichen darin, daß der im fixen Kapital eingeschlossene Wert in einem eher wirtschaftlich als physisch bestimmten Zeitraum nicht vollständig realisiert werden kann und es zu einer massiven Entwertung kommt. Die Problematik wird im allgemeinen darin gesehen, daß die Restrukturierung einer Region in Form einer nachträglichen Anpassungsplanung die Krise nicht beseitigen kann, weil das Tempo der Kapitalwanderung sehr viel höher ist, als das des Umbaus der regionalen Produktions-, Infra- und Siedlungsstruktur.

Die wichtigsten Aspekte der durch diese Prozesse hervorgerufenen Krisenerscheinungen konnten anhand zweier altindustrialisierter Ballungsgebiete dargelegt und auf ihre maßgeblichen Determinanten hin untersucht werden. Um das Problempotential detailliert zu analysieren und zu differenzierten Aussagen zu gelangen, wurde kleinräumig am Beispiel Hamburg und Ruhrgebiet die Entwicklung von Wirtschaft, Beschäftigung sowie Arbeitsmarkt untersucht. In diesem Zusammenhang wurde auch berücksichtigt, inwieweit die durch weltwirtschaftliche Abhängigkeiten und internationale Arbeitsteilung gegebenen Strukturen einer Wirtschaftsregion bestimmt und überlagert werden. Zwar konnte die Krise nur zum Teil durch die anfällige Montan- bzw. Werftindustrie erklärt werden, dennoch bildete die - insbesondere im Ruhrgebiet vorhandene - ausgeprägte Verflechtung dieser Wirtschaftszweige mit großen Teilen des 'Verarbeitenden Gewerbes' sowie die vom Bundesgebiet abweichenden Wirtschaftsstrukturen einen erheblichen Negativfaktor. Ausgehend von dem Prozeß des wirtschaftlichen Niedergangs großer Teile des 'Verarbeitenden Gewerbes' wurden auch sozio-ökonomische Komponenten analysiert, die sowohl direkt von dem regionalwirtschaftlichen Umbruch beeinflußt werden, als auch für den Verlauf regionaler Krisenerscheinungen von eigener Dynamik sind.

Die Regionalkrise im Ruhrgebiet und in Hamburg hat also zwei maßgebliche Komponenten: Zum einen die - im Vergleich zum Bundesgebiet - erheblich schlechtere wirtschaftliche Entwicklung insbesondere im 'Produzierenden Gewerbe', zum anderen die daraus entstehenden Prozesse und Auswirkungen auf die gesamte Regionalwirtschaft sowie die Beschäftigungslage. Darüber hinaus kann eine mittelbare Determinante der Strukturkrisen dieser Ballungsgebiete in der uneingeschränkten Mobilität des Kapitals gesehen werden, bei der die Krisenfestigkeit einzelner Regionen oder der Erhalt der Arbeitsplätze nur von untergeordneter Bedeutung sind. In bezug auf die Entwicklung einzelner Regionen - insbesondere in Verbindung mit der Ausrichtung auf den Erhalt der internationalen Konkurrenzfähigkeit regionaler Unternehmen kommt es in erster Linie zu massiven Beschäftigungskrisen.

Die staaliche Regionalpolitik kann dem Prozeß der regionalen Krisenentwicklung nicht effektiv entgegenwirken, da ihr Handeln dem Primat der Modernisierung der Volkswirtschaft unterliegt. Aus dieser Sichtweise wurden die traditionellen Lösungsansätze zur Überwindung der Regionalkrisen als effektive wirtschaftliche Sanierungsstrategien eingestuft wobei die Restrukturierung der Produktionsbasis und der Erhalt der internationalen Konkurrenzfähigkeit (und damit auch die Reduzierung des Beschäftigungsniveaus) als oberstes Ziel angesehen werden.

Es konnte in der Arbeit aufgezeigt werden, daß die staatlichen Ansätze zur Lösung der Regionalkrisen zunächst inbesondere auf die, die Regionalökonomie beherrschenden Unternehmen ausgerichtet waren. Für die Unternehmen der Werft- und Montanindustrie ging es in den siebziger Jahren in erster Linie darum, durch eine staatlich gestützte Modernisierung der Produktionsbasis ein technologisch hohes Niveau der Produktion und ökonomisch tragfähige Einheiten zu erzielen. Außerdem sollte eine möglichst schnelle und effiziente Anpassung an die Maßstäbe des Weltmarktes erreicht werden, um die Krise der regionalen Ökonomie zu überwinden. Die negativen regionalen Auswirkungen dieser Orientierung hatten dabei eine eher sozialpolitische Bedeutung. Das Verhalten der Landesregierungen in beiden Untersuchungsregionen kann in sofern als sehr ambivalent eingestuft werden. Sie setzen sich einerseits vehement für technologischen Wandel ein, beklagen andererseits aber den Tatbestand des regionalen Beschäftigungsrückganges. Insofern ist es für sie schwierig, den technologischen Wandel zu unterstützen und gleichzeitig die negativen regionalen Auswirkungen dieses Handelns im Auge zu behalten.

Anhand der verschiedenen sowohl in der Region Hamburg als auch im Ruhrgebiet analysierten wirtschaftspolitischen Strategien und regionalen Aktionsprogramme konnte die These erhärtet werden, daß die über lange Zeit praktizierte regionale Wirtschaftspolitik keine sinnvolle staatliche Steuerung gegen raumstrukturelle Fehlentwicklungen war. Diese Strategien lassen sich zwar als symptomlindernd einstufen, wurden aber der Forderung nach regionaler Strukturverbesserung nicht gerecht. Mit diesem Ansatz wurden bisher weder die der Krise zugrundeliegenden Ursachen - z.B. die erheblichen Investitionseinbrüche im 'Verarbeitenden Gewerbe'- abgebaut, noch war mit der Lösung auf struktureller Ebene (allgemeine Technologieorientierung bei gleichzeitiger Gesundschrumpfung der ehemaligen strukturbestimmenden Industrien) die Krise in ihrer Komplexität überwunden. Darüber hinaus ist einzuwenden, daß von der Unterstützung neuer Unternehmen durch Gründerzentren oder Technologieparks kein entscheidender Beitrag für die Bewältigung von arbeitsmarktpolitischen Problemen ausgeht. Die strukturpolitischen Hoffnungen richten sich in erster Linie auf mögliche Impulswirkungen und 'spillover'-Effekte, die insbesondere von innovationsorientierten Neugründungen und Unternehmen der Hochtechnologie erwartet werden.

Die Analyse der regionalpolitischen Alternativvorstellungen ergab, daß Einigkeit vor allem in der Abkehr von der bisherigen regionalpolitischen Praxis herrschte. Die alternativen regionalpolitischen Lösungsansätze enthalten aber sowohl im Hinblick auf die politische Steuerung der zu treffenden Maßnahmen als auch auf deren konkrete Inhalte Differenzen. Einerseits werden zwar auf regionaler Ebene konkrete Maßnahmen vorgeschlagen, andererseits wird aber zu Recht darauf verwiesen, daß alle Ansätze alternativer regionalpolitischer Strategien nur unter der Prämisse der 'Umverteilung des staatlichen Haushalts' zu verwirklichen sind. Die vorgestellten Alternativen gehen realistischerweise deshalb auch nicht davon aus, daß die Krise dieser Ballungsgebiete nur im Rahmen sozialstaatlicher Maßnahmen zu überwinden sei.

Grundsätzlich ist festzuhalten, daß die auf der Basis der Regionalanalysen gewonnenen Erkenntnisse auf spezifische Defizite und einen konkreten regionalpolitischen Handlungsbedarf bei der Bewältigung des ökonomischen Strukturwandels in den alten Industrieregionen verweisen. Hierbei ist zunächst interessant, daß der Regionalvergleich keine wesentlichen konzeptionellen Unterschiede zur Lösung der aufgezeigten struktur- und regionalpolitischen Probleme aufgezeigt hat. Je nach wirtschaftspolitischer Grundhaltung kommt der Förderung kleiner und mittlerer Unternehmen, der Technologie- und Innovationsförderung sowie der Erhöhung der Anpassungsflexibilität der Akteure des öffentlichen und privatwirtschaftlichen Sektors vorrangiges Interesse zu. Dennoch scheiden größere Innovationen im konzeptionell-strategischen Bereich im Sinne grundsätzlich neuer Erkenntnisse zur Überwindung des Strukturwandels weitgehend aus. Entscheidender sind deshalb in Zukunft die Bereiche, die bei der strukturpolitischen Diskussion bisher keine Rolle gespielt haben. Gemeint sind hier vor allem die institutionell-organisatorischen Bedingungen bei der Bewältigung und Nutzung des ökonomischen Strukturwandels. Insbesondere spielen in Zukunft flexible Vorgehensweisen, eine effektive Bündelung von Einzelmaßnahmen und schnelle Reaktionsweisen eine entscheidende Rolle bei der Krisenüberwindung; denn bislang waren für die alten Industrieregionen die gewachsenen Interaktionsstrukturen und die jahrzehntelang akzeptierten Entscheidungsroutinen ebenfalls erhebliche Hin-

211

dernisse einer schnellen und effektiven Umstrukturierung. In Zukunft muß deshalb der öffentlichen Verwaltung als dem Moderator und Initiator ökonomischer Prozesse ein stärkeres Gewicht zukommen. Sie kann im Sinne einer effektiven Umstrukturierung insbesondere zur Synchronisierung des Handelns der verschiedenen Akteure beitragen. Darüber hinaus kann die Verwaltung bei einer verstärkten Kooperation im Rahmen der Strategie- und Projektentwicklung oder bei der Abstimmung des strukturpolitischen Handelns mit den wirtschaftlich Verantwortlichen mitwirken. Eine stärker kooperative Arbeitsweise sowie eine funktionale Dezentralisierung des administrativpolitischen Handelns unter Einbezug der ökonomischen Akteure müssen in Zukunft deshalb die wichtigsten Ziele sein. In diesem Zusammenhang geht es auch zukünftig um die Analyse der lokalen Handlungspotentiale, der Formen des Zusammenwirkens privater und administrativer Revitalisierungsansätze sowie des Selbstverständnisses der am Strukturwandel beteiligten Akteure. Hier anzusetzen, ist die wichtigste Maßnahme, um die festgefahrene und zirkulär verlaufende Diskussion um die zukünftige Regional- und Wirtschaftspolitik für alte Wirtschaftsregionen weiterzuführen.

Literaturverzeichnis:

ADAMS, K.-H.; H.-F. ECKEY (1984): Regionale Beschäftigungskrisen in der BRD - Ursachen und Erscheinungsformen. In: WSI-Mitteilungen 8, (37), 474-481.

ACHE, P.; H.-J. BREMM; A. MERTENS (1988): Emscherzone im Umbruch. Entwicklungslinien des räumlichen Strukturwandels. In: Raumplanung 42, 197-204.

AKADEMIE FÜR RAUMFORSCHUNG UND LANDESPLANUNG (1984): Endogene Entwicklung. Theoretische Begründung und Strategiediskussion. Hannover.

ALONSO, W.; J. P. FRIEDMAN (Ed.)(1964): Regional Development. A Reader. Cambridge (Mass.).

ALTRUP, H.F.(1975): Die Einordnung der grundstoffindustriellen Großbetriebe in die Elbmarschen unterhalb von Hamburg. In: Kölner Forschungen zur Wirtschafts- und Sozialgeographie, Bd. 21, Köln, 165-183.

ALTVATER; E. (1982): Umbau oder Abbau des Sozialstaates? - Überlegungen zur Restrukturierung des 'Welfare State' in der Krise. In: Prokla 49, (12), 121-145.

ALTVATER, E. (1983a): Bruch und Formwandel eines Entwicklungsmodells. In: Hoffmann, J. (Hrsg.): Überproduktion, Unterkonsumption, Depression. Hamburg, 217-252.

ALTVATER, E. (1983b): Der Kapitalismus in der Formkrise. In: Argument Sonderband AS 100, 80-100.

ALTVATER, E. (1987): Sachzwang Weltmarkt. Verschuldungskrise, blockierte Industrialisierung und ökologische Gefährdung. Der Fall Brasilien. Hamburg.

ALTVATER, E.; K. HÜBNER (1986): Neokonservative Dilemmata. In: Gewerkschaftliche Monatshefte 1, 25-37.

ALTVATER, E.; K. HÜBNER; M. STRANGER (1982a): Postkeynesianistische Politikstrategien und Gewerkschaften in Westeuropa. In: Berger, J. (Red.): Zukunft der Arbeit. Bielefeld.

ALTVATER, E.; K. HÜBNER; M. STRANGER (1982b): Alternative Wirtschaftspolitik jenseits des Keynesianismus. Opladen 1983.

ARBEITSGRUPPE BASISDATEN FÜR EIN NORDDEUTSCHES STRUKTURPROGRAMM (1979): Strukturanalyse Norddeutschland. In: BAW (Hrsg.): Bremer Zeitschrift für Wirtschaftspolitik 4,

ARBEITSKREIS ARBEITSORIENTIERTE REGIONALWISSENSCHAFT (Hrsg.) (1981): Regionale Krisen und Arbeitnehmerinteressen. Köln.

214

ARBEITSKREIS WIRTSCHAFTSPOLITIK DER SPD HAMBURG EIMSBÜTTEL (Hrsg.)(1986): Arbeit und Umwelt für Hamburg. Beschäftigungsorientierte Alternativen zur Standortpolitik. Hamburg.

ARBEITSKREIS RUHRGEBIETSKONFERENZ (Hrsg.) (1988): Dokumentation der Ruhrgebietskonferenz. Oberhausen.

AUER, P. (1984): Maßnahmen zur Reintegration von Langzeitarbeitslosen. Eine Übersicht von arbeitsmarktpolitischen Maßnahmen in 8 Ländern. Berlin.

AUST, J.; V. KERSTING (1986): Regionale Arbeitsmarkt- und Beschäftigungssituation im Ruhrgebiet. Bielefeld. (unveröff. Diplomarbeit am Fachbereich Soziologie der Universität Bielefeld).

AUTORENGEMEINSCHAFT (Hrsg.)(1976): Zum Problem der "strukturellen Arbeitslosigkeit". In: Mitteilungen für Arbeitsmarkt- und Berufsforschung 1, 70-83.

AUTORENGEMEINSCHAFT (Hrsg.)(1983): Der Arbeitsmarkt in der Bundesrepublik Deutschland in den Jahren 1983 und 1984 - insgesamt und regional. In: Mitteilungen für Arbeitsmarkt- und Berufsforschung 4, 63-75.

BADE, F.-J. (1984): Die funktionale Struktur der Wirtschaft und ihre räumliche Arbeitsteilung. Berlin. (Wissenschaftszentrum Berlin, Discussion Papers).

BARTELS, D. (1978): Raumwissenschaftliche Aspekte sozialer Disparitäten. In: Mitteilungen der Österreichischen Geographischen Gesellschaft 120, 227-242.

BARTELS, D. (1981): Menschliche Territorialität und Aufgabe der Heimatkunde. In: Riedel, W. (Hrsg.): Heimatbewußtsein. Husum, 7-13.

BARTELS, D. (1984): Lebensraum Norddeutschland. Kiel. (Kieler Geographische Schriften Bd.61).

BARTHOLMAI, B.; B. BIRG; H. HERWIG et al. (1981): Möglichkeiten und Grenzen der Regionalisierung der sektoralen Strukturberichterstattung. (DIW-Beiträge zur Strukturforschung, Heft 64.)

BASSAND, M. et al. (1984): Self Reliant Development for a new Europe: Theory, Practice, Conflict. London.

BECKENBACH, F.; M. KRÄTHKE (1978): Zur Kritik der Überakkumulationstheorie. In: Prokla 30, (8), 43-81.

BECKER, B. K. (1985): The Crises of the State and the Region: Regional Planning Questioned. In: Society and Space 3, 141-153.

BERGER, S.; J. MÜLLER (1985): Regionale Entwicklung der Arbeitslosigkeit im Raum Hamburg von 1980 bis 1984. In: Hamburg in Zahlen 7, 230-232.

BERTELS, L.; H.-G. NOTTENBOHM (Hrsg.)(1983): Außer man tut es! Beiträge zu wirtschaftlichen und sozialen Alternativen. Bochum.

BEYL, W.; H. BROMBACH (1984): Neue Selbstorganisation zwischen kultureller Autonomie und politischer Vereinnahmung. In: B 1, 15-29.

BFHH: BÜRGERSCHAFT DER FREIEN UND HANSESTADT HAMBURG (1980): Mitteilungen des Senats an die Bürgerschaft. Drucksache 9/2408, Arbeitsmarktpolitisches Rahmenprogramm.

BFHH (1983): Drucksache 11/1194, Auftragshilfen für den Schiffbau.

BFHH (1984a): Drucksache 11/2250, Arbeitsplätze im Hamburger Schiffbau bei HDW.

BFHH (1984b): Drucksache 11/2885, Wirtschaftsförderung in Hamburg.

BFHH (1986a): Drucksache 11/5682, Infrastrukturmaßnahmen für mittelständische Werften.

BFHH (1986b): Drucksache 11/6765, Bericht der Enquete-Kommission zur Untersuchung des Unterelberaumes.

BFHH (1986c): Drucksache 12/137, Hamburger Aktionsprogramm Wirtschaft.

BFLR: BUNDESANSTALT FÜR LANDESKUNDE UND RAUMORDNUNG (1980): Regionalismus und Regionalpolitik. Bonn. (Informationen zur Raumentwicklung 5).

BFLR (1982): Entwicklungsprobleme der Agglomerationsräume. Referate zum 43. Deutschen Geographentag in Mannheim 1981. Seminare, Symposien, Arbeitspapiere, H. 5.

BFLR (1984a): Endogene Entwicklungsstrategien? Bonn. (Themenheft der Informationen zur Raumentwicklung H. 1/2).

BFLR (1984b): Aktuelle Daten zur Entwicklung der Städte, Kreise und Gemeinden 1984. Bonn. (Arbeitspapiere Heft 17).

BFLR (1986): Aktuelle Daten und Prognosen zur räumlichen Entwicklung. Nord-Süd-Kontraste in der regionalwirtschaftlichen Entwicklung. Bonn. (Themenheft der Informationen zur Raumentwicklung H. 11/12).

BIELFELDT, H. (1982): Hamburg und seine Nachbarn. Von der Stadt- und Landesplanung zur regionalen Wirtschaftspolitik. In: Schröder et al.: Beiträge zur Geschichte der Handelskammer Hamburg. Hamburg, 223-370.

BIRG, H. (1973): Struktur-, Standort- und Exportbasisanalyse der Beschäftigungsentwicklung in den Verkehrsregionen und Ländern der Bundesrepublik Deutschland von 1961 bis 1970. (DIW-Vierteljahreshefte).

BIRKENHAUER, J. (1986): Das Rhein-Ruhr-Gebiet: Sterbender Kern einer Megapole? In: Spektrum der Wissenschaft 7, 38-53.

BOCHUM, U. (1984): Industrie und Region: Ökonomischer und sozialer Strukturwandel im Ruhrgebiet. Frankfurt.

BÖHM, E. (1985): Regionalvergleich 1970/83 mit Aggregaten der Volkswirtschaftlichen Gesamtrechnung. In: Hamburg in Zahlen 3, 74-91.

BÖHM, E. (1986): Ergebnisse der Volkswirtschaftlichen Gesamtrechnungen. In: Hamburg in Zahlen 8, 212-217.

216

BÖKEMANN, D. (1982): Theorie der Raumplanung. Regionalwissenschaftliche Grundlagen für die Stadt-, Regional- und Landesplanung. Oldenburg. (Oldenburgs Lehru. Handbücher der Wirtschafts- und Sozialwissenschaften).

BÖMER, H. (1977): Internationale Kapitalkonzentration und regionale Krisenentwicklung. Dortmund.

BÖMER, H. (1979): Regionale Strukturkrisen im staatsmonopolistischen Kapitalismus und marxistische Raumökonomie am Beispiel der Ruhrgebietskrise. In: Marxistische Studien, Jahrbuch des Instituts für marxistische Studien und Forschung 11, Frankfurt, 138-171.

BÖMER, H.; L. SCHRÖTER (1974): Ursachenanalyse regionaler Krisenanfälligkeit. Zur Anwendung der Theorie der Überakkumulation. Entwertung auf regionale Probleme. In: Gesellschaft für Regionalforschung (Hrsg.): Seminarberichte 10. Heidelberg, 35-63.

BÖVENTER, E.v. (1978): Standortentwicklung und Raumstruktur. Hannover. (Akademie für Raumforschung und Landesplanung. Hannover.

BÖVENTER E. v.; J. HAMPE; H. STEINMÜLLER (1982): Theoretische Ansätze zum Verständnis räumlicher Prozesse. In: Akademie für Raumforschung und Landesplanung, (Grundriß der Raumordnung). Hannover, 64-94.

BRADBURY, J.H. (1985): Regional and Industrial Restructuring Process in the New International Division of Labour. In: Progress in Humann Geographie 9, (1), 38-63.

BRAKE, K. (1979): Für eine arbeitsorientierte Raumordnungs- und Regionalpolitik. Köln.

BREMIKER, B. (1984): Analyse der Arbeitslosigkeit. Bochum.

BREUCKER, N. (1983): Jugendarbeitslosigkeit und Lehrstellenmangel als berufsbildungspolitisches Problem. Eine Regionalstudie zum Ruhrgebiet. Bochum.

BRUGGER, E. A. (1984a): "Endogene Entwicklung": Ein Konzept zwischen Utopie und Realität. In: Informationen zur Raumentwicklung, H.1/2, 1-19.

BRUGGER, E.A. (1984b): Regionale Innovationsprozesse und Innovationspolitik. Diesenhofen.

BRÜMMER, H.; D. WEICHERT (1982): Zur Produktions- und Beschäftigungssituation im Ruhrgebiet. In: Katalyse (Hrsg.), Ruhrgebiet - Krise als Konzept. Bochum, 59-76.

BRUNE, R. et al. (1979): Überlegungen zu regionalpolitischen Maßnahmen für das Ruhrgebiet. In: Rheinisch-Westfälisches Institut für Wirtschaftsforschung (RWI), Mitteilungen, Essen.

BRUNE, R. et al. (1980): Wirtschaftsstrukturelle Bestandsaufnahme Ruhrgebiet. Essen.

BUHR, W.; P. FRIEDRICH (Hrsg.)(1981a): Lectures on Regional Stagnation. Baden-Baden.

BUHR, W.; P. FRIEDRICH (Hrsg.)(1981b): Regional Development under Stagnation. Baden-Baden.

BÜNNIG, J. et al. (1981): Brennpunkt Stahlkrise. Ursachen und Lösungsperspektiven. Duisburg.

BÜNNIG, J. et al. (1983): Stahlkrise, Regionalkrise. Ursachen, Verlauf und regionale Auswirkungen der Stahlkrise. Duisburg.

BUNSE, B. (1984): Landesgrenzen überschreitende Regionalplanung an der Unterelbe und Unterweser. In: Raumforschung und Raumordnung 42, (3), 131-135.

BUSSE, C.H.(1973): Industriegeographische Wandlungen an der Unterelbe. In: Geographisches Taschenbuch 1970-1972, 156-166.

BUTTLER, F.; K. GERLACH; P. LIEPMANN (1977): Grundlagen der Regionalökonomie. Reinbek.

BUTZIN, B. (1986): Zentrum und Peripherie im Wandel. Erscheinungsformen und Determinanten der "Counterurbanisation" in Nordeuropa und Kanada. Paderborn.

BUTZIN, B. (1987a): Strukturwandel im Ruhrgebiet? Zum Entstehungs- und Wirkungszusammenhang der Krise. In: Köhler, E.; N. Wein (Hrsg.): Natur- und Kulturräume. Festschrift zum 65. Geburtstag von Prof. Dr. L. Hempel. Paderborn, 301-314.

BUTZIN, B. (1987b): Zur These eines regionalen Lebenszyklus im Ruhrgebiet. In: Mayr, A.; P. Weber (Hrsg.): 100 Jahre Geographie an der Westfälischen Wilhelms-Universität Münster. Paderborn, 191-210.

CARNEY, J. et al. (1980): Regions in Crises. New Perspectives in European Regional Theory. London.

CDU: CHRISTLICH-DEMOKRATISCHE UNION (1978): Grundsatzprogramm. Bonn.

CDU (1984): Stuttgarter Leitsätze für die 80er Jahre, 32. Bundesparteitag. Bonn.

CHINITZ, B. (1961): Contrasts in Agglomeration: New York and Pittsbourgh. In: American Economic Review 51, 279-289.

CLARK, G.L. (1980): Capitalism and Regional Inequality. In: Annals of the Association of American Geographers 70, (2), 226-237.

CLARK, G.L. (1981): The Employment Relation and Spatial Division of Labor: A Hypotheses. In: Annals of the Association of American Geographers 71, (3), 412-424.

CLARK, G.L. (1983): Migration and Capital. In: Annals of the Association of American Geographers 73, (1), 18-34.

CLARK, G. L. (1986): The Crises of the Midwest Auto-Industrie. In: Scott, A. T.; M. Storper (Ed.): Produktion, Work, Territory. The Geographical anatomy of industrial capitalism. Los Angeles, 127-148.

CONERT, J.; J. MÜLLER (1982): Die Strukturkrise in der Stahlindustrie. In: Berger, J. (Red.): Wege aus der Massenarbeitslosigkeit und Umweltzerstörung. Bielefeld, 45-56.

COOKE, P. (1983): Regional Restructuring: Class Politics and Popular Protest in South Wales. In: Society and Space 1, 265-280.

COOKE, P. (1986): The Changing Urban and Regional System in the United Kingdom. In: Regional Studies 20 (3), 243-251.

DANGSCHAT, J.; T. KRÜGER (1986): Hamburg im Nord-Süd-Gefälle. In: Friedrichs, J. et al. (Hrsg.): Süd-Nord-Gefälle in der Bundesrepublik?. Hamburg, 188-213.

DEUTSCHER BUNDESTAG (1973): Drucksache 7/401, Zweiter Rahmenplan der Gemeinschaftsaufgabe "Verbesserung der regionalen Wirtschaftsstruktur". Bad Godesberg.

DEUTSCHER GEWERKSCHAFTSBUND (1981): Grundsatzprogramm des deutschen Gewerkschaftsbundes. Düsseldorf.

DEUTSCHER GEWERKSCHAFTSBUND, LANDESBEZIRK NORDMARK (1980): Strukturprogramm Küste. Hamburg.

DIE GRÜNEN IM BUNDESTAG (1983): Vergesellschaftung der Stahlindustrie - eine Alternative zur Stahlkrise. Diskussionsbeiträge. Bonn.

DIETZ, P. (1986): Ruhrpolis - Europolis. Eine Perspektive für das Ruhrgebiet. In: Revier-Kultur 3, 40-50.

DOHNANYI, K. v. (1983): "Unternehmen Hamburg". Rede vor dem Übersee-Club Hamburg. Hamburg.

DOHNANYI, K. v. (1987): Regierungserklärung vom 16.09.1987. In: Freie und Hansestadt Hamburg (Behörde für Wirtschaft, Verkehr und Landwirtschaft): Berichte und Dokumente 844.

DONCKELS, R. (1981): Theories of Regional Stagnation. In: Buhr, W.; P. Friedrich (Ed.): Lectures on Regional Stagnation, Baden-Baden, 70-108.

DUNFORD, M.; M. GEDDES; D. PERRONS (1981): Regional Policy and the Crises in the United Kingdom: a Long Run Perspective. In: International Journal of Urban and Regional Research 5, 377-410.

DUNFORD, M.; D. PERRONS (Ed.)(1983): The Arena of Capital. London.

DÜNNWALD, J.; P. THOMSEN (1987): Sinnvoll arbeiten - Nützliches Produzieren. Frankfurt.

ECKEY, H.-F. (1978): Grundlagen der regionalen Strukturpolitik. Eine problemorientierte Einführung. Köln.

ECKEY, H.-F. (1982): Analyse der sektoralen Entwicklung im Ruhrgebiet. Essen.

ECKEY, H.-F. et al. (1985): Regionalisierung der sektoralen Strukturberichterstattung. Hannover. (Beiträge der Akademie für Raumforschung und Landesplanung, Bd. 87)

EINEMANN, E.; E. LÜBBING (1984): Politische Alternativen in London. Beispielhafte Ansätze einer mobilisierten Regionalpolitik zur Bekämpfung der Arbeitslosigkeit. Bremen.

EINEMANN, E.; E. LÜBBING (1985): Anders produzieren. Alternative Strategien in Betrieb und Region. Marburg.

EINEMANN, E.; E. LÜBBING (1986): Anmerkungen zur begrenzten Reichweite lokaler Initiativen. In: Bullmann, U. et al. (Hrsg.)(1986): Lokale Beschäftigungsinitiativen. Marburg.

ELLERMANN, R.; S. RITZ (1988): Wirtschaftspolitische Konzepte und Maßnahmen zur Bestandserhaltung und Umstrukturierung traditioneller Industriezweige und Betriebe in Hamburg und Schleswig-Holstein. Hamburg.(Seminararbeit an der wirtschaftsgeographischen Abteilung des Instituts für Geographie und Wirtschaftsgeographie der Universität Hamburg.

ELLWEIN, T.; W. BRUDER (1982): Innovationsorientierte Regionalpolitik. Opladen.

ESENWEIN-ROTHE I. (1976): Die Methoden der Wirtschaftsstatistik 2. Göttingen.

ESSER, J.; J. HIRSCH (1987): Stadtsoziologie und Gesellschaftstheorie. In: Prigge, W. (Hrsg.): Die Materialität des Städtischen. Basel, 31-56.

ESSER, J.; W. FACH; W. VÄTH (1983): Krisenregulierung. Eine Studie. Frankfurt.

EWERS, H.-J. (1985): Die Bedeutung der lokalen Ebene für Innovationsstrategien. In: Niedersächsisches Institut für Wirtschaftsforschung (Hrsg.)(1985): NIW-Workshop 1985: Lokale Entwicklungsstrategien. Neue Perspektiven für die regionale Wirtschaftspolitik?. Hannover. 1-22.

FINKING, G. (1984): Alternative Produktion in Strukturpolitischer Sicht. In: WSI-Mitteilungen 8, (37), 466-474.

FISCHER, G. (1982): Erfolgskontrolle raumwirksamer Politikbereiche. Diessenhofen.

FLOHR, H. (1982): Industriepolitik im Ballungsraum. Entwicklungen zwischen 1945 und 1965. In: Schröder et al. (Hrsg.)(1982): Beiträge zur Geschichte der Handelskammer Hamburg. Hamburg, 371-426.

FOLMER, H.; J. OOSTERHAVEN (Hrsg.)(1979): Spatial Inequalities and Regional Development. Boston.

FOOT, S. P. H.; M. J. WEBBER (1983): Unequal Exchange and Uneven Development. In: Society and Space 1, 281-304.

FOURASTIE, J. (1969): Die große Hoffnung des 20. Jahrhunderts. Köln.

FREIE UND HANSESTADT HAMBURG (1965): Leitlinien der Hamburger Wirtschaftspolitik.

FREIE UND HANSESTADT HAMBURG (1975): Leitlinien der Hamburger Wirtschaftspolitik.

220

FREIE UND HANSESTADT HAMBURG (1980a): Mitteilungen des Senats an die Bürgerschaft; Drucksache 9/2408: Arbeitsmarktpolitisches Rahmenprogramm.

FREIE UND HANSESTADT HAMBURG (1980b): Stadtentwicklungskonzept.

FREIE UND HANSESTADT HAMBURG (1983): Mitteilungen des Senats an die Bürgerschaft; Drucksache 11/1194: Auftragshilfen für den Schiffbau.

FREIE UND HANSESTADT HAMBURG (1984): Mitteilungen des Senats an die Bürgerschaft; Drucksache 11/2885: Wirtschaftsförderung in Hamburg.

FREIE UND HANSESTADT HAMBURG (1986a): Mitteilungen des Senats an die Bürgerschaft; Drucksache 12/137: Hamburger Aktionsprogramm Wirtschaft.

FREIE UND HANSESTADT HAMBURG (1986b): Mitteilungen des Senats an die Bürgerschaft; Drucksache 11/6765: Bericht der Enquete-Kommission zur Untersuchung des Unterelberaumes.

FREIE UND HANSESTADT HAMBURG (1987a): Behörde für Wirtschaft, Verkehr und Landwirtschaft; Die Wirtschaft in Hamburg, Lage und Ausblick.

FREIE UND HANSESTADT HAMBURG (1987b): Behörde für Wirtschaft, Verkehr und Landwirtschaft; Berichte und Dokumente Nr. 830: Arbeitsprogramm für die 12. Legislaturperiode.

FREIE UND HANSESTADT HAMBURG (1988a): Mitteilungen des Senats an die Bürgerschaft; Hamburger Aktionsprogramm Wirtschaft (Fortschreibung).

FREIE UND HANSESTADT HAMBURG (1988b): Mitteilungen des Senats an die Bürgerschaft; Drucksache 13/1262: Hamburger Aktionsprogramm Wirtschaft (2. Fortschreibung).

FRICKE, J. et al. (1984): Theorie regionaler Krisen und regionaler Handlungsbedarf im Ruhrgebiet. Diplomarbeit am Fachbereich Raumplanung der Universität Dortmund. Dortmund.

FRIEDMANN, J. (1986): Regional Development in Industrialized countries: Endogenous or Self-reliant? In: Bassand et al. (Ed.): Self-Reliant Development in Europe: Theory, Problems, Action, 203-216.

FRIEDRICH, H.; U. BAUER (1985): Arbeitslosigkeit - Dimensionen, Ursachen und Bewältigungsstrategien. Opladen.

FRIEDRICHS, J. et al. (Hrsg.) (1986): Süd-Nord-Gefälle in der Bundesrepublik? Sozialwissenschaftliche Analysen. Opladen.

FRÖBEL, F.; J. HEINRICHS; O. KREYE (Hrsg.)(1981): Krisen in der kapitalistischen Weltökonomie. Hamburg.

FÜCHS, R. (1985): Auf dem Weg zur Peripherie. Regionale Wirtschaftskrise und Wirtschaftspolitik am Beispiel Bremen. In: Riekmann (Hrsg.): Alternative Hafen- und Küstenpolitik. Internationales Forum der Grünen. Hamburg, 42-51.

FÜCHS, R. (1987): Alternative Regionalökonomie. Chancen kommunal-genossenschaftlicher Ansätze am Beispiel Bremen. In: PROKLA 67, (17), 88-98.

FUNK, R.; J. B. PARR (Hrsg.)(1978): The Analysis of Regional Strukture - Essays in Honour of August Lösch. London. (Karlsruhe Papers in Regional Science, 2).

FÜRST, D.; P. KLEMMER; K. ZIMMERMANN (1976): Regionale Wirtschaftspolitik. Tübingen/Düsseldorf.

GABRIEL, H. (1984): Rolle und Perspektiven der Montanindustrie in alten Montanregionen. Dortmund. (Diplomarbeit am Fachbereich Raumplanung der Universität Dortmund).

GERFIN, H. (1964): Gesamtwirtschaftliches Wachstum und regionale Entwicklung. In: Kyldos 17, 565-593.

GERHARDT, J. (1984): Beschäftigte in den Großstadtregionen 1978 bis 1983. In: Hamburg in Zahlen 11, 312-317.

GERTLER, M. S. (1984): Regional Capital Theorie. In: Progress in Human Geography 8, 50-81.

GEWOS (1986): Projekt "Beschäftigungsprogramm Küste". Vorschläge für ein Programm qualitativen Wachstums auf der Grundlage öffentlicher oder öffentlich initiierter Investitionen. Hamburg. (Ergebnisbericht).

GEWOS (1988): Strukturwandel und Beschäftigungsperspektiven an der Ruhr. Hamburg. (Forschungsprojekt im Auftrag von Industriegewerkschaft Metall und der Hans-Böckler-Stiftung).

GIBSON, K. D.; R. J. HORVATH (1983): Aspects of a Theory of Transition within the Capitalist Mode of Production. In: Society and Space 1, 121-138.

GLATZ, H.; G. SCHEER (1981a): Eigenständige Regionalentwicklung - Ein Weg für strukturell benachteiligte Gebiete in Österreich, (Raumplanung in Österreich, 1). Wien.

GLATZ, H.; G. SCHEER (1981b): Autonome Regionalentwicklung - eine neue Dimension des Regionalismus? (Österreichische Zeitschrift für Politikwissenschaften 3, 333-346.

GODDARD, J.(Hrsg.)(1980): Industrial Innovation and Regional Economic Development. In: Regional Studies 14, (3), Oxford, 159-265.

GRÄBER, H. et al. (Hrsg.)(1987): Externe Kontrolle und regionale Wirtschaftspolitik, Bd. 1. Berlin.

GRETSCHMANN, K. (1983): Wirtschaft im Schatten von Staat. Frankfurt.

GRUBER, W.; P. SÖRGEL (Hrsg.)(1984): Stahl ohne Zukunft. Der Überlebenskampf in den Regionen. Hamburg.

GRYCZAN, W.; O. REUTER; E. BRUNN; M. WEGENER (Hrsg.)(1984): Zukünfte alter Industrieregionen. Dortmund. (Schriftenreihe des Instituts für Raumplanung, Bd.38).

GSCHWIND, F.; D. HENCKEL (1984): Innovationszyklen der Industrie. Lebenszyklen der Städte. In: Stadtbauwelt 82, 134-137.

HÄUSSERMANN, H.; W. SIEBEL (1986): Neue Entwicklungstypen von Großstädten. In: Stadtbauwelt H. 91, 1355-1361.

HAGGETT, P. (1983): Geographie. Eine moderne Synthese. New York.

HAHNE, U. (1984): Ökologische Regionalentwicklung. Anmerkung zu einer "endogenen" Entwicklung aus regionalökonomischer Sicht. In: Informationen zur Raumentwicklung 1/2, 53-62.

HAHNE, U. (1985): Regionalentwicklung durch Aktivierung intraregionaler Potentiale: Zu den Chancen "endogener" Entwicklungsstrategien. München.

HAHNE, U. (1986): Von der eigenständigen zur ökologischen Regionalentwicklung. In: Stadt und Land (Hrsg.): Ökologische Regionalentwicklung. Theoretische und pragmatische Beiträge. Kiel, 1-24.

HAJEN, L. (1983): Krise des Schiffbaus - Krise der Schiffbauförderung? In: Hamburg Studien (1983). Hamburg, 132-150.

HALLER, F.; R. SCHRÖDER (1983): Arbeitsmarkt- und Wirtschaftsstruktur in Norddeutschland 1975 - 1983. (Strukturanalyse für Norddeutschland und die Küstenländer- SANK 1983) In: BAW - Bremer Zeitschrift für Wirtschaftspolitik 3/4, (6), 5-84.

HALSTENBERG, F. (1967): Leistungssteigerung durch Regionalplanung. Dortmund.

HALSTENBERG, F. (1984): Landesentwicklungspolitik von den 70er in die 90er Jahre. In: Raumforschung und Raumordnung 42, 87-96.

HAMBURG STUDIEN (1983): Veröffentlichungen der Hochschule für Wirtschaft und Politik Hamburg. Hamburg.

HAMBURGISCHE LANDESBANK (1978): Struktur und Entwicklung des Hamburger Hafens. Hamburg.

HAMBURGISCHE LANDESBANK (1979): Die Beschäftigungsstruktur der Hamburger Wirtschaft. Hamburg.

HAMBURGISCHE LANDESBANK (1980a): Die Hamburger Industrie im Anpassungsprozeß. Hamburg.

HAMBURGISCHE LANDESBANK (1980b): Dienstleistungsmetropole Hamburg. Hamburg.

HAMBURGISCHE LANDESBANK (1982): Zur außenwirtschaftlichen Verflechtung der Hamburger Wirtschaft. Hamburg.

223

HAMBURGISCHE LANDESBANK (1983): Entwicklung und Struktur des Hamburger Arbeitsplatzangebotes. Hamburg.

HAMBURGISCHE LANDESBANK (1984a): Hat Hamburgs industrielle Produktpalette Zukunft? Die Erzeugnisse des Verarbeitenden Gewerbes - Entwicklung und Struktur. Hamburg.

HAMBURGISCHE LANDESBANK (1984b): Zur struktur und Entwicklung der Hamburger Wirtschaft. Hamburg.

HAMBURGISCHE LANDESBANK (1985): Dienstleistungen schaffen neue Arbeitsplätze. Hamburg.

HAMBURGISCHE LANDESBANK (1987): Wachstumsbereiche und ihr Umfeld in Hamburg. Hamburg. (Wirtschaftsanalysen 2/1987).

HAMBURGISCHE LANDESBANK/HANDELSKAMMER HAMBURG/HWWA-INSTITUT FÜR WIRTSCHAFTSFORSCHUNG HAMBURG (Hrsg.)(1980): So schlecht ist Hamburgs Wirtschaft nicht. Eine kritische Analyse der Voraussetzungen des PrognosReports Nr. 9 zur wirtschaftlichen Situation Hamburgs, 2/1980. Hamburg.

HAMPE J. (1985): "Lange Wellen" im Raum. Die räumliche Dimension des sektoralen Strukturwandels als Aufgabe der Raumordnung. In: Beiträge zur Raumforschung, Raumordnung und Landesplanung, 38-45. (Schriftenreihe des Instituts Landes- und Stadtentwicklungsforschung des Landes Nordrhein-Westfalen, R.1.

HANDELSKAMMER HAMBURG (1984a): Mehr Hilfe zur Selbsthilfe. Stellungnahme der norddeutschen Industrie- und Handelskammern zum Strukturwandel und Handlungsbedarf in den vier Küstenländern. Hamburg.

HANDELSKAMMER HAMBURG (1984b): Herausforderung für den Norden. Zur Diskussion um das wirtschaftliche Süd-Nord-Gefälle. Hamburg.

HANSMEYER, K.H. (Hrsg.)(1982): Ballungsräume im Strukturwandel. Bonn.

HÄRTEL, H.-H.; E. THIEL (1983): Analyse der strukturellen Entwicklung der deutschen Wirtschaft - Strukturbericht 1983. Hamburg.

HARTKE, S. (1984): Selbstverantwortliche regionale Entwicklung im Rahmen der Raumordnung. In: Raumforschung und Raumordnung 42, 96-101.

HARTKE, S. (1985): Regionalprogramme und neue Umsetzungskonzepte in ländlichen Räumen. In: Niedersächsisches Institut für Wirtschaftsforschung (Hrsg.): Lokale Entwicklungsstrategien. Neue Perspektiven für die regionale Wirtschaftspolitik? (NIW-Workshop 1985). Hannover, 55-82.

HARTWICH, H.-H. (1978): Strukturpolitik im Föderalismus: Das Ballungsgebiet Hamburg. In: Gegenwartskunde. Gesellschaft-Staat-Erziehung 4, 379-409.

HARTWICH, H.-H. (1987): Freie und Hansestadt Hamburg. Die Zukunft des Stadtstaates. Hamburg.

HARVEY, D. (1975): The Geography of Capital-Accumulation: a Reconstruction of the Marxist Theorie. In: Antipode 7, 9-21.

HARVEY, D. (1978): The Urban Process under Capitalism: a Framework for Analysis. In: International Journal of Urban and Regional Research 2, 101-131.

HARVEY, D. (1982): The Limits to Capital. Oxford.

HARVEY, D. (1985a): Die Raumwirtschaft der kapitalistischen Produktion. Ein marxistischer Erklärungsansatz. Oldenburg. (Geographische Hochschulmanuskripte Nr.5).

HARVEY, D. (1985b): The Urbanisation of Capital. Studies in the History and Theorie of Capitalist Urbanisation. Oxford.

HAYTER, R.; H. D. WATTS (1983): The Geography of Enterprise. A Reappraisal. In: Progress in Human Geography 7, 57-72.

HEIN, W. (1978): Zur Theorie der regionalen Differenzierung kapitalistischer Gesellschaften in der industriellen Revolution. In: Zang, G. (Hrsg.): Zur Entstehung der bürgerlichen Gesellschaft in der Provinz. Frankfurt, 33-114.

HELLWEG, U. (1978): Stadtentwicklung in der Krise. Das Beispiel des Ruhrgebietes. In: Arch+ 30, 40, 41.

HENCKEL, D. et al. (1986): Produktionstechnologien und Raumentwicklung. Stuttgart.

HERBERGER L.; B. BECKER (1983): Sozialversicherungspflichtig Beschäftigte in der Beschäftigtenstatistik und im Mikrozensus. In: Wirtschaft und Statistik 4, 290-304.

HERBERGER, L.; H.-L. MAYER (1984): Überblick über die derzeitigen Statistiken des Arbeitsmarktes und der Beschäftigung. In: Statistiken des Arbeitsmarktes und der Beschäftigung, 2.

HESELER, H. (1986): Alternative Produktion - Ein Ausweg aus der Krise? In: Briefs, U. (Hrsg.): Anders Produzieren, anders Leben, anders Arbeiten. Köln.

HEUER, H. (1985a): Strategien und Instrumente kommunaler Gewerbepolitik in Verdichtungsräumen. In: Niedersächsisches Institut für Wirtschaftsforschung (Hrsg.): Lokale Entwicklungsstrategien. Neue Perspektiven für die regionale Wirtschaftspolitik? (NIW-Workshop 1985), Hannover, 23-40.

HEUER, H. (1985b): Instrumente kommunaler Gewerbepolitik - Ergebnisse empirischer Erhebungen. Stuttgart.

HEUER, H.; C. KNOPF (1976): Regionalplanung im Hamburger Umland. Versuch einer Bilanz. In: Archiv für Kommunalwissenschaften, 224-248.

HIRSCH, J. (1985): Fordismus und Postfordismus. Die gegenwärtige gesellschaftliche Krise und ihre Folgen. In: Politische Vierteljahresschrift, (Sonderheft), 160-182.

HIRSCHMANN, A.O. (1958/1967): (O) The Strategy of Economic Development. London. (Ü) Die Strategie der wirtschaftlichen Entwicklung. Stuttgart.

HOCKEL, D. (1984): Für bessere Arbeits- und Lebensbedingungen in allen Regionen - Leitiinien gewerkschaftlicher Raumordnungs- und Regionalpolitik. In: WSI-Mitteilungen 8, (37), 481-487.

HOLLAND, S. (1976a): Capital Versus the Regions. London.

HOLLAND, S. (1976b): The Regional Problem. London.

HOLMES, J. (1983): Industrial Reorganisation, Capital Restructuring and Locational Change: An Analysis of the Canadian Automobile Industrie in the 1960's. In: Economic Geography 59, (3), 251-271.

HOORMANN, J.; E. LÜTKE-DALDRUP; J. WALTER (1983): Internationaler Handel und regionale Beschäftigungseffekte. Dortmund.

HOPPEN, H. D. (1975): Die Shift-Analyse. Untersuchungen über die empirische Relevanz ihrer Aussagen. In: Raumforschung und Raumordnung 33, (1), 6-18.

HOPPEN, H. D. (1978): Regionale Sektorprognosen. Ist die Anwendung der Shift-Analyse noch vertretbar? In: Raumforschung und Raumordnung 36, (4), 179-185.

HOPPEN, H. D. (1979): Industrieller Strukturwandel. Eine empirische Untersuchung der sektoralen und regionalen Veränderungn im Sekundärbereich der Bundesrepublik Deutschland. Berlin. (Schriften zu Regional- und Verkehrsproblemen in Industrie- und Entwicklungsländern, Bd. 25).

HRUSCHKA, E. (1984): Großstadtregionen im Vergleich. In: Hamburg in Zahlen 11, 302.

HÜBLER, K.-H. (1985): Regionales Entwicklungspotential. Anmerkungen zu einem Beitrag von G. Strassert. In: Raumforschung und Raumordnung 43, 38-41.

HUDSON, R. (1986): Nationalized Industrie Policies and Regional Policies: The Role of the State in Capitalist Societies in the Deindustrialisation and Reindustrialisation of Regions. In: Society and Space 4, 7-28.

HUDSON, R.; D. SADLER (1983): Region, Class and the Politics of Steel Closures in the European Community. In: Society and Space 1, 405-428.

HURLER, P. (1984): Regionale Arbeitslosigkeit in der Bundesrepublik Deutschland. Eine empirische Analyse ihrer Entwicklung, ihrer Erscheinungsformen und ihrer Ursachen. Nürnberg. (Beiträge zur Arbeitsmarkt und Berufsforschung 84).

HUSAIN, S.; D. PINDER; K. WIELAND (1985): Industriestruktureller Wandel. Seine Auswirkungen auf den Arbeitsmarkt in Großbritannien. In: Geographische Rundschau 37, H.12, 623-629.

IFO-INSTITUT FÜR WIRTSCHAFTSFORSCHUNG (1981): Analyse der strukturellen Entwicklung der deutschen Wirtschaft. Berlin.

IG-METALL (1976): Krise und Reform der Industriegesellschaft. Frankfurt.

IG-METALL (1986): Auszüge aus schiffbaupolitischen/strukturpolitischen Stellungnahmen und Forderungen der IG-Metall 1973-1986. Hamburg.

IG-METALL; GEWOS (1984a): Bestandsaufnahme für ein Beschäftigungsprogramm Küste. Hamburg.

IG-METALL; GEWOS (1984b): Arbeit für die Küste. Beschäftigungspolitische Konferenz der IG-Metall. Hamburg.

INDUSTRIE-UNDHANDELSKAMMERNFLENSBURG,KIEL,LÜBECK(1985):Finanzierungshilfen in Schleswig-Holstein für die gewerbliche Wirtschaft. Kiel.

INSTITUT FÜR ARBEITSMARKT- UND BERUFSFORSCHUNG (1980): Arbeitsberichte 18.

INSTITUT FÜR ARBEITSMARKT- UND BERUFSFORSCHUNG (1982): Arbeitsberichte 19.

INSTITUT FÜR ARBEITSMARKT- UND BERUFSFORSCHUNG (1984): Arbeitsberichte 20.

JABLONSKI, H.; J. OFFERMANNS (1975): Teilkrise ohne Ende. Eine Untersuchung über den industriellen "Strukturwandel" im Ruhrgebiet. Erlangen.

JAPP, K. (1975): Krisentheorie und Konfliktpotentiale. Frankfurt.

JUNG, H.-U. (1987): Das wirtschaftliche Süd-Nord-Gefälle in der Bundesrepublik Deutschland. In: Geographische Rundschau 7-8, (39), 443-448.

JÜRGENS, U. (1979): Für eine Entmystifizierung des Gesetzes vom tendenziellen Fall der Profitrate - Das Profitratengesetz als Ansatzpunkt von Kapitalstrategien und staatlicher Reformpolitik (eine Problemskizze). In: Prokla 36, (9), 135-160.

JÜRGENSEN, H.; U. VOIGT (1965): Produktionsorientierte Regionalpolitik als Wachstumsstrategie Hamburgs. Gutachten im Auftrag der Behörde für Wirtschaft, Landwirtschaft und verkehr der Freien und Hansestadt Hamburg. Göttingen.

KANISS, P.C. (1981): The Role of Regional Decline in Adaptive Transformation. In: Buhr, W.; P. Friedrich (Ed.) (1981): Regional Development under Stagnation. Baden-Baden, 77-89.

KERN, H. (1972): Ein Modell für die wirtschaftliche Entwicklung der Region Unterelbe. Hamburg. (Schriftenreihe der Behörde für Wirtschaft und Verkehr der Freien und Hansestadt Hamburg, Nr. 9).

KERN, H.; M. SCHUMANN (1984): Das Ende der Arbeitsteilung? Rationalisierung in der industriellen Produktion. München.

KERN, L. (Hrsg.)(1984): Probleme der post-industriellen Gesellschaft. Königstein/Ts.
KLEINKNECHT, A. (1979): Überlegungen zur Renaissance der "langen Wellen" der Konjunktur ("Kondratieff-Zyklen"). Berlin.

KLEINKNECHT, A. (1984): Innovationsschübe und lange Wellen: Was bringen "Neo-Schumpetersche" Kriseninterpretationen? In: Prokla 57, (14), 55-78.

KLEMMER, P. (1982): Regionalisierung der Regionalpolitik. In: Klemmer P. (Hrsg.) (1982): Planung der regionalen Strukturpolitik. Berlin, 140-170.

KLEMMER, P.; W. LAMPERTS; T. PIEPER (1979): Welche Chancen hat das Ruhrgebiet? Baden-Baden.

KLEMMER, P.; H. SCHRUMPF (1982): Die Auswirkungen der Stahlpolitik auf die Wirtschaftsstruktur des Ruhrgebietes. Essen.

KLÖPPEL, W. (1973): Die Mobilität des privaten Kapitals und ihre Bedeutung für die Regionalpolitik. Münster.

KLOTEN, N.; W. KAU; L. KOWALSKI (1962): Wandlungen der industriellen Raumstruktur in der Bundesrepublik Deutschland. In: König, H. (Hrsg.): Wandlungen der Wirtschaftsstruktur in der Bundesrepublik Deutschland, 287-396. (Schriften des Vereins für Socialpolitik, Bd. 26).

KNOP, B. (1984): Berechnung von aktuellen Beschäftigtenzahlen für die Gemeinden des Landes Nordrhein-Westfalen. In: Raumforschung und Raumordnung, 42, (3), 136-144.

KOLL, R. (1979): Regionales Wachstum. Eine empirische Untersuchung seiner Bestimmungsfaktoren unter besonderer Berücksichtigung der Raumstruktur. Dissertation. München.

KOLLER, M.; H. KRIDDE (1986): Beschäftigung und Arbeitslosigkeit in den Regionen. Strukturen und Entwicklungslinien. In: Mitteilungen aus der Arbeitsmarkt-und Berufsforschung 19, H.3, 385-408.

KOMMUNALVERBAND RUHRGEBIET (1980): Leitfaden für das Aktionsprogramm Ruhr der Landesregierung von Nordrhein-Westfalen. Essen.

KOMMUNALVERBAND RUHRGEBIET (1982): Strukturanalye Ruhrgebiet. Wirtschaft im Ruhrgebiet zwischen Strukturwandel und Politik. Essen.

KOMMUNALVERBAND RUHRGEBIET (1983): Die Arbeitsmarktsituation des Ruhrgebiets und der Bundesrepublik - Ein Vergleich. Essen.

KOMMUNALVERBAND RUHRGEBIET (1984a): Städte- und Kreisstatistik 1983. Essen.

KOMMUNALVERBAND RUHRGEBIET (1984b): Daten Ruhrgebiet. Beschäftigte im Ruhrgebiet. Essen.

KOMMUNALVERBAND RUHRGEBIET (1985a): Städte- und Kreisstatistik 1984. Essen.

KOMMUNALVERBAND RUHRGEBIET (1985b): Daten Ruhrgebiet. Beschäftigte im Ruhrgebiet. Essen.

KOMMUNALVERBAND RUHRGEBIET (1986a): Städte- und Kreisstatistik 1984. Essen.

KOMMUNALVERBAND RUHRGEBIET (1986b): Daten Ruhrgebiet. Beschäftigte im Ruhrgebiet. Essen.

KONDRATIEFF, N. D. (1926): Die langen Wellen der Konjunktur. In: Archiv für Sozialwissenschaft und Sozialpolitik, 56, (3), 573-609.

KONFERENZ NORDDEUTSCHLAND (1979): Strukturanalyse Norddeutschlands. In: Berichte und Dokumente aus der Freien und Hansestadt Hamburg, Nr. 570 vom 28.2.79.

KÖPPEL, M. (1983a): Zur Bedeutung der Dienstleistungssektoren für die regionale Entwicklung in der Bundesrepublik Deutschland. In: Mitteilungen. Rheinisch-Westfälisches Institut für Wirtschaftsforschung Essen 34, (3), 205-227.

KÖPPEL, M. (1983b): Zur sektoralen Struktur der Ruhrgebietswirtschaft - Konjunktur und Preiseinflüsse, Schlüsselsektoren und Standortfaktoren. In: Kommunalverband Ruhrgebiet (Hrsg.)(1982): Strukturanalyse Ruhrgebiet. Essen.

KREBS, J. (1980): Neuere Industrieansiedlungen im Unterelberaum - die Beispiele Hamburger Hafenerweiterungsgebiet und Stade Bützfleth. (Sonderdruck aus Exkursionen in NW-Deutschland, 17. Dt. Schulgeographentag 1980). Kiel, 169-178.

KRUMMACHER, M. (1982): Ruhrgebietskrise - wirtschaftsstrukturelle Ursachen und das "Aktionsprogramm Ruhr" der Landesregierung. In: KATALYSE (Hrsg.): Ruhrgebiet - Krise als Konzept. Bochum, 77-116.

KRUMMACHER, M. et al. (1985): Regionalentwicklung zwischen Technologieboom und Resteverwertung. Die Beispiele Ruhrgebiet und München. Bochum.

KRUMMACHER, M.; F. SCHROOTEN; H. WUPPER (1986): Umbruch der Stadt z.B. Bochum. Bochum.

LAATZ, W.; S. WITTICH-NEVEN (1983): Probleme der aktiven Arbeitsmarktpolitik in Hamburg. In: Hamburg Studien (1983): Veröffentlichungen der Hochschule für Wirtschaft und Politik Hamburg. Hamburg, 177-208.

LACHER, M. (1986): Regionalentwicklung und Kapitalbewegung. Zur Herausbildung von großräumigen Verdichtungsgebieten zwischen 1800 und 1914 in Deutschland. Kassel. (Urbs et Regio 41).

LANDESREGIERUNG VON SCHLESWIG-HOLSTEIN (1973): Wirtschaftspolitik für Schleswig-Holstein. Kiel.

LANDESREGIERUNG VON SCHLESWIG-HOLSTEIN (1983): Maßnahmenkatalog zur gezielten Förderung strukturschwacher Räume in Schleswig-Holstein. Kiel.

LANDESREGIERUNG VON NORDRHEIN-WESTFALEN (1980): Politik für das Ruhrgebiet. Das Aktionsprogramm. Kurzfassung. Düsseldorf.

LANDESREGIERUNG VON NORDRHEIN-WESTFALEN (1968): Entwicklungsprogramm Ruhr 1968 bis 1973. Düsseldorf.

LANDESREGIERUNG VON NORDRHEIN-WESTFALEN (1970): Nordrhein-Westfalen-Programm 1975. Düsseldorf.

LANDESREGIERUNG VON NORDRHEIN-WESTFALEN (1983): Politik für das Ruhrgebiet. Aktionsprogramm Ruhr - Zwischenbericht. Düsseldorf.

LANDESREGIERUNG VON NORDRHEIN-WESTFALEN (1984): Zukunftstechnologien in Nordrhein-Westfalen; Regierungserklärung Ministerpräsident Johannes Rau und Bericht einer Arbeitsgruppe der Landesregierung Nordrhein-Westfalen. Düsseldorf.

LANDESREGIERUNG VON NORDRHEIN-WESTFALEN (1985a): Der Minister für Wirtschaft, Mittelstand und Technologie; NRW Technologieprogramm Wirtschaft und Programm Zukunftstechnologien. Richtlinien für die Projektförderung. Düsseldorf.

LANDESREGIERUNG VON NORDRHEIN-WESTFALEN (1985b): Landesentwicklungsbericht Nordrhein-Westfalen 1984. Düsseldorf. (Schriftenreihe des Ministerpräsidenten des landes Nordrhein-Westfalen, Heft 46).

LANDESREGIERUNG VON NORDRHEIN-WESTFALEN (1987a): Der Minister für Wirtschaft, Mittelstand und Technologie: Pressekonferenz des Ministers für Wirtschaft, Mittelstand und Technologie des Landes Nordrhein-Westfalen zum aktuellen Stand der "Zukunftsinitiative Montanregionen". Düsseldorf.

LANDESREGIERUNG VON NORDRHEIN-WESTFALEN (1987b): Der Minister für Wirtschaft, Mittelstand und Technologie: Zukunftsinitiative Montanregionen, Dokumentation der Veranstaltung der Landesregierung Nordrhein-Westfalen vom 16.Juli 1987 in Oberhausen. Düsseldorf.

LANDESREGIERUNG VON NORDRHEIN-WESTFALEN (1988): Der Minister für Wirtschaft, Mittelstand und Technologie; Drucksache 471/7/88: Zukunftsinitiative Montanregionen, Wirtschaftsminister Jochimsen gibt weitere Projekte bekannt. Düsseldorf.

LANDWEHRMANN, F. (1980): Europas Revier. Das Ruhrgebiet gestern, heute, morgen. Düsseldorf.

LANGE, V. (1984): Industriepolitik für Hamburg. In: Behörde für Wirtschaft, Verkehr und Landwirtschaft: Berichte und Dokumente Nr. 728.

LANGE, V. (1985): Wirtschaftspolitik für Hamburg. In: Schriftenreihe der Behörde für Wirtschaft, Verkehr und Landwirtschaft Nr. 16.

LANGE, V. (1986): Wirtschaftspolitik für Hamburg. In: Behörde für Wirtschaft, Verkehr und Landwirtschaft: Berichte und Dokumente Nr. 794.

LÄPPLE, D. (1978): Gesellschaftlicher Reproduktionsprozess und Stadtstrukturen. In: Mayer, M.; R. Roth; V. Brandes (Hrsg.): Stadtkrise und soziale Bewegungen. Köln, 23-54.

LÄPPLE, D. (1986): Trendumbruch in der Raumentwicklung. Auf dem Weg zu einem neuen industriellen Entwicklungstyp? In: Informationen zur Raumentwicklung 11/12, 909-920.

LÄPPLE, D. (1985): Internationalization of Capital and the Regional Problem. In: Walton, J. (Ed.): Capital and Labour in the Urbanized World. London, 43-75.

LÄPPLE, D. (1987a): Räumliche Folgen der Technik. In: Technik und sozialer Wandel. (Verhandlungen des 23. Deutschen Soziologentages in Hamburg 1986).

LÄPPLE, D. (1987b): Zur Diskussion über "Lange Wellen", "Raumzyklen" und gesellschaftliche Restrukturierung. In: Prigge, W.(Hrsg.): Die Materialität des Städtischen. Basel, 59-76.

LÄPPLE, D.; D. van HOOGSTRAATEN (1980): Remarks on the Spatial Structure of Capitalist development: The Case of Netherlands. In: Carney et al. (Ed.)(1980): Regions in Crises. New Perspectives in European Regional Theory. London, 117-166.

LAUFFS, H.-W.; W. ZÜHLKE (1976): Politische Planung im Ruhrgebiet. Analyse der staatlichen Planungen und Maßnahmen zur Strukturverbesserung des Ruhrgebiets. Göttingen.

LAUSCHMANN, E. (1976): Grundlagen einer Theorie der Regionalpolitik. Hannover.

LEBORGNE, D.; A. LIPIETZ (1988): New Technologies, new Models of Regulation: Some Spatial Implications. In: Society and Space 6, 263-280.

LINDER, W.; U. MAURER; H. RESCH (1975): Erzwungene Mobilität. Alternativen zur Raumordnung, Stadtentwicklung und Verkehrspolitik. Köln/Frankfurt.

LOLL, B.-U. (1985): Zugänge an Arbeitslosen in Hamburg 1976 bis 1984 nach Wirtschaftszweigen. In: Hamburg in Zahlen 7, 233-237.

MAASS, P. (1986): Arbeitsmarktentwicklung in den Regionen Mittlerer Neckar und Hamburg. Paderborn.

MANDEL, E. (1972): Der Spätkapitalismus. Versuch einer marxistischen Erklärung. Frankfurt.

MANDEL, E. (1983): Die langen Wellen des Kapitalismus. Frankfurt.

MARTENS, D. (1980): Grundsätze und Vorraussetzungen einer regionalen Regionalpolitik. In: Informationen zur Raumentwicklung 5, 263-272.

MARX, K. (1969): Das Kapital. Kritik der politischen Ökonomie. (MARX-ENGELS WERKE, Band 3). Berlin.

MASSEY, D. (1979a): Survey - Regionalism: Some Current Issues. In: Capital and Class 6, 106-125.

MASSEY, D. (1979b): In What Sense a Regional Problem? In: Regional Studies 13, 233-243.

MASSEY, D. (1983a): Industrial Restructuring as Class Restructuring: Production, Decentralisation and Local Unequeness? In: Regional Studies 17, 73-89.

MASSEY, D. (1983b): Industrial Location and the Economy: Considerations on Space and Class. London.

MASSEY, D. (Ed.)(1984): Spatial Division of Labor. Social Structures and the Geography of Production. London.

MASSEY, D.; R. MEEGAN (1978): Restructuring versus the Cities. Urban Studies 15, 273-288.

MASSEY, D.; R. MEEGAN (1979): The Geography of Industrial Reorganisation. The Spatial Effects of the Restructuring of the Electrical Engineering Sector under the Industrial Reorganisation Corporation. In: Progress in Planning 10, 155-237.

MASSEY, D.; R. MEEGAN (1982): The Anatomy of Job Loss. The How, Why and Where of Employment Decline. London.

MASSEY, D.; R. MEEGAN (Ed.)(1985): Politics and Method. Contrasting Studies in Industrial Geography. London.

MAYER, M.; R. ROTH; V. BRANDES (1978): Stadtkrise und soziale Bewegung. Köln.

MEMORANDUM (Hrsg.) (1983): Qualitatives Wachstum, Arbeitszeitverkürzung, Vergesellschaftung - Alternativen zu Unternehmerstaat und Krisenpolitik. Köln.

MEMORANDUM (Hrsg.) (1985): Gegen die Unterwerfung der Arbeit und die Zerstörung der Umwelt - Mehr Arbeitsplätze, soziale Sicherheit und Umweltschutz. Köln.

MEYER, W. R. (1982): Ressourcenumverteilung zugunsten von Problemregionen. Das Beispiel Ruhrgebiet. Frankfurt.

MEYER, H.-W. (1988): Strukturveränderungen im Ruhrgebiet. Krise und Wandel. In: Gewerkschaftliche Monatshefte 3, 141-151.

MICHLER, A. (1986): Zur Struktur der Arbeitslosenzahlen im zurückliegenden Jahrzehnt. In: WSI- Mitteilungen 2/86, 72-77.

MÖLLER, I. (1985): Hamburg. Hamburg.

MÜLLER, G. et al. (1978): Ökonomische Krisentendenzen im gegenwärtigen Kapitalismus. Frankfurt.

MÜLLER, H. J. (1976): Methoden zur regionalen Analyse und Prognose. Hannover.

MÜLLER, J. (1983): Sektorale Struktur und Entwicklung der industriellen Beschäftigung in den Regionen der Bundesrepublik Deutschland. Berlin.

MÜLLER, J.; K. MEHNERT; M. SCHWABE (1985): Zur Berechnung von Arbeitslosenquoten. In: Hamburg in Zahlen 7, 228-229.

MWVLSH: MINISTER FÜR WIRTSCHAFT UND VERKEHR DES LANDES SCHLESWIG-HOLSTEIN (1987a): Zur wirtschaftlichen Entwicklung in Schleswig-Holstein. Kiel.

MWVLSH (1987b): Hilfen für die Umstrukturierung von Werftstandorten. Kiel.

MYRDAL, G. (1957/1974): (O) Economic Theory and Underdeveloped Regions. London. (Ü) Ökonomische Theorie und unterentwickelte Regionen. Frankfurt.

MYRDAL, G. (1968): The Mechanism of Underdevelopment and Development and a Sketch of an Elementary Theory of Planning for Development. In: Myrdal (1968): Asian Drama, Vol. 3, Appendix 2, 1843-1940. Harmondsworth.

NASCHOLD, F. (1978): Alternative Raumpolitik. Ein Beitrag zur Verbesserung der Arbeits- und Lebensverhältnisse. Kronberg.

NEUMANN, H. (1985): Strukturelle regionale Arbeitslosigkeit unter besonderer Berücksichtigung der Ruhrgebietszonen. Bochum.

NIETH, E. (1980): Industriestruktur und regionale Entwickung. Eine theoretische und empirische Untersuchung der Bundesrepublik 1960-1972. Berlin. (Schriften zu Regional- und Verkehrsproblemen in Industrie- und Entwicklungsländern, Bd. 30).

NIW - NORDDEUTSCHES INSTITUT FÜR WIRTSCHAFTSFORSCHUNG (1984): Nord-Süd-Gefälle in der Bundesrepublik? Thesen und Beobachtungen. NIW-Workshop 1984. Hannover.

NIW (1985): Lokale Entwicklungsstrategien. Neue Perspektiven für die regionale Wirtschaftspolitik? NIW-Workshop 1985. Hannover.

NORTON, R. D. (1979): City Life-Cycles and American Urban Policy. New York.

NUHN, H. (1985): Industriestruktureller Wandel und Regionalpolitik. Dargestellt am Beispiel der Hansestadt Hamburg. In: Geographische Rundschau 12, (37), 592-600.

NUHN, H. (1985): Industriegeographie. In: Geographische Rundschau 4, (37), 187-193.

OESTERREICH, M. (1981): Regionalpolitik in Norddeutschland. Erfolgskontrolle um wirtschaftliche Konsequenzen. Göttingen. (Wirtschaftspolitische Studien 58).

OFFE, G. (1972): Spätkapitalismus - Versuch einer Begriffsbestimmung. In: Offe, C.: Strukturprobleme des kapitalistischen Staates. Frankfurt, 7-26.

ORTMEYER, A. (1984): Bestimmungsgründe regionaler Arbeitslosigkeit. Bochum. (Beiträge zur Struktur- und Konjunkturforschung)

OSSENBRÜGGE, J. (1983): Politische Geographie als räumliche Konfliktforschung. Hamburg.

OSSENBRÜGGE, J. (1985a): Industrialisierung der Peripherie: Auswirkungen neuer Standorte auf die Regionalentwicklung in Nordwestdeutschland. In: Rieckmann, P. (Hrsg.): Alternative Hafen- und Küstenkonferenz. Internationales Forum der Grünen. Hamburg, 21-35.

OSSENBRÜGGE, J. (1985b): 'Small ist nicht immer beautiful'. Kritische Anmerkungen zu Konzepten der endogenen Regionalentwicklung. Diskussionspapier. Hamburg.

OSSENBRÜGGE, J. (1985c): Diskussionspapier: Regionalpolitische Konzeptionen und Ideen in den neuen sozialen Bewegungen und bei den Grünen. Diskussionspapier. Hamburg.

OSSENBRÜGGE, J. (1986a): Ökologische Regionalentwicklung für die Metropolen und die Peripherien: Thesen für einen ökologischen Internationalismus. In: Stadt und Land (Hrsg.): Ökologische Regionalentwicklung. Theoretische und pragmatische Beiträge. Kiel, 25-37.

OSSENBRÜGGE, J. (1986b): Kritik der bisherigen regionalen Wirtschaftspolitik für die nordwestdeutsche Küstenregion und alternative Strategien. Diskussionspapier. Hamburg.

OSSENBRÜGGE, J. (1987): Raumbegriffe in Ansätzen zur selbstbestimmten Regionalentwicklung. In: G. Bahrenberg et al. (Hrsg.): Geographie des Menschen. Bremen, 499-512.

OTT, A. E. (1983): Anpassung an veränderte internationale Angebots- und Nachfragestrukturen: Das Ruhrgebiet und Baden-Würtemberg im Vergleich. In: Die westdeutsche Wirtschaft im internationalen Wettbewerb. (Beihefte der Konjunkturpolitik 29).

PESCHEL, K. (1987): Der strukturelle Wandel der Industrie in den Regionen der Bundesrepublik Deutschland 1960-1976. In: Schriften des Vereins für Socialpolitik 131, 125ff.

PETERS, A. (1980): Situationsanalysen und Entwicklungsstrategien für das Ruhrgebiet. Berlin.

PIEPENBRINK, K.-H.; H.-G. v. ROHR (1981): Hamburg und seine Region. Einige ausgewählte Entwicklungstrends. In: Geographische Rundschau 33, H.10, 414-420.

PRED, A. (1984): Place as Historically Contingent. Progress: Structuration and the Time-Geography of Becoming Places. In: Annals of the Association of American Geographers 2, (74), 279-297.

PREDÖHL, A. (1925): Das Standortproblem in der Wirtschaftstheorie. (Weltwirtschaftliches Archiv 21).

PREDÖHL, A. (1951): Von der Standortlehre zur Raumwirtschaftslehre. (Jahrbuch für Sozialwissenschaft 2).

PRIEWE, J. (1984): Konkurrierende Arbeitsmarkttheorien und Typologien von Arbeitslosigkeit. In: Wirtschaftsdienst 7, (64), 353-360.

PRIGGE, W. (Hrsg.)(1987): Die Materialität des Städtischen. Basel.

PROGNOS (1984): Innovations- und Diversifikationshemmnisse im Ruhrgebiet. Empfehlungen zum Abbau. Basel.

PROJEKTGRUPPE RUHRGEBIET (Hrsg.)(1987): Ruhrgebiet. Vom Modell Deutschland zum starken Stück. Münster. (Schriftenreihe des Evangelischen Studienwerks Villigst Bd.8).

PROJEKTGRUPPE GRÜNER MORGENTAU (Hrsg.)(1986): Perspektiven ökologischer Wirtschaftspolitik. Ansätze zur Kultivierung von ökonomischem Neuland. Frankfurt.

REDCLIFT, M. (1984): Development and the Environmental Crises. Red or Green Alternatives? London.

RHEIN-RUHR-INSTITUT FÜR SOZIALFORSCHUNG UND POLITIKBERATUNG e.V. (1983): Begleitforschung zum Aktionsprogramm Ruhr. Programmbericht 1982/83. Duisburg.

RHEIN-RUHR-INSTITUT FÜR SOZIALFORSCHUNG UND POLITIKBERATUNG e.V.(1984): Begleitforschung zum Aktionsprogramm Ruhr. Programmbericht 1983/84. Duisburg.

RICHARDSON, H.W. (1969): Elements of Regional Economics. Harmondsworth.

RIEKMANN, P. (Hrsg.)(1985): Alternative Hafen und Küstenkonferenz. Internationales Forum der Grünen. Hamburg.

RITZ, S. (1987): Analyse der Hamburger Wirtschaftspolitik 1975 bis 1988. Diskussionspapier.

ROHE, K. (1986): Wie stark ist das "starke Stück Deutschland". In: Revier-Kultur 1, 18-32.

ROKKAN, S.; D. W. ORWIN (1982): Introduktion: Centres and Peripheries in Western Europe. University of Warwick. Warwick.

ROMMELSPACHER, T. (1981): Die Krise des Ruhrgebietes. Ursachen, Auswirkungen und staatliche Reaktionen. Dissertation. Berlin.

ROMMELSPACHER, T.; D. OELSCHLÄGEL (1986): Armut im Ruhrgebiet. Regionale Entwicklungstrends und kleinräumige Prozesse am Beispiel des Duisburger Elendsgebietes. In: Friedrichs, J. et al. (Hrsg.): Süd-Nord-Gefälle in der Bundesrepublik? Opladen, 214-234.

SCHÄFER, H. (1979): Strukturprobleme des Ruhrgebietes. In: Bremer Zeitschrift für Wirtschaftspolitik 2, 125-147.

SCHÄFER, H. (1983): Pilotstudie zur Wachstumssituation Nordrhein-Westfalens - Eine Analyse des produzierenden Gewerbes. In: Ministerium für Wirtschaft, Mittelstand und Verkehr in Nordrhein-Westfalen (Hrsg.): Zur Wachstumssituation in Nordrhein-Westfalen. Düsseldorf.

SCHÄTZL, L. (1978): Wirtschaftsgeographie I - Theorie. Paderborn.

SCHÄTZL, L. (1981): Wirtschaftsgeographie II - Empirie. Paderborn.

SCHÄTZL, L. (1983): Regionale Wachstums- und Entwicklungstheorien. In: Geographische Rundschau 7, (35), 322-327.

SCHAUSS, S. (Hrsg.)(1983): Grünes Wirtschaftsprogramm und Aktualität des Marxismus. (Aufsätze zur Diskussion 22, (5)).

SCHILLING, R. (1983): Hamburger Entwicklungs- und Planungsprobleme in der Region Unterelbe. In: Hamburg Studien (1983): Veröffentlichungen der Hochschule für Wirtschaft und Politik Hamburg. Hamburg, 99-112.

SCHILLING-KALETSCH, I. (1976): Wachstumspole und Wachstumszentren. Untersuchungen zu einer Theorie sektoral- und regionalpolarisierter Entwicklung. Hamburg.

SCHIMMANG, U. (1983): Neuromantischer Protest im Spätkapitalismus. Der Widerstand gegen die Stadt- und Landschaftsverödung. Bielefeld.

SCHLIEPER, A. (1985): Vorschläge für eine sozialdemokratische Wirtschaftspolitik auf lokaler und regionaler Ebene. Essen.

SCHLIEPER, A. (1986): 150 Jahre Ruhrgebiet. Ein Kapitel deutscher Wirtschaftsgeschichte. Düsseldorf.

SCHLIEPER, A. (1988): Thesen zur AG 2 der Tagung "Technik - Wandel - Steuerung" vom 14. bis 16. Oktober 1988. Loccum.

SCHLIEPER, A.; W. NOLL (1984): Szenario Ruhrgebiet 2000. Ein Essay über die Gegenwart. Essen.

SCHMIDT-RENNER, G. (1966): Elementare Theorie der Ökonomischen Geographie. Leipzig.

SCHMIDT-RENNER, G. (1981): Das zentrale Anliegen einer räumlichen Ökonomie. Eine raumökonomische Grundsatzerörterung. In: Petermanns Geographische Mitteiungen 125, H.3, 145-156.

SCHRÖTER, L. (1977): Die wirtschaftliche Entwicklung im Ruhrgebiet: Genesis einer Krise. In: Aktuelle Probleme der Regionalentwicklung. Dortmund, 5-16.

SCHRÖTER, L. (1978): Infrastrukturausstattung und regionale Krisenanfälligkeit. Analyse des Zusammenhanges von Agglomeration, technischem Fortschritt und Differenzierung der Standortanforderungen. Dortmund.

SCHROOTEN, F.; H. WUPPER; M. KRUMMACHER (1985): Neustrukturierung der Arbeit in Bochum. Projekt Stadt im Umbruch. Arbeitsbericht 2. Bochum. (Arbeitshefte wissenschaftliche Weiterbildung 5).

SCHRUMPF, H. (1984): Technologieparks als Instrument kommunaler Wirtschaftsförderung. Bochum.

SCHUMPETER, J. A. (1961): Konjunkturzyklen. Eine theoretische, historische und statistische Analyse des kapitalistischen Prozesses. Göttingen. (Grundriß der Sozialwissenschaft Bd.4).

SCOTT, A.J. (1988): Flexible Production Systems and Regional Development: The Rise of New Industrial Spaces in North America and Western Europe. In: International Journal of Urban and Regional Research 2, (12), 171-186.

SCOTT, A. J.; M. STORPER (Ed.)(1986): Produktion, Work, Territory. The Geographical Anatomy of Industrial Capitalism. Los Angeles.

SEERS, D.; K. ÖSTRÖM (1983): The Crises of European Regions. London.

SHAIKH, A. (1978): Eine Einführung in die Geschichte der Krisentheorien. In: Prokla 30, (8), 3-42.

SIEBERT, H. (1967): Zur Theorie des regionalen Wirtschaftswachstums. Tübingen.

SIEDLUNGSVERBAND RUHRKOHLENBEZIRK (1966): Gebietsentwicklungsplan 1966. Essen.

SIEDLUNGSVERBAND RUHRKOHLENBEZIRK (1969): Siedlungsschwerpunkte im Ruhrgebiet. Grundlagen eines regionalen Planungskonzeptes. Essen.

SMITH, N. (1984): Uneven Development. Oxford.

SOJA, E.W. et al. (1983): Urban Restructuring: An Analysis of Social and Spacial Change in Los Angeles. In: Economic Geography 59, 195-230.

SPREER, F. (1981): Traditionelle Regionalpolitik gegen "regionalistische" Regionalpolitik. In: Die neue Gesellschaft 28, 692-695.

STEIGER, H.-H. (1976): Regionale und strukturelle Aspekte der Beschäftigtenentwicklung in der Industrie. In: Baden-Würtemberg in Wort und Zahl 9.

STEINER, M. (1985): Old Industrial Areas. A Theoretical Approach. In: Urban Studies 5, 387-398.

STEINMETZ, F. (1979): Regionale Wirtschaftsförderung und Standortentscheidung im Großraum Hamburg. Hamburg.

STIENS, G. (1984): Szenarien zur Entwicklung der Raum- und Siedlungsstruktur der BRD. In: Stadtbauwelt 82, 145-150.

STIENS, G.; H. BUCHER (1984): Das Kapitalpotential im Rahmen einer zunehmend selbstverantworteten Regionalentwicklung. Informationsbedarf und Datenprobleme. In: Informationen zur Raumentwicklung 1/2, 29-32.

STIERAND, R. (1984): Bibliographie Raumplanung im Ruhrgebiet. Dortmund.

STÖHR, W. (1980): Alternative Strategien für die integrierte Entwicklung peripherer Gebiete bei abgeschwächtem Wirtschaftswachstum. Wien. (Manuskript).

STÖHR, W. (1981): Development from Below: The Bottom-Up and Periphery-Inward Development Paradigm. In: Stöhr, W. B.; D. R. F. Taylor (Ed.): Development from Above or Below?. Chichester, 39-72.

STÖHR, W.; F. TÖDTLING (1977): Spatial Equity - Some Antitheses to Current Regional Development Strategy. Papers of the Regional Science Association 38, 33-53.

STRASSERT, G. (1984): Regionales Entwicklungspotential. In: Ramforschung und Raumordnung 1, 19-26.

STRÄTER, D. (1984): Disparitätenförderung durch großräumige Vorrangfunktionen oder Disparitätenausgleich durch endogene Entwicklungsstrategien? In: Raumforschung und Raumordnung 42, 238-246.

STRATMANN, E. (1982): Ökoregion Ruhrgebiet. Überlegungen zur Umstrukturierung einer Stahlregion. In: Katalyse (Hrsg.): Ruhrgebiet - Krise als Konzept, Bochum, 165-174.

TACKE, A. (1982a): Stagnation der Industrie - Krise der Region. Frankfurt.

TACKE, A. (1982b): Einige vorläufige Überlegungen zu einer ökologischen Regionalpolitik. In: Berger, J. et al. (Red.): Kongreß "Zukunft der Arbeit". Bielefeld, 129-133.

TACKE, A. (1985): Ökologische Regionalpolitik: Das Beispiel Ostfriesland. In: Grüne Wirtschaftspolitik: Machbare Utopien. Köln, 226-249.

TETSCH, F. (1983): Zum Verhältnis von Regionalpolitik und sektoraler Strukturpolitik. In: Bremer Zeitschrift für Wirtschaftspolitik 6, 45-60.

THOBEN, C. (1985): Ansatzpunkte einer regionalen Wachstumspolitik. In: Schriftenreihe des Rheinisch-Westfälischen Instituts für Wirtschaftsforschung: Nordrhein-Westfalen in der Krise - Krise in Nordrhein-Westfalen? Essen, 209-223.

THOMAS, W. (1971): Die Standortdynamik des Wirtschaftsraumes Unterelbe/Stade; Teil I. In: Neues Archiv für Niedersachsen 20, 285-304.

THOMAS, W. (1972): Die Standortdynamik des Wirtschaftsraumes Unterelbe/Stade; Teil II. In: Neues Archiv für Niedersachsen 21, 26-45.

THÜER, H. (1983): "Vergesellschaftung der Stahlindustrie" - Träger, Triebkräfte, Ziele der Bewegung. In: Institut für marxistische Studien und Forschung 6, 137-154.

TIGGEMANN, R. (1977): Die kommunale Neugliederung in Nordrhein-Westfalen. Möglichkeiten und Grenzen der Anwendung landesplanerischer Entwicklungskonzeptionen und Instrumentarien auf das Zielsystem der Gebietsreform. Meisenheim. (Sozialwissenschaftliche Studien zur Stadt und Regionalpolitik Band 2).

TJADEN, K.-H. (1979): Regionalpolitik zwischen Reparatur und Protest. In: Das Argument-Sonderband AS 35, 205-215.

TOWNROE, P. M. (1979): Industrial Movement. Experiance in the US and the UK. Westmead.

TRACHTE, K.; R. ROSS (1985): The Crises of Detroit and the Emergence of Global Capitalism. In: International Journal of Urban and Regional Research 9, 233-253.

VÄTH, W. (1980): Staatliche Politik und industrielle Restrukturierung - der Fall der Stahlindustrie im Saarland und im Ruhrgebiet. Konstanz. (Diskussionsbeitrag Nr. 5 des Fachbereichs Politikwissenschaft der Universität Konstanz).

VER (VEREIN EIGENSTÄNDIGE REGIONALENTWICKLUNG) Hessen (1986): Neue Wege braucht das Land. Melsungen.

VOLKMANN, R. (1983): Beschäftigungsperspektiven des Hamburger Dienstleistungssektors. In: Hamburg Studien: Veröffentlichungen der Hochschule für Wirtschaft und Politik Hamburg. Hamburg, 230-247.

VOPPEL, G. (1984): Grundlagen der räumlichen Ordnung der Wirtschaft. In: Institut für Wirtschafts- und Sozialgeographie der Universität Frankfurt (Hrsg.): 5. Frankfurter Wirtschaftsgeographisches Symposium. Frankfurt. (Frankfurter Wirtschafts- und Sozialgeographische Schriften, H.46), 39-68.

WAGNER, H.-G. (1981): Wirtschaftsgeographie. Braunschweig.

WALKER, R. A. (1978): Two Sources of Uneven Development under Advanced Capitalism: Spatial Differentiation and Capital Mobility. In: The Review of Radical Political Economies (URPE) 10, 28-38.

WALKER, R. A.; M. STORPER (1981): Capital and Industrial Location. In: Progress in Human Geography 5, 473-509.

WALLERSTEIN, I. (1984): Politics of the World-Economy. The States, the Movements and the Civilisation. Cambridge.

WALLERSTEIN, I. (1985): Der historische Kapitalismus. Frankfurt.

WARSEWA, G. (1985): Küstenindustrialisierung und Wachstum. Bremen. (Manuskript).

WEBBER, M. J. (1986): Regional Production and the Production of Regions: The Case of Steeltown. In: Scott, A. J.; u. M. Storper (Ed.): Produktion, Work, Territory. The Geographical Anatomy of Industrial Capitalism. Los Angeles, 127-148.

WEBER, A. (1909): Über den Standort der Industrien. Tübingen.

WEISSKER, J. (1984): Zur Beschäftigungsentwicklung in Hamburg und seiner Region. In: Hamburg in Zahlen 4, 105-109.

WELSCH, J. (1985a): Durch "Technologieparks zu mehr Arbeitsplätzen? Ein neuer Ansatz der Strukturpolitik aus gewerkschaftlicher Sicht. In: WSI-Mitteilungen 1, 6-17.

WELSCH, J. (1985b): Ansätze der Strukturpolitik als Beschäftigungspolitik. "Mehr Markt" oder beschäftigungsorientierte Strukturpolitik? In: WSI-Mitteilungen 5, 263-274.

WESTPHAL, H. (1979): Einige Anmerkungen zu einer Theorie der polarisierten Entwicklung innerhalb von Städten und Ballungsgebieten. In: Jüngst, P.; H.-J. Schulze-Göbel; H.-J. Wenzel (Hrsg.): Stadt und Gesellschaft. Kassel, 211-249. (Urbs et Regio. Kasseler Schriften zur Geographie und Planung, 13).

WIELAND, K. et al. (1987): Zur Ökonomie und Planung im Ruhrgebiet. In: Projektgruppe Ruhrgebiet (Hrsg.): Ruhrgebiet - Vom Modell Deutschland zum starken Stück. Münster, 38-109.

WIELAND, K. (1984): Die regionalen Auswirkungen der Strukturkrise der deutschen Stahlindustrie und Ansätze zu ihrer Überwindung. Hamburg. (Staatsexamensarbeit am Institut für Geographie und Wirtschaftsgeographie der Universität Hamburg).

WIENEMANN, M.; M. KRUMMACHER (1985): Ruhrgebiet: Resteverwertung oder Renaissance durch Neue Technologien. In: Krummacher et al. (Hrsg.): Regionalentwicklung zwischen Technologieboom und Resteverwertung. Die Beispiele Ruhrgebiet und München. Bochum, 17-113.

WIERER, S; H. KÄHMER (1976): Die regionale Entwicklung der Beschäftigtenzahl in der Industrie. Darstellung mit Hilfe der Shift-Analyse. (Statistische Rundschau für das Land Nordrhein-Westfalen 1).

ZIEGLER, B. (1983): Wirtschaftsförderung und Standortwahl von Unternehmen - dargestellt am Beispiel Hamburgs. In: Hamburg Studien: Veröffentlichungen der Hochschule für Wirtschaft und Politik Hamburg. Hamburg, 113-131.

ZINN, K. G. (1988): Die Langfristschäden angebotsorientierter Wirtschaftspolitik. In: Gewerkschaftliche Monatshefte 4, 231-246.

Verzeichnis der Statistiken:

BEVÖLKERUNG: Statistisches Bundesamt Fachserie 1.1.2.2;
Amtliche Schlüsselnummern und Bevölkerungsdaten der Gemeinden und Verwaltungsbezirke in der Bundesrepublik Deutschland;
Bevölkerung und Wirtschaftskraft der Bundesländer;
Statistische Jahrbücher der Bundesrepublik Deutschland.

SOZIALVERSICHERUNGSPFLICHTIG BESCHÄFTIGTE: Statistisches Bundesamt Fachserie 1.4.2;
Statistische Landesämter, Statistische Berichte A VI5;
Statistische Reihen der Landesarbeitsämter und Arbeitsämter;
Amtliche Nachrichten der Bundesanstalt für Arbeit;
Sonderzusammenstellungen bereitgestellt durch die Statistischen Landesämter der Freien und Hansestadt Hamburg, Schleswig-Holstein, Niedersachsen, dem Landesamt für Datenverarbeitung und Statistik des Landes Nordrhein-Westfalen sowie dem Kommunalverband Ruhrgebiet.

ARBEITSLOSENQUOTEN: Statistische Reihen der Landesarbeitsämter und Arbeitsämter;
Amtliche Nachrichten der Bundesanstalt für Arbeit;
Sonderzusammenstellungen bereitgestellt durch die Landesarbeitsämter und Arbeitsämter der Freien und Hansestadt Hamburg, Schleswig-Holstein, Niedersachsen, dem Landesamt für Datenverarbeitung und Statistik des Landes Nordrhein-Westfalen sowie dem Kommunalverband Ruhrgebiet.

BESTAND AN ARBEITSLOSEN: Statistische Reihen der Landesarbeitsämter und Arbeitsämter;
Statistisches Bundesamt, Statistische Jahrbücher;
Bevölkerungsstruktur und Wirtschaftskraft der Bundesländer;
Amtliche Nachrichten der Bundesanstalt für Arbeit;
Sonderzusammenstellungen bereitgestellt durch die Landesarbeitsämter und Arbeitsämter der Freien und Hansestadt Hamburg, Schleswig-Holstein, Niedersachsen, dem Landesamt für Datenverarbeitung und Statistik des Landes Nordrhein-Westfalen sowie dem Kommunalverband Ruhrgebiet.

BESTAND AN ARBEITSLOSEN NACH ZEHN WIRTSCHAFTSABTEILUNGEN:
Strukturanalysen der Arbeitsämter;
Amtliche nachrichten der Bundesanstalt für Arbeit.

ZUGANG AN ARBEITSLOSEN NACH ZEHN WIRTSCHAFTSABTEILUNGEN: Jahresberirichte und Sonderzusammenstellungen der Landesarbeitsämter und Arbeitsämter der Freien und Hansestadt Hamburg, Schleswig-Holstein, Niedersachsen;
Sonderzusammenstellung des Landesamtes für Datenverarbeitung und Statistik des Landes Nordrhein-Westfalen sowie des Kommunalverband Ruhrgebiet.

STRUKTURDATEN ZUR ARBEITSLOSIGKEIT: Statistische Reihen der Landesarbeitsämter und Arbeitsämter;
Statistisches Bundesamt, Statistische Jahrbücher;
Sonderzusammenstellungen bereitgestellt durch die Landesarbeitsämter und Arbeitsämter der Freien und Hansestadt Hamburg, Schleswig-Holstein, Niedersachsen, dem Landesamt für Datenverarbeitung und Statistik des Landes Nordrhein-Westfalen sowie dem Kommunalverband Ruhrgebiet.

PRODUZIERENDES GEWERBE (INVESTITIONEN, BESCHÄFTIGTE): Statistisches Bundedesamt Fachserie 4.4.1.4;
Statistische Landesämter, Statistische Berichte E I 6-j;
Statistische Taschenbücher;

PRODUZIERENDES GEWERBE (UMSATZ): Statistisches Bundesamt Fachserie 4.4.1.4;
Statistische Landesämter, Statistische Berichte E I 1-j, E I 1-m;
Sonderzusammenstellungen bereitgestellt durch die Statistischen Landesämter der Freien und Hansestadt Hamburg, Schleswig-Holstein, Niedersachsen sowie dem Landesamt für Datenverarbeitung und Statistik des Landes Nordrhein-Westfalen.

AGGREGATE DER VOLKSWIRTSCHAFTLICHEN GESAMTRECHNUNG: Statistisches Bundesamt versch. Fachserien;
Gemeinschaftsveröffentlichung der Statistischen Landesämter über die Entstehung, Verteilung und Verwendung des sozialprodukts in den Ländern der Bundesrepublik Deutschland, revidierte Ergebnisse 1970 bis 1985;
Statistische Landesämter, Statistische Berichte P II 1;
Sonderzusammenstellungen bereitgestellt durch die Statistischen Landesämter der Freien und Hansestadt Hamburg, Schleswig-Holstein, Niedersachsen, dem Landesamt für Datenverarbeitung und Statistik des Landes Nordrhein-Westfalen sowie dem Kommunalverband Ruhrgebiet.

Heinz König (Hrsg.)

Ausbildung und Arbeitsmarkt

Frankfurt/M., Bern, New York, 1983. 213 S.
Staatliche Allokationspolitik im marktwirtschaftlichen System. Bd. 5
ISBN 3-8204-7326-2   br. sFr. 38,--

Die Beiträge sind vornehmlich den Problemen des Ausbildungsstellenmarktes gewidmet und untersuchen insbesondere die Frage, welche Effekte von staatlichen Eingriffen auf das Ausbildungsstellenangebot ausgehen.

Aus dem Inhalt: Berufsausbildung in der Bundesrepublik Deutschland - Berufsausbildungsabgabe - Einkommen und Weiterbildung aus humankapitaltheoretischer Sicht - Hochschulausbildung und Studienortwahl.

Verlag Peter Lang Frankfurt a.M. · Bern · New York · Paris
Auslieferung: Verlag Peter Lang AG, Jupiterstr. 15, CH-3000 Bern 15
Telefon (004131) 321122, Telex pela ch 912 651, Telefax (004131) 321131